Ponschab · Schweizer

Kooperation statt Konfrontation

Neue Wege anwaltlichen Verhandelns

Wege zur erfolgreichen Anwaltspraxis

Schriftenreihe
herausgegeben von
Rechtsanwalt Karl-Peter Winters

Band 5

Kooperation statt Konfrontation

Neue Wege anwaltlichen Verhandelns

von

Dr. Reiner Ponschab
Rechtsanwalt

Adrian Schweizer
Rechtsanwalt

Verlag
Dr. Otto Schmidt
Köln

Die Deutsche Bibliothek – CIP-Einheitsaufnahme

Ponschab, Reiner:

Kooperation statt Konfrontation : neue Wege anwaltlichen Verhandelns / von Reiner Ponschab ; Adrian Schweizer. –
Köln : O. Schmidt, 1997
(Wege zur erfolgreichen Anwaltspraxis ; Bd. 5)

ISBN 3-504-18964-9

Verlag Dr. Otto Schmidt KG
Unter den Ulmen 96–98, 50968 Köln
Tel.: 02 21/9 37 38-01, Fax: 02 21/9 37 38-9 21

Das verwendete Papier ist aus chlorfrei gebleichten Rohstoffen hergestellt, holz- und säurefrei, alterungsbeständig und umweltfreundlich.

Umschlaggestaltung: Jan P. Lichtenford, Mettmann
Satz: ICS Communikations-Service GmbH, Bergisch Gladbach
Druck und Verarbeitung: Bercker Graphischer Betrieb GmbH, Kevelaer
Printed in Germany

Vorwort

Dies ist ein kenntnisreiches, lesenswertes, glänzend geschriebenes, ja, sogar spannendes Buch zu einem wichtigen Thema. Es wendet sich zunächst an alle, die sich für die friedliche Lösung von Konflikten durch Verhandeln interessieren – ein Thema, das schlechterdings jeden Menschen angeht. Und es wendet sich zugleich gezielt an die juristischen Zunftkollegen der Autoren, die als Rechtsanwälte reiche Erfahrung mit der Bewältigung von menschlichen Konflikten gesammelt haben.

Seit Jahrtausenden pflegen die Menschen ihre Konflikte als Nullsummenspiele auszutragen, bei denen auf jeden Gewinner ein Verlierer kommt. Fast ebenso lange unterstützen und verschärfen die Juristen als Richter und Rechtsanwälte diese Vorgehensweise, indem sie von den konfliktbefangenen Menschen die Einnahme von Positionen – von Ansprüchen – und deren Durchsetzung in bestimmt formulierten Aktionen – in Klagen – fordern. Das erstere nährt die Rechtsanwälte, das letztere die Gerichte, und wer diesen Wirtschaftsprozeß nicht unterstützt, der bekommt eben kein Urteil und mag sehen, wo er bleibt. Aber oftmals nützt das Urteil wenig, und fast immer läßt es die Parteien beschädigt zurück. In seinen Erinnerungen schildert Hans Fallada, wie sein Vater, weiland Reichsgerichtsrat in Leipzig, Prozesse als wahre Menschenvernichtungseinrichtungen ansah und versicherte, er werde jedem, der ihn verklage, sei es, mit welcher Forderung auch immer, alles geben, was dieser nur wolle, um ja nicht in einen Prozeß verwickelt zu werden.

Daß es eine Alternative gibt, lehrt der Blick auf andere Kulturen, etwa das im vorliegenden Buch geschilderte Konfliktlösungsverhalten nordamerikanischer Indianer. Erstaunlicherweise ist diese Alternative aber erst in den letzten Jahrzehnten in das Blickfeld der Juristen geraten, zunächst in den USA, dann auch in anderen Ländern, der Schweiz, Österreich, Deutschland und anderswo. Diese Alternative zum Rechtsstreit setzt auf Problemlösung statt auf Konfliktverschärfung, auf Kreativität statt auf dogmatische Haarspalterei, auf zukunftsorientiertes Verhalten statt auf rückwärtsgerichtete Orientierung an Präzedenzfällen, auf Eigenverantwortlichkeit statt auf Unterwerfung unter das Diktat Dritter, auf Mehrung des Nutzens aller Beteiligter statt auf den Vorteil des einzelnen – kurz, auf wirkliche inhaltliche Lösungen statt auf bloß formale Entscheidungen und Beendigungen von Konflikten.

Von selbst – das lehrt die Erfahrung – findet man aber nicht zu dieser Alternative. Dem steht alles entgegen – generell die Tradition des Positionsdenkens im Streitfalle und die herkömmliche Denk- und Sprechweise der Menschen, spezifisch juristisch die aus dem römischen Aktionenrecht abgeleitete Dogmatik von Forderungen und Positionen im geltenden Recht und die darauf ausgerichtete juristische Ausbildung samt entsprechender Rechtskultur. Man muß also etwas tun. In den USA wurde das längst erkannt. Alternative Dispute Resolution (ADR) ist dort ein erkanntes Problem. Die Lösungstechniken „Negotiation" und „Mediation" werden dort schon heute an mehr als zwei Drittel aller Law Schools intensiv erforscht und gelehrt. Die Politik nimmt den Rat dieser jungen Wissenschaft dankbar entgegen, mit segensreichen Konsequenzen. Das Friedensabkommen von Camp David wäre wahrscheinlich nicht ohne die Unterstützung des Negotiation Project der Harvard Law School zustande gekommen.

Im deutschsprachigen Rechtskreis ist das anders. Hier gibt es bislang nur die Initiativen einzelner, unter denen die Autoren des vorliegenden Buches – auch aufgrund ihrer reichen Praxis in der Vermittlung von Verhandlungsfertigkeiten unter Einbezug interdisziplinärer Erkenntnisse – mit an erster Stelle zu nennen sind. Daß sie als erfolgreiche Rechtsanwälte vor dem Hintergrund langjähriger Berufstätigkeit eine fundamentale Veränderung des juristischen Weltbildes und der juristischen Grundüberzeugungen überzeugt und überzeugend anraten, belegt zur Genüge, daß es hier nicht um ferne Theorie geht. Es geht um die künftige juristische Praxis in einer Zeit, in welcher Mittelknappheit und der gegenwärtig sich abzeichnende Juristenüberschuß ohnehin drastische Änderungen erzwingen werden. Wer morgen als Jurist – und das heißt in erster Linie als Anwalt – beruflichen Erfolg haben will, der muß die Kunst und Wissenschaft des Verhandelns einfach beherrschen. An den Rechtsfakultäten wird er die dazu erforderlichen Kenntnisse und Fähigkeiten aber gegenwärtig kaum erwerben können.

Das vorliegende Buch bietet hier eine wertvolle Hilfe. Es enthält eine vorzügliche Einführung in die Kunst und Wissenschaft des Verhandelns. Es ist dabei – für deutsche Juristenbücher durchaus unüblich – locker und lesbar geschrieben (gäbe es nur mehr solche Bücher im Recht). Die geschilderten Fälle und die dazu jeweils wiedergegebenen Dialoge machen die Darstellung höchst anschaulich. Darüber hinaus ist das Buch ausgesprochen witzig. (Die Auswahl der zahlreichen Cartoons ist eine Meisterleistung für sich.) Nirgendwo wird das Buch bei alledem flach, im Gegenteil. Man nehme nur etwa die Ausführungen über das „Weltbild der juristischen Methode" in Teil 1, und hier etwa das Kapitel über den Glauben an die

„objektive Wahrheit". An dieser Stelle haben die Autoren ein zentrales Thema der Philosophie ohne jede unzulässige Simplifizierung und ohne jede Verfälschung in einer Weise dargestellt, die auch den aphilosophischsten Rechtsdogmatiker zum Nachdenken einfach anstoßen muß, etwas, was kein „schweres" Werk leisten kann.

Kurz, dies ist ein schönes, empfehlenswertes Buch, dem ich eine weite Verbreitung wünsche. Allen Juristen, insbesondere allen jungen Juristen, rufe ich zu: Lest! Beherzigt, was Ihr lest! Ihr werdet Euer Leben – und das Leben Eurer Mandanten – bereichern!

Professor Dr. Fritjof Haft
Lehrstuhl für Strafrecht und
Rechtsphilosophie
Juristische Fakultät der
Universität Tübingen

Danksagung

Das Erscheinen dieses Buches verdanken wir vielen Menschen. Den einen, weil sie uns unterstützt haben, den anderen, weil sie uns nicht daran gehindert haben, es zu schreiben. Allen Menschen, die so oder so daran mitgewirkt haben, daß dieses Buch erscheinen konnte, danke ich an dieser Stelle pauschal.

Einige möchte ich jedoch besonders hervorheben.

Besonderer Dank geht an meine Frau **Dagmar**. Denn mein Wunsch, dieses Buch zu schreiben, und ihr Interesse an gemeinsamer Freizeit machten uns schon sehr früh klar, daß uns hier nur kreative Optionen weiterhelfen könnten. Dagmar fand sie: Statt um Zeitanteile zu kämpfen, wurde sie Co-Autorin, Diskussionspartnerin, Ideenfinderin und Korrektorin. Ich entschuldige mich an dieser Stelle dafür, daß das Buch trotz aller Straffungen in ihren Augen sicher noch geschwätzig ist. Ich danke meinen Kindern **Sandra** und **Roman**, daß sie mir schon in ihren jüngsten Jahren als kompetente Verhandlungspartner gegenüber getreten sind, von denen ich viel gelernt habe. Meiner Tochter **Laura** (18 Monate) danke ich dafür, daß sie meine Manuskripte nur zerknittert, aber nie zerrissen hat.

Ohne die Geduld und den Idealismus unseres Verlegers **Karl-Peter Winters** wäre dieses Buch nie zustande gekommen; er hat nicht nur die ständigen Terminüberschreitungen toleriert, sondern uns ständig Mut gemacht, unsere Gedanken zu Papier zu bringen

Besonders danke ich auch **Fritjof Haft** dafür, daß er so wichtige Vorarbeiten geleistet und unser Werk durch seinen positiven Zuspruch gefördert hat. Ohne **Ueli Egger,** den profunden Kenner des Harvard-Konzeptes, hätte ich dieses wunderbare Verhandlungsmodell nie so intensiv kennen und schätzen gelernt.

Der Prophet im eigenen Land endet oft auf dem Scheiterhaufen. Ich danke allen Partnern in meiner Sozietät, daß sie mir dieses Schicksal nicht nur erspart, sondern meine Arbeit auch mit Interesse gefördert haben. Mein besonderer Dank gilt **Benno Heussen** dafür, daß er mir stets das Gefühl gegeben hat, auf dem richtigen Wege zu sein.

Mit **Gisela und Hans-Georg Mähler** teile ich die Überzeugung, daß interessengerechte Lösungen dauerhafter und reicher sind als alle rechtlichen

Siege. In dieser Meinung haben mich meine Kollegen und Freunde des Ausschusses für Außergerichtliche Konfliktbeilegung des Deutschen Anwalt Vereins bestärkt.

Von **Walter Kauffmann** habe ich gelernt, daß Verhandeln ohne Werte wertlos bleibt. Werte sind wie Leuchttürme, ohne sie strandet man auch beim Verhandeln. **Hans-Peter Doormann** hat mich in meiner Überzeugung bestärkt, daß Kooperation auf Dauer erfolgreicher ist als kompetitives Verhalten.

Alle unsere Ideen hätten wir weiter in unserem Herzen tragen müssen, wenn wir nicht **Sieglinde Fürstenberg** gehabt hätten, die sie zu Papier gebracht hätte. Nicht nur das: Mit Hingabe und viel Spaß an unseren Ideen hat sie alle Korrekturen ins Werk gesetzt und uns Feedback gegeben.

Sebastian Fischoeder hat unerbittlich unsere Gedanken und Worte kontrolliert und viel zum Feinschliff des Endproduktes beigetragen.

Dieses Buch wäre nicht entstanden ohne meine Mandanten, die es mir ermöglicht haben, bei der Lösung ihrer Probleme neue Wege zu beschreiten. In gleicher Weise haben dazu auch die vielen Kollegen beigetragen, die mich in Verhandlungen und Seminaren gelehrt haben, daß die Zahl kooperativer Verhandler unter den Anwälten viel größer ist, als wir gemeinhin annehmen. Auf sie gründet sich meine Hoffnung und mein Vertrauen, daß die Anwälte in Zukunft einen zunehmend größeren Beitrag dazu leisten werden, befriedigende Lösungen für Konflikte zu erreichen.

Ohne meinen Co-Autor und Freund **Adrian Schweizer** wäre das ein „verkopftes“ Buch geworden. Er hat Platz für Humor und Sinnhaftigkeit geschaffen und mir gezeigt, daß das gemeinsame Schreiben eines Buches ein Musterbeispiel kooperativen Verhandelns sein kann.

München, August 1996

Reiner Ponschab

Danksagung

Wenn man das Buch eines amerikanischen Autors aufschlägt, findet man, noch bevor das Buch beginnt, meistens einen Dank des Autors an alle, die ihm beim Schreiben geholfen haben. Diese Tradition gefällt uns. Wir möchten sie auch hier pflegen:

Zuerst danke ich meinen Eltern **Walter Schweizer** und **Ida Schweizer-Grünig**, die mich während meinen diversen Studien und Eskapaden, oft mit wenig Einsicht in deren Notwendigkeit, aber trotzdem auf ihre besondere Art unermüdlich unterstützt haben. Danke Vater. Danke Mutter.

Meiner Frau **Juana Maria Tur-Llobet i Cardona** und **Sofia** und **Tanit** danke ich für die Unterstützung und vor allem die Geduld, die sie während des Schreibens an diesem Buch aufgebracht haben, als ich mehr im Café Montesol hinter meinem „Mac" saß als bei ihnen zu Hause.

Professor **Jörg-Paul Müller** hat mir schon sehr früh gezeigt, daß nicht alle Juristen Paragraphenfresser sind.

Meinen Studienkollegen **Fürsprecher Christian Hodler, Dr. Fritz Rothenbühler, Fürsprecher Ronald Patzold, Fürsprecher K. Bernard Wiki, Fürsprecher Andreas Kägi, Dr. Christoph Graber, Fürsprecher Peter Beck** und nicht zuletzt **Jens Kruse** haben mir die Zeit hinter den Büchern in der Stadtbibliothek Bern durch konsequenten Unernst erheblich erleichtert.

Dr. Urs Leu und **Fürsprecher David Ryser** haben sich nach anfänglichen erheblichen Bedenken doch noch entschlossen, mich in ihre Examensgruppe aufzunehmen, und so einen großen Teil zum guten Gelingen des Experimentes „Staatsexamen" beigetragen. Dr. Urs Leu danke ich zusätzlich für die vielen konstruktiven Gespräche, die wir in der Entstehungsphase dieses Buches geführt haben, und für die Durchsicht und Korrektur des Manuskriptes sowie für die vielen Stangen „Gurten Bier", die wir zusammen schon getrunken haben.

Nicht vergessen möchte ich all die Kollegen und Lehrmeister, die sich redlich darum bemüht haben, aus mir doch noch einen anständigen Anwalt zu machen. Manche hatten dabei mehr Erfolg, andere weniger: **Fürsprecher Peter Kientsch sel., Fürsprecher Emil Hollenweger, Fürsprecher Hans-Lukas Hopf, Fürsprecher Antonio Genna, Dr. Marco**

Lorez, Dr. Peter Sulger Büel, Dr. Gerhard Stoessel, Andreas R. Conrad und **Erna Krebser**.

Franz Stowasser hat mich als erster in die Kunst des Neurolinguistischen Programmierens (NLP) eingeführt, und von **Robert B. Dilts** habe ich am meisten gelernt.

Walter Kauffmann, Gerhard Jantzen und **Dr. Rolf Wabner** sei herzlich gedankt, daß sie mir den Einstieg in das Business des Management-Consultants erheblich erleichtert haben.

Nicht vergessen will ich hier auch meinen Co-Autor und Freund **Dr. Reiner Ponschab**. Seine umfangreichen Vorarbeiten, seine Flexibilität und seine große Geduld haben dieses Buch überhaupt erst möglich gemacht.

Ebenso danke ich all den Menschen der Kanzlei Heussen Braun von Kessel, München, die uns bei der Erstellung des Buches tatkräftig unterstützt haben. Dies waren vor allem: **Annemarie Wind, Sieglinde Fürstenberg** und **Sebastian Fischoeder**.

Nürensdorf, Dezember 1996

Adrian Schweizer

Inhaltsverzeichnis

Seite

Vorwort (Prof. Dr. Haft) V

Danksagungen IX

Literaturverzeichnis XVII

Einleitung 1

1. Warum wir dieses Buch geschrieben haben 1
2. Wie wir dieses Buch geschrieben – und wie wir dabei verhandelt haben 6
3. Gebrauchsanweisung für dieses Buch 10

Teil 1: Die Tradition: Konfliktentscheidung nach der juristischen Methode 13

1. Rock am See oder: Dr. von Streidt schlägt zu 13
2. Die Geburt des kompetitiven Anwalts aus dem Geiste der juristischen Methode 23
   2.1 Die juristische Methode 23
   2.2 Das Weltbild der juristischen Methode 27

Teil 2: Die Alternative: Das kooperative Verhandeln 61

1. Verhandeln als Alternative zur juristischen Methode 61
   1.1 Was sind die Ziele der Parteien? 63
   1.2 Welche Lösungen geben beiden Parteien die Möglichkeit, ihre Ziele zu erreichen? 64
   1.3 Wie können wir uns wechselseitig unterstützen, damit wir unsere Ziele erreichen? 65
2. Die Welt des Dr. Austin Cooper oder: Welche Grundüberzeugungen stützen das kooperative Verhandeln? 66
   2.1 Dr. Austin Cooper, Rechtsanwalt 66
   2.2 Das Weltbild des Dr. Austin Cooper 67

Seite

Teil 3: Die Entscheidung: Welcher Verhandlungsstil ist richtig? ... 81

1. Fünf Konfliktsituationen ... 81
2. Die verschiedenen Möglichkeiten des Verhandelns ... 85
   2.1 Kompetitives Verhandeln (Sieg/Verlust) ... 86
   2.2 Weiches Verhandeln (Verlust/Sieg) ... 89
   2.3 Kamikaze-Verhandeln (Verlust/Verlust) ... 92
   2.4 Kooperatives Verhandeln (Gewinn/Gewinn) ... 96
   2.5 Gewinnen um jeden Preis ... 100
   2.6 Keine Verhandlung ... 101
3. Welcher Verhandlungsstil ist der erfolgreichste? ... 102
   3.1 Wie mißt man den Erfolg? ... 102
   3.2 Fünf Konfliktsituationen – fünf Verhandlungsstile ... 104
4. Kooperatives versus kompetitives Verhandeln ... 109
   4.1 Alles oder Nichts oder: Alles für alle? ... 109
   4.2 Die Abwehr kompetitiven Verhaltens: Legen Sie die Pistole auf den Tisch! ... 112
   4.3 Streit oder Kooperation – wer bestimmt den Stil der anwaltlichen Verhandlung? ... 113

Teil 4: Die Vorbereitungsphase: Die Verhandlung mit dem Mandanten ... 117

1. Verhandeln Sie die Vorgehensweise: Sagen Sie, wie Sie zum Ziel kommen wollen! ... 117
2. Bauen Sie Vertrauen auf: Schaffen Sie eine gute Beziehung zum Mandanten! ... 119
   2.1 Zuhören und Zusammenfassen ... 119
   2.2 Vertrauen durch Synchronisieren ... 122
3. Trennen Sie Absicht von Verhalten: Finden Sie heraus, was Ihr Mandant wirklich will! ... 125
   3.1 Die Ziele des Mandanten herausfinden ... 125
   3.2 Proaktive Ziele setzen ... 130
   3.3 Die Landkarte des Mandanten erfragen ... 132
   3.4 Die Dinge mit den Augen des anderen sehen ... 134
   3.5 Die vier Wahrnehmungspositionen ... 138
   3.6 Die Absicht hinter dem Verhalten herausfinden ... 143

Seite

4. Finden Sie mehrere Möglichkeiten, Ihre Absichten zu verwirklichen: Welche Möglichkeiten gibt es innerhalb und außerhalb des Verhandlungskontextes? 150
   4.1 Innerhalb des Verhandlungskontextes: Welche anderen Möglichkeiten, Ihre Absichten zu verwirklichen, gibt es als diejenigen, die Sie bislang angewandt haben? 150
   4.2 Außerhalb des Verhandlungskontextes: Welche anderen Möglichkeiten sehen Sie, Ihre Absichten zu verwirklichen? 153
5. Versuchen Sie, die Absicht hinter dem Verhalten der anderen Seite herauszufinden: Was will die andere Seite wirklich? 155
6. Finden Sie Möglichkeiten, die Absichten beider Seiten zu verwirklichen: Wie kann man alle beteiligten Interessen realisieren? 158
7. Suchen Sie eine gemeinsame Vision für die Parteien: Gibt es ein übergeordnetes Ziel für die Absichten beider Parteien? 159
8. Legen Sie die erforderlichen Schritte zur Vorbereitung der Verhandlung fest: Klären Sie, wer wann was tut! 161

Teil 5: Die Verhandlungsphase: Sieben Schritte auf dem Wege zu einer kooperativen Lösung 164

1. Was wissen wir bis jetzt? 164
2. Erster Schritt: Verhandeln Sie die Vorgehensweise: Vereinbaren Sie Gegenstand und Ablauf der Verhandlung! 166
3. Zweiter Schritt: Bauen Sie Vertrauen auf: Schaffen Sie eine gute Beziehung zum Verhandlungspartner! 174
   3.1 Die Einstimmung 174
   3.2 Der Besprechungsort 177
   3.3 Die Eröffnungsphase 179
4. Dritter Schritt: Trennen Sie Absicht von Verhalten: Nennen Sie Ihre eigenen Ziele und entdecken Sie die Ziele der anderen Seite! 182

Seite

5. Vierter Schritt: Realisieren Sie die Ziele beider Seiten: Finden Sie Möglichkeiten, die Ihren Interessen und den Interessen der anderen Seite entsprechen! . . . 191
   5.1 Die Optionen beider Seiten einbringen . . . 191
   5.2 Brainstorming . . . 197
6. Fünfter Schritt: Entwickeln Sie eine gemeinsame Vision: Verstärken Sie die gefundenen Lösungen auf einer höheren Ebene! . . . 201
7. Sechster Schritt: Planen Sie die Schritte auf dem Weg zum gemeinsamen Ziel: Klären Sie, wer wann was tut! . . . 204
8. Siebter Schritt: Schließen Sie eine bindende Vereinbarung: Sorgen Sie dafür, daß die Verhandlungsergebnisse konkretisiert werden! . . . 206

Teil 6: Was tue ich, wenn . . .? Dr. Coopers Tips zu zehn schwierigen Verhandlungssituationen . . . 210

1. Wie steige ich in Verhandlungen ein? . . . 210
2. Wie kann ich umfangreiche Sachverhalte verhandeln? 215
3. Was kann ich tun, wenn die andere Seite bessere Karten (mehr Macht) hat? . . . 222
4. Wie weiß ich, daß ich das beste Ergebnis erreicht habe? 226
5. Wie kann ich mit einem sturen Verhandlungspartner umgehen? . 231
6. Wie kann ich die Interessen der anderen Seite herausfinden? . . . 240
7. Was mache ich, wenn der Verhandlungspartner unfaire Verhandlungsmethoden anwendet? . . . 247
8. Wie wehre ich mich gegen unangenehme Verhandlungsbedingungen? . . . 256
9. Wie reagiere ich auf offene Angriffe? . . . 257
10. Was mache ich, wenn mein Verhandlungspartner manipuliert? . 261

Stichwortverzeichnis . . . 267

Literaturverzeichnis

Axelrod Robert	Die Evolution der Kooperation Deutsche Ausgabe: Oldenbourg München 1988
Bagley Dan S./Reese Edward J.	Beyond selling – Die neue Dimension im Verkauf Deutsche Ausgabe Freiburg 1990
Bambeck Joern J.	Softpower Gewinnen statt Siegen Langen-Müller-Herbig, München 1989
Bandler Richard/Grinder John	Metasprache und Psychotherapie (Die Struktur der Magie I), Deutsche Ausgabe Junfermann, Paderborn 6. Aufl. 1990
Birkenbihl Vera F.	Psychologisch richtig verhandeln Moderne Verlagsgesellschaft, München 9. Aufl. 1995
Bucher Eugen/ Wiegand Wolfgang	Übungen im Obligationenrecht Zürich 1985
Cameron-Bandler Leslie	Wieder zusammenfinden Deutsche Ausgabe Junfermann, Paderborn 6. Aufl. 1992
Covey Stephen R.	Die sieben Wege zur Effektivität Deutsche Ausgabe Campus, Frankfurt am Main 3. Aufl. 1994
DeLozier Judith/Grinder John	Turtles all the way down: Pre-requisites to personal Genius Santa Cruz 1987
Dilts Robert B.	Strategies of Genius Vol. II Albert Einstein Meta Publications Capitola 1994
Dilts Robert B.	Die Veränderung von Glaubenssystemen Deutsche Ausgabe Junfermann, Paderborn 1993

Dilts Robert B./ Grinder John/Bandler Richard/ DeLozier Judith	Neuro-Linguistic-Programming Vol. I The study of the structure of subjective experience Meta Publications, Cupertino 1980
Domman Dieter	Faire und unfaire Verhandlungstaktiken – und wie man sich gegen unfaire Praktiken wehren kann. VWEW/Frankfurt VDE/Berlin 5. Aufl. 1987
Fisher Roger u. a.	Jenseits von Machiavelli Deutsche Ausgabe Campus, Frankfurt am Main 1995
Fisher Roger/Brown Scott	Gute Beziehungen. Die Kunst der Konfliktvermeidung, Konfliktlösung und Kooperation Deutsche Ausgabe Campus, Frankfurt am Main 2. Aufl. 1992
Fisher Roger/Ury William/ Patton Bruce	Das Harvard-Konzept. Sachgerecht verhandeln, erfolgreich verhandeln Deutsche Ausgabe Campus, Frankfurt am Main 14. Aufl. 1995
Glasl Friedrich	Konfliktmanagement: Ein Handbuch zur Diagnose und Behandlung von Konflikten für Organisationen und ihre Berater Haupt, Bern/Stuttgart 4. Aufl. 1994
Gottwald Walther/ Treuer Wolf-Dieter	Vergleichspraxis – Tips für Anwälte und Richter – Richard Boorberg, Stuttgart/München/Hannover/Berlin 1991
Gottwald Walther/Haft Fritjof	Verhandeln und Vergleichen als juristische Fertigkeiten Attempto, Tübingen 2. Aufl. 1993
Grinder John/Bandler Richard	Kommunikation und Veränderung (Die Struktur der Magie II) Deutsche Ausgabe Junfermann, Paderborn 4. Aufl. 1987

Haft Fritjof	Verhandeln Beck, München 1992
Haft Fritjof	Juristische Rhetorik Alber, Freiburg/München 5. Aufl. 1995
Jandt Fred E. /Gillette Paul	Konflikt-Management Ich gewinne – Du gewinnst Deutsche Ausgabe Albert Müller, Rüschlikon-Zürich 1988
Long Brian G./Reck Ross R.	The Win-Win Negotiator How to negotiate favourable agreements that last Pocket Books, New York 1989
Lynch Dudley/Kordes Paul	Delphin-Strategien: Management – Strategien in chaotischen Systemen Deutsche Ausgabe Paidia, Fulda 1991
McCormack Mark H.	Die Wahrheit über Anwälte Deutsche Ausgabe Heyne, München 1988
Mastenbroek Willem	Verhandeln: Strategie, Taktik, Technik Deutsche Ausgabe FAZ, Frankfurt/Gabler, Wiesbaden 1992
Miller G. A.	The magical number seven plus or minus two – some limits on our capacity for processing information Psychological Review 1963, 81 ff
Minto Barbara	Das Pyramiden-Prinzip: Logisches Denken und Formulieren Deutsche Ausgabe: ECON, Düsseldorf/Wien/New York/Moskau 1993
Nierenberg Gerard I.	The Art of Negotiating. Pocket Books, New York/London/Toronto/Sidney/Tokio
Raiffa Howard	The Art and Science of Negotiation Harvard 1982

Salacuse Jeswald W.	International erfolgreich verhandeln Deutsche Ausgabe Campus, Frankfurt am Main 1992
Turow Scott	One · L- The turbulent true story of a first year at Harvard Law School Warner Books, N.Y. 1977
Ury William L.	Schwierige Verhandlungen Deutsche Ausgabe Campus, Frankfurt am Main 1995
Ury William L./ Brett Jeanne M./ Goldberg Stephen B.	Konfliktmanagement Deutsche Ausgabe Campus, Frankfurt am Main 1991
Van Nagel Clint/ Seodzinski Robert/ Reese Edward J./ Reese Maryann	Megateaching Deutsche Ausgabe Freiburg 1989
Vroon Piet	Drei Hirne im Kopf Kreuz, Zürich 1993
Watzlawick Paul	Wie wirklich ist die Wirklichkeit? Deutsche Ausgabe Piper, München Neuausgabe 1995
Watzlawick Paul/ Beavin Janet H. / Jackson Don D.	Menschliche Kommunikation. Formen, Störungen, Paradoxien Deutsche Ausgabe Huber, Bern 8. Aufl. 1990

Einleitung

1. Warum wir dieses Buch geschrieben haben

Wie sind wir auf die Ideen zu diesem Buch gekommen? Was waren die Hintergründe? Was sind unsere Ziele?

Wir, beide Rechtsanwälte, der eine Deutscher und der andere Schweizer, der eine um die 50, der andere um die 35, haben uns vor einigen Jahren auf einer Tagung über Chaos-Management in Österreich getroffen. Wir kamen rasch miteinander ins Gespräch und stellten fest, daß wir uns beide sympathisch sind und über unseren Berufsstand ähnlich denken: Wir meinen, daß die Art und Weise, wie viele Anwälte heute auftreten und Prozesse führen – wir haben damals den Ausdruck geprägt: „Wie Legionäre im Dienste ihrer Kriegsherrn" – viel zur Eskalation, nichts aber zur interessengerechten Lösung von Problemen und zur Befriedung komplizierter Beziehungen zwischen Menschen beiträgt.

Wir haben diese These damals anderen Kollegen an folgendem Beispiel erläutert:

Zwei Gesellschafter sind je zu 50 % an einer GmbH beteiligt und sind beide alleinvertretungsberechtigte Geschäftsführer. Nachdem man sich anfänglich sehr gut verstanden hat, entstehen ganz plötzlich starke Spannungen zwischen den Gesellschaftern, und aus der langjährigen Freundschaft wird eine erbitterte Feindschaft.

Einer der beiden Kontrahenten bittet nun einen jungen Kollegen, ihm im Kampfe gegen seinen Kompagnon behilflich zu sein. Der Anwalt nimmt das Mandat mit Freude an und geht wie folgt vor:

Zuerst sucht er nach Anhaltspunkten, um den anderen Gesellschafter als Geschäftsführer aus wichtigem Grund abberufen zu können und die Geschäftsanteile mit der gleichen Begründung einzuziehen. Mit einer einstweiligen Verfügung versucht er zudem zu verhindern, daß der „andere" (gemeinhin der Gegner genannt, ganz richtig wäre vielleicht: der Feind) die Geschäftslokale weiterhin betreten darf. Die Gegenseite, selbst durch einen gut ausgebildeten juristischen Legionär vertreten, schießt mit gleichem Geschütz zurück, und schon bald findet man sich auf vielen Haupt- und Nebenkriegsschauplätzen wieder: Ordentliches Gericht, Registergericht, Strafgericht.

In einem besonders wichtigen Verfahren gewinnt nun die Gegenseite, und der junge Anwalt beschließt, tiefer zu graben. Man weiß schließlich, daß der andere Gesellschafter seit Jahren gut getarnt Steuerhinterziehung betreibt. Dies zeigt er daher auch unverzüglich an; dabei hat er allerdings übersehen, daß sein eigener Mandant selbst einen Computer, der mit Mitteln der Gesellschaft angeschafft worden war, bei sich zu Hause stehen hat und diesen rein privat nutzt: Die entsprechende Strafanzeige der Gegenseite läßt nicht lange auf sich warten, und so finden sich die beiden Kompagnons sehr schnell vor dem Strafrichter wieder.

Erraten Sie die Reaktion unseres jungen Legionärs? Richtig: Tiefer graben! Und so findet unser Freund heraus, daß der andere Gesellschafter seine Reisespesen unkorrekt abgerechnet hat . . . Doch auch die andere Seite schläft nicht und entdeckt, daß der eigene Mandant unseres Legionärs in gesellschaftswidriger Weise mit einem Konkurrenten kooperiert hat. So graben die beiden Kontrahenten tiefer und tiefer, so tief, daß man in den kommenden Monaten das Grab der Gesellschaft aushebt und alsbald den Konkurs des einst prosperierenden Unternehmens anmelden muß.

Noch aber atmet die Gegenseite. Es fließt noch Blut in ihren Adern! Was könnte der junge Legionär noch tun?

Solche Geschichten sind gar nicht so selten. Viele Unternehmer erzählen einem abends an der Hotelbar diese oder ähnliche Stories, die meist damit enden, daß alle Beteiligten verloren haben. Alle? Nein, natürlich nicht! Immerhin gelingt es zumindest im Regelfall den Anwälten, das Schlachtfeld mit einer erklecklichen Kriegsbeute in Form von Honoraren zu verlassen.

Wir können diesen und ähnliche Fälle analysieren, wie wir wollen, und wir werden keinen Fehler finden, den der energische Kollege begangen hat. Wenigstens aus juristischer Sicht hat er keinen Fehler begangen, denn er hat nichts anderes gemacht als die „juristische Methode“ angewendet:

Er hat gefragt, welche Ansprüche sein Mandant hat, hat diese begründet und das Gericht um Anerkennung seines Anspruchs ersucht. Damit hat er nichts anderes getan als das, was Millionen von Anwälten auf unserem Planeten tagtäglich tun. Er hat gedacht und gehandelt, wie es Juristen eben gelernt haben: Er hat den Fall „gelöst“.

Die Maxime, die dahintersteckt, lautet:

„Das Leben besteht aus **Rechtsproblemen,** suche daher nach **Ansprüchen!**"

Hören wir einmal, was der berühmte Anwalt und Unternehmer Mark H. McCormack in seinem Bestseller „Die Wahrheit über Anwälte" zu der juristischen Denkweise sagt:

„Anwälte sind dazu ausgebildet und darauf programmiert, Differenzen mit juristischen Mitteln zu bereinigen. Das ist nicht einfach nur ihr Beruf und Lebensunterhalt, es ist die Brille, durch die sie die Welt betrachten.

Daher können Sie von einem Anwalt nicht erwarten, daß er ein rechtliches Problem betrachtet und eine gütliche Lösung auf geschäftlicher Grundlage sieht . . .

Die schreckliche Wahrheit ist, Sie können von einem Anwalt nicht erwarten, daß er kein Anwalt ist." (a. a. O. S. 45/46)

Nach McCormacks Meinung liegt das Problem also in der Art und Weise begründet, wie Juristen denken (lernen). Das Problem ist somit im juristischen Weltbild, dem Grundsatz des juristischen Denkens an und für sich zu suchen und bei den Personen, die für die Ausbildung der Juristen verantwortlich sind. Worin besteht aber nun dieses juristisches Weltbild genau?

Der Doyen der deutschen Soziologie, Niklas Luhmann, selbst Jurist, behauptet, daß die juristische Denkweise vor allem in der **Reduktion von Komplexität** besteht: Durch die Rückführung auf juristische Sachverhalte und justitiable Tatbestände wird aus dem Meer der pulsierenden Lebenswirklichkeit nur das herausgefischt, was sich mit einem juristischen Netz fangen läßt (und das ist wenig). Alles andere ist von geringem Interesse. Diese Reduktion von Komplexität bedeutet eine Vereinfachung der Betrachtungsweise, eine Entleerung des vollen Lebens. Damit verbunden ist aber auch gleichzeitig die Beschränkung der Lösungsmöglichkeiten für Konflikte auf „juristische Lösungen".

Wie sieht aber nun eine „juristische" Lösung aus? Ganz einfach: Juristisch gesehen kann in einem Konflikt nur der Teil etwas gewinnen, der eine begründete Forderung, einen Anspruch hat. Die Devise heißt:

Anspruch oder kein Anspruch, das ist hier die Frage!

Diese „Lösungen" haben allerdings fatale Auswirkungen:

- Anstatt die Zukunft zu regeln, versuchen wir die Vergangenheit zu beweisen.
- Statt nach gemeinsamen Lösungsmöglichkeiten für unsere Klienten zu suchen, ist es unser wichtigstes Ziel, der Gegenseite Probleme zu bereiten.
- Statt den Konflikt selbst als autonome Persönlichkeit zu regeln, unterwerfen wir uns dem Spruch des „Übervaters" Richter.

Das mag in den Ohren des einen oder anderen geneigten Lesers provokativ klingen. Vielleicht tröstet es Sie, daß auch wir sehr überrascht waren, als wir feststellten, wie wenig lösungsorientiert die Tätigkeit des forensisch-orientierten Anwaltes ist. Worauf beruht nun dieses juristische Denken? Richtig: auf der juristischen Methode! Deren grundlegende Frage lautet:

Wer kann was von wem aus welchem Rechtsgrund fordern?
Oder auch, ein wenig populärer:
Wer schuldet wem was aus welchem Rechtsgrund?

Wer den Konflikten des Lebens mit dieser Frage entgegentritt, muß zwangsläufig vor dem Richter enden. Wie kann man mit dieser Frage zukunftsorientiert denken? Wie kann man, wenn man diese Frage stellt, nach Möglichkeiten suchen, wie die Betroffenen zukünftig zusammenarbeiten können? Können wir mit dieser Fragestellung unter Gleichberechtigten verhandeln, oder ist es nicht viel eher unser Ziel, es der anderen Partei schon klar zu machen, wer wem was schuldet?

Viele Fragen, eine eindeutige Antwort:

Die juristische Methode hat eine klare Zielrichtung: Sie führt notwendigerweise auf das juristische Schlachtfeld, und da gibt es eigentlich – außer für die Anwälte – im Regelfall nichts zu gewinnen:

„Die schreckliche Wahrheit ist, daß das Nettoergebnis (Anmerkung der Verfasser: des Prozesses) praktisch immer ein Verlust ist. Ein Rechtsstreit schafft keine neuen Reichtümer. Prozesse erschließen keine Ölquellen und bauen keine Bungalows . . .

Prozesse haben nur einen Effekt – und das auch nur manchmal –, nämlich Geld von Partei A zu Partei B zu transferieren."

Soweit noch einmal Mark H. McCormack und seine Meinung zu den Auswirkungen der juristischen Methode (S. 236).

Ist denn die juristische Methode gar nichts wert? Wir können Sie beruhigen:

Es geht uns nicht darum, die juristische Methode per se zu verdammen. Sie ist, richtig eingesetzt, ein durchaus wertvolles Instrument im anwaltlichen Werkzeugkoffer; genau so, wie ein starkes Schmerzmittel in der Hausapotheke Wunder wirken kann. Aber was würden Sie von einer Hausapotheke halten, in der es nur Schmerzmittel gibt?

Nochmals: Die juristische Methode hat durchaus in bestimmten Fällen ihre Daseinsberechtigung, so z. B., wenn die andere Seite nicht zahlen will, wenn es um Fragen von grundsätzlicher Bedeutung oder um Eilmaßnahmen geht. Die meisten Fälle des juristischen Alltags sind jedoch komplexe Fälle, die nicht durch den Positionen-Krieg der juristischen Methode dauerhaft geregelt werden können. Dazu brauchen wir eine andere, eine flexiblere und gleichzeitig komplexere Methode. Wie sieht diese Methode aus?

Die Antwort auf diese Frage ist Inhalt dieses Buches.

Wir wollen Ihnen einen selbstverantwortliche, lösungs- und zukunftsorientierte Methode, das kooperative Verhandeln nach dem „Friedlinger-Modell“, vorstellen:

Verhandeln statt Streiten.

Nach den Zielen der anderen Seite fragen, aber nicht auf sie zielen.

Wir möchten Ihnen in diesem Buch zeigen, wie sie verhindern können, daß die meisten eigentlich harmlosen und losbaren Konflikte ziemlich rasch vor dem Richter landen. Wir wollen dabei vor allem folgende Fragen beantworten:

1. Wieso finden sich Anwälte, die ihre Fälle streng juristisch lösen, viel schneller in einem Prozeß wieder als diejenigen, die nach den Interessen statt nach den Positionen der Parteien fragen?
2. Wie sieht die „andere“, das heißt lösungs- und zukunftsorientierte Vorgehensweise aus? Nach welchen konkreten, nachvollziehbaren Schritten kann man dabei vorgehen?
3. Welche Weltbilder und Grundüberzeugungen stehen hinter der Methode des kooperativen Verhandelns?
4. Wie verhandle ich kooperativ, und wie gehe ich dabei genau vor?

Da wir selbst aus Tausenden von Seiten juristischer Fachliteratur wissen, wie langweilig und trocken Juristen schreiben können, war es unser

Wunsch, Ihnen ein Buch zu präsentieren, das leicht verdaulich ist, ohne oberflächlich zu sein. Es soll ein Buch aus der Praxis für die Praxis sein, das sie ohne große Anstrengungen in die Hand nehmen können. Ein Buch, das Sie auch unter Palmen oder in der Sandburg lesen können. Deshalb haben wir die Theorie mit vielen Anekdoten und praktischen Beispielen aufgelockert. Wir haben auch gelegentlich simplifiziert oder versucht, den Leser durch Provokation aufzurütteln. Es war aber immer unsere Absicht, dies nicht aus Selbstzweck zu tun, sondern im Dienste der Sache.

Und diese Sache ist: die Palette der Wirkungsmöglichkeiten des Anwaltes zu verbreitern und damit Anwalt und Mandant zu unterstützen. Wir möchten dazu beitragen, daß Anwälte ihre Mandanten nicht nur auf das Schlachtfeld führen, sondern ihnen auch den Platz an der Sonne zeigen. Dort, wo es genügend Recht für alle gibt.

2. Wie wir dieses Buch geschrieben – und wie wir dabei verhandelt haben

Uns beiden wurde rasch klar, daß das Schreiben dieses Buches kein leichtes Unterfangen sein würde. Aber nachdem das Buch nun fertig ist, sind wir mehr denn je davon überzeugt, daß unsere Thesen stimmen: Wir haben sie nämlich selbst immer wieder angewendet, um das Schiff, das gelegentlich auf Grund lief, wieder flott zu machen.

Die erste Klippe, die wir zu umschiffen hatten, war die Tatsache, daß wir beide von ziemlich unterschiedlichem Charakter sind:

Adrian ist eher ein visionärer, kreativer Mensch, der in ganz kurzer Zeit sehr viele Ideen produzieren kann. Er ist ein Mensch, der gerne provoziert und gerne ausführlich, dramatisierend und multi-dimensional erklärt.

Reiner ist eher ein bedächtiger, genauer Mensch, der lieber versöhnt als provoziert. Er liebt realistische, anfaßbare Lösungen und lebt mit unstrukturierten Gedanken auf Kriegsfuß. Er erklärt gerne wissenschaftlich exakt.

Sicherlich eine interessante Kombination. Nur: Wie bringt man diese beiden Charaktere zwischen zwei Buchdeckel? Um das herauszufinden, sind wir verschiedene Wege, auch Irrwege, gegangen. Hätten wir am Anfang schon genau den Inhalt des Buches gekannt, so hätten wir uns folgende Fragen gestellt:

1. Was sind eure persönlichen Interessen?
2. Wie könnt ihr diese persönlichen Ziele erreichen und dabei auch die Interessen des anderen wahren?
3. Welche Fähigkeiten hat der eine, die der andere nicht hat? Wie könnte man diese Ressource nutzen, um den Zielen beider Seiten näher zu kommen?
4. Wie soll der Weg vom Start zum Ziel aussehen? Welche Schritte sind dabei zu gehen? Wann und wo wollen wir beginnen? Und vor allem:
5. Welche bindende Vereinbarung stellt sicher, daß wir unser gemeinsames Ziel erreichen?

Intuitiv sind wir diesen Weg gegangen, ohne ihn damals schon genau zu kennen:

Der erste Schritt bestand darin, daß wir uns an einem lauen Sommerabend auf der Terrasse des Café Monopteros am Rande des englischen Gartens in München zusammensetzten, um unsere Ziele auf Karten zu schreiben, die wir dann auf einem großen, leeren Tisch ausbreiteten. Auf diese Art und Weise lernten wir unsere individuellen Ziele kennen.

Dabei stellten wir mit Erstaunen fest, daß eines der Ziele, das wir beide hatten, die Begleichung einer alten Rechnung war. Wir hatten beide in unserem Leben eine Situation erlebt, in der uns ein Kollege mit seiner kompetitiven Methode zu Verlierern gemacht hatte. Und nun, viele Jahre später, hegten wir immer noch den Wunsch, dafür Revanche zu nehmen und uns für die erlittene Unbill zu rächen!

Als wir das herausgefunden hatten, mußten wir lachen. Wir waren nämlich beide der lebende Beweis dafür, daß eine unserer wichtigsten Thesen stimmt:

Jeder nach Regeln der juristischen Methode geführte Streit führt letztendlich zu einer Situation, in der beide verlieren, weil der Verlierer von dem Moment an, in dem er erkennt, daß er verloren hat, nur noch eins im Kopf hat: Sich am vermeintlichen Gewinner zu rächen!

Die Offenheit bei der Zielformulierung erleichterte später das Schreiben sehr. Wir wußten, was der andere mit der Arbeit beabsichtigt. So konnten wir uns gegenseitig leichter unterstützen, wo wir es nötig hatten, oder uns verzeihen, wenn wir uns zu sehr über den anderen geärgert hatten.

Neben den persönlichen Zielen gab es auch **gemeinsame Ziele:**

Wir wollten dem juristischen Streiten, wie es heute überwiegend betrieben wird, ein anderes, ein kooperatives Modell zur Seite stellen. Ein Modell, das keine Verlierer produziert, weil es nicht danach trachtet, sich gegenseitig die Ansprüche streitig zu machen, sondern danach fragt, was die wirklichen Interessen hinter unseren Positionen sind, und uns Mittel und Werkzeug an die Hand gibt, Wege zu finden, wie wir diese Interessen verwirklichen können.

Als nächstes verhandelten wir darüber, was aus der großen Menge an Stoff tatsächlich in das Buch hinein sollte. Zunächst versuchte jeder natürlich, seine Ideen durchzuboxen. Sehr bald merkten wir aber, daß es so nicht funktionieren kann. Also fragten wir uns, welche Ziele stecken hinter unseren Themenwünschen und wie schaffen wir es, diese Ziele, in welcher Form auch immer, im Buch darzustellen. Nach gut 20 Stunden amüsanter, lehrreicher Arbeit hatten wir ein Inhaltsverzeichnis ausgearbeitet, dem wir beide zustimmen konnten.

Nun konnte endlich das Schreiben beginnen:

Wie aber wollten wir dabei vorgehen? Wir vereinbarten als erstes, wer welche Teile des Buches schreiben sollte. Vorgesehen war, daß wir nach der ersten Niederschrift unsere Kapitel austauschen und daß der andere dann das jeweilige Kapitel lesen, korrigieren und mit seinen Gedanken ergänzen sollte.

Ohne es damals bemerkt zu haben, wandten wir das sogenannte „Ein-Text-Verfahren" an, das auch bei den Friedensverhandlungen zwischen Ägypten und Israel im Camp David zum Erfolg führte.

Das Verfahren besteht darin, daß eine der Parteien einen Entwurf zur Lösung des Problems (etwa: wie sollte eine Kooperation zwischen einem Autokonzern und einer Uhrenmarke oder: wie kann der Frieden zwischen Israel und Ägypten aussehen?) anfertigt und diesen dann der anderen Partei zustellt. Die andere Seite prüft den Entwurf, paßt ihn ihren Vorstellungen an und schickt ihn an die erste Partei zurück. Diese überarbeitet ihrerseits den überarbeiteten Entwurf und schickt ihn dann wieder an die andere Partei zurück, die dasselbe tut. Dieses Verfahren wird solange wiederholt, bis beide mit dem gemeinsamen Produkt einverstanden sind. Das ist die Basis der Einigung. Auf diese Art und Weise entstand der Friedensvertrag zwischen Israel und Ägypten. Doch was in der großen Geschichte funktioniert, kann in der kleinen, privaten, persönlichen Geschichte manchmal recht schwierig sein.

Folgendes geschah nämlich: Reiner erhielt die kreativ-provokativ geschriebenen Kapitel von Adrian. Er las sie durch, seufzte und dachte sich: „Das ist viel zu frech. Das vergrault uns die ganze Leserschaft." Und er strich umgehend sämtlichen „Pfeffer" (aus der Sicht von Adrian) und machte aus dem Entwurf ein „ordentliches" Kapitel.

Adrian seinerseits erhielt die strukturiert-kognitiven Kapitel von Reiner und langweilte sich zu Tode. Er sagte: „Das darf doch nicht wahr sein. Da schläft uns die gesamte Leserschaft ein!", und er begann, Reiner's Kapitel zu dramatisieren, wo er nur konnte. Dadurch verloren die Kapitel Struktur und Stringenz (aus der Sicht von Reiner).

Nun tauschten wir beide die Kapitel aus und waren entsetzt:

„Wie kann man diese wunderschönen Formulierungen einfach so streichen! So geht es aber nicht!" Und sofort stellte jeder wieder den ursprünglichen Zustand her.

Als wir dann die wieder in den Urzustand versetzten Texte erhielten, merkten wir schnell, daß wir so nicht weiterkämen. Wir mußten erneut verhandeln. Dabei fanden wir heraus, daß wir die Texte des anderen nur mit den eigenen Augen gelesen hatten, und das war der Grund unseres Ärgers. Wir meinten beide, die Welt sei genau so, wie wir sie sähen, und der andere sollte sie gefälligst auch so sehen. Die Wirklichkeit ist aber anders, denn wir lernten – spätestens an diesem Punkt – den Satz, der in unserem Buch immer wiederkehrt:

„Die Landkarte ist nicht das Gebiet!"

Wir änderten also die Schreibprozesse so ab:

In einem ersten Schritt sollte jeder genau so schreiben, wie er es für richtig hielt. Das Gleiche sollte auch für den „Zweit-Autor" gelten, der das Produkt des „Erst-Autors" erhielt. Derjenige, der sein Werk nun verändert zurückerhielt, mußte sich verpflichten, bei seiner erneuten Überarbeitung nicht mehr den ursprünglichen Text heranzuziehen. Er mußte sich also mit dem veränderten Produkt abfinden. Gearbeitet werden durfte nur an dem, was vorlag. So ging der Text hin und her und jeder korrigierte oder ergänzte immer nur den überarbeiteten Text. Dieses Verfahren bewährte sich sehr gut, und bald hielten wir ein Buch in den Händen, das nicht in allen Einzelheiten dem entsprach, was sich jeder von uns darunter vorgestellt hatte, aber zu 100 % unseren Absichten: Wir wollten die Gründe aufzeigen, warum Anwälte so oft kompetitiv vorgehen. Dabei wollten wir es aber nicht belassen. Denn wir haben auch ein Buch geschrieben, das zeigt, wie kooperatives Verhandeln möglich wird. Sieben leicht nachvollziehbare Schritte können Legionäre zu Unterhändlern machen. Letztlich haben wir ein Buch geschrieben, das sowohl dem Wohle des Mandanten als auch dem Wohle des Anwalts dient.

Und ist es nicht auch genau das, was Sie wollen, wenn Sie ein Mandat übernehmen?

Noch eine kleine Erläuterung zur Handhabung des Buches:

Wir haben das Buch hauptsächlich in der Wir-Form geschrieben, weil unsere Erfahrungen und Überzeugungen großteils identisch sind. Wenn aber einer von uns über persönliche Erlebnisse berichtet, hat der Autor des ursprünglichen Textes die Ich-Form gewählt. Vielleicht macht es Ihnen auch Spaß herauszufinden, welche Geschichte von welchem Autor stammt? Sperrte sich das Muli, von dem die Rede sein wird, auf einer bayerischen Alm oder einer schweizerischen Alp?

Damit sind wir schon beim letzten Hinweis:

Das Buch ist ein Buch, das ein Schweizer und ein Deutscher geschrieben haben. Dem deutschen oder dem Schweizer Leser wird dabei gelegentlich auffallen, daß wir Begriffe verwenden, die typisch „deutsch" oder typisch „schweizerisch" sind und in der Umgangs- und Fachsprache des anderen Landes nicht vorkommen (so werden sich die einen fragen: „Was zum Kuckuck ist denn eine „Moderationskammer", die anderen: „Meine Güte, was ist ein „Senat"). Gerade das finden wir aber reizvoll, denn dieses Buch ist ohnehin für diejenigen Kollegen geschrieben, die bereit sind, einige Schritte in den Schuhen des anderen zu gehen und damit jenseits aller begrifflichen Sprache dem näher zu kommen, was wir Gewinner/Gewinner-Lösungen nennen.

3. Gebrauchsanweisung für dieses Buch

Dieses Buch ist keineswegs nur für Juristen geschrieben.

Die Autoren, ein „aktiver" und ein ehemaliger Rechtsanwalt, setzen sich zwar intensiv mit den Grundüberzeugungen der juristischen Methode auseinander, doch die Darstellung der Verhandlungsstile, der Vorbereitungs- und der Verhandlungsphase einer Verhandlung fordern allgemeine Gültigkeit. Zwar sind die **Anwendungsgebiete** des Verhandelns unterschiedlich, die Grundprinzipien sind jedoch immer die gleichen, das gilt sowohl für den beruflichen als auch für den privaten Bereich. Verhandeln ist eben Verhandeln.

In **Teil 1** machen wir Sie mit den Auswirkungen der **juristischen Methode** vertraut. Wir haben in Dr. Attila von Streidt einen hervorragenden Vertreter dieser Methode eruieren können, die er sehr plastisch anhand seiner **Grundüberzeugungen über das Wesen anwaltlicher Tätigkeit** präsentiert.

In **Teil 2** folgt dann eine Darstellung des **kooperativen Verhandelns** als Alternative zur juristischen Methode. Zu diesem Zweck entführen wir Sie in die Welt des Kollegen Dr. Austin Cooper und sehen, wie dieser mit völlig anderen Grundüberzeugungen an den gleichen Fall herangeht, den zuvor schon Dr. von Streidt „gelöst" hat, allerdings mit zweifelhaftem Erfolg.

Im **3. Teil** stellen wir uns die Frage, welche Verhandlungsmethode die erfolgreichste ist, und werden insbesondere das kompetitive Verhandeln dem kooperativen Verhandeln gegenüberstellen.

Die Bedeutung, die wir der **Vorbereitung einer Verhandlung** beimessen, ergibt sich daraus, daß wir ihr einen ganzen Teil gewidmet haben **(4. Teil)**. Durch die Wiedergabe der Gespräche zwischen dem Anwalt Dr. Cooper und seinem Mandanten Sacksberger haben wir die Möglichkeit zu sehen, wie Dr. Cooper die Verhandlung umfangreich vorbereitet. Wir geben Ihnen in diesem Teil acht Punkte an die Hand, deren Beachtung für die Vorbereitung einer Verhandlung wichtig ist. In leicht lesbarer Verpackung erhalten Sie in den Kapiteln des 4. Teils Grundkenntnisse über Techniken der Kommunikation wie Synchronisieren, aktives Zuhören und Wechsel von Wahrnehmungspositionen.

Im **5. Teil** schildern wir dann die **Verhandlung** zwischen den Anwälten Dr. Cooper und Dr. von Streidt, deren Vorbereitung durch Dr. Cooper wir Ihnen im vorhergehenden Teil dargestellt haben. Anhand des Vorgehens von Dr. Cooper eruieren wir die **7 Schritte erfolgreichen Verhandelns** und erläutern sie im einzelnen.

Erfreulich ist es für uns, daß es uns gelungen ist, Dr. Cooper noch zusätzlich dafür zu gewinnen, im **6. Teil** zu erläutern, welche Möglichkeiten und Techniken es gibt, **besonders schwierige Verhandlungssituationen** zu bewältigen.

Wir wünschen Ihnen viel Vergnügen beim Studium des „Friedlinger Modells" für kooperatives Verhandeln!

Teil 1

Die Tradition: Konfliktentscheidung nach der juristischen Methode

1. Rock am See oder: Dr. von Streidt schlägt zu

In Bad Friedlingen, der bekannten Kleinstadt im deutsch-schweizerischen Grenzgebiet, praktizieren mehrere Anwälte. Einer davon ist Dr. Austin Cooper, Citroën-DS-21-Fahrer und weitgereister Anhänger der in großen Teilen des Landes noch unbekannten Methode des „kooperativen Verhandelns". Er praktiziert erst seit einigen Monaten in Bad Friedlingen. Mit ihm werden wir uns später noch eingehender befassen.

Zuerst wenden wir uns einem anderen, alteingesessenen Bad Friedlinger Anwalt zu, einem Anwalt, der an den besten Universitäten studiert hat und großes Ansehen auf nationalem und internationalem Parkett genießt. Er trägt einen großen Namen. Er stammt aus dem Geschlechte derer von Streidt.

Dr. Attila von Streidt ist ein Anwalt, der stolz darauf ist, alle Konflikte streng „de arte juris" zu lösen. Sein Leitspruch, der an der Wand seines mit modernen Möbeln von Charles und Ray Eames bestückten Besprechungszimmers hängt, lautet deshalb:

„Was den alten Römern recht war, kann uns nur billig sein".

Mit diesem Spruch im Kopf und viel kämpferischem Blut in den Adern hat er es weit gebracht. Er nennt einen Jaguar Double Six, eine Villa am Stadtrand mit angegliederter Kanzlei, ein Rustico im Tessin und 21 Verwaltungsratssitze sein eigen. Er ist, wie es sich für einen guten Anwalt gehört, mit einer Tochter aus allerbestem Fabrikantenadel verheiratet.

Es ist ein Tag im Frühsommer. Die Sonne strahlt bereits kräftig auf Bad Friedlingen. Dr. von Streidt erhält auf Empfehlung eines Parteifreundes Besuch von Dr. Seelig.

Dr. von Streidt begrüßt Dr. Seelig mit einem kräftigen Handschlag und bietet ihm einen Tropfen aus eigenem Anbau als Willkommenstrunk an. Dr. Seelig nimmt einen kräftigen Schluck und beginnt zu erzählen:

Die Tradition

„Es geht um ein Grundstück am Friedlinger See, Dr. von Streidt, das mir sehr am Herzen liegt. Das Grundstück hat direkten Seeanstoß, und meine Familie und ich verbringen unsere Wochenenden dort draußen. Meine Kinder baden gerne im See, meine Frau bräunt sich dort liebend gerne, und ich erhole mich vom Arbeitsstreß. Sie müssen wissen, ich leite eine Werbeagentur in der Stadt, und das zehrt manchmal schon sehr an den Nerven."

Der Anwalt nickt. „Die Story kenne ich", denkt er, „nun wird gleich ein **„Aber"** auftauchen, höchstwahrscheinlich in der Form eines Nachbarn, der an jedem Wochenende wüste Orgien auf dem Nachbargrundstück feiert".

Und tatsächlich, das **„Aber"** kommt:
„Alles wäre toll, wenn da nicht Dr. Rödelmeier wäre. Rödelmeier ist der Eigentümer des Nachbargrundstückes. Er hat 2 Söhne, die sind im besten Flegelalter und die wissen an den Wochenenden tatsächlich nichts Besseres zu tun, als sich mit anderen Rüpeln aus der Stadt im Strandhaus meines Nachbarn zu treffen und dort mit ihren Musikinstrumenten zu üben. Dabei inszenieren sie den schrecklichsten Lärm, den man sich nur vorstellen kann. Ein Gejohle und Gekreische von unvorstellbarer Disharmonie!"

„Kein Problem, Dr. Seelig! Dem Rödelmeier werden wir es zeigen. Ich erinnere mich an einen Fall, der ähnlich gelagert war. Damals hat ein Kollege zuerst zu schlichten versucht, aber das hat nur weiteres Ungemach gebracht. Ich habe den Fall dann übernommen und gleich richtig zugeschlagen. Eine Wischi-Waschi-Haltung bringt da nichts. Ich empfehle deshalb, daß wir Dr. Rödelmeier gleich verklagen. Ein Schuß vor den Bug bestimmt die Richtung des Schiffes. Zuerst müssen wir aber noch Beweisstücke sammeln."

Dr. Seelig nimmt nun an den kommenden drei Wochenenden den „schrecklichen Lärm" auf Tonband auf und läßt den Lärm messen. Beim dritten Termin ist auch eine Urkundsperson anwesend.

Dr. von Streidt reicht daraufhin die Klage ein.

Dr. Rödelmeier besorgt sich nun seinerseits einen Anwalt, und dieser, clever wie er ist, schießt zurück und reicht eine Widerklage ein: Er behauptet, daß es sich bei den Bäumen auf dem Grundstück von Dr. Seelig keinesfalls um „alten, gewachsenen Bestand" handle, sondern daß die meisten Bäume noch nicht einmal 10 Jahre alt und von Dr. Seelig nur gepflanzt worden seien, um seinem Mandanten den Platz an der Sonne streitig zu machen. Sein Mandant habe einen Anspruch auf sofortige Beseitigung oder zumindest vorschriftsgemäßes Kappen der Bäume und verlange, daß dies innerhalb eines Monats geschehe. Die angebliche Lärmbelästigung sei selbstverständlich absolut innerhalb der Norm, die Seelig zu ertragen habe. Zudem komme der vermeintliche Lärm nicht aus seinem Garten, sondern zweifelsfrei vom benachbarten Strandbad.

Auf diesen ersten Schriftwechsel folgt ein Einigungsversuch vor dem Richter, der aber erfolglos bleibt. Beide beharren auf ihren Standpunkten, und der Richter ordnet einen weiteren Schriftwechsel an. Er weist die Parteien zudem an, ihre Anliegen besser zu begründen.

Dr. Attila von Streidt rät nun Dr. Seelig, sich zu überlegen, ob er sich von Rödelmeier sonst noch in seinen nachbarlichen Rechten verletzt fühle, und gemeinsam finden sie heraus, daß Rödelmeier seine Hecke, die die beiden Grundstücke trennt, 50 cm zu nah an die Grundstücksgrenze gepflanzt habe. Dr. von Streidt rügt diesen Sachverhalt vor Gericht, worauf die Gegenpartei herausfindet, daß der Bootssteg, den Dr. Seelig letztes Jahr gebaut hatte, nicht bewilligt war.

Dr. von Streidt kann durchsetzen, daß Dr. Rödelmeier die Hecke vorschriftsgemäß zurückpflanzt, der Bootssteg kann wegen einer Gesetzeslücke stehen bleiben. Gegen den Bau einer die beiden Grundstücke endgültig trennenden, häßlichen Betonmauer, die Dr. Rödelmeier darauf errichten läßt, kann nichts unternommen werden. Für diese Schandtat mußte sich Dr. Seelig rächen. Gemeinsam mit seinem Anwalt findet er heraus, daß . . .

Dieser Fall ist selbstverständlich erfunden. Aber wer hat nicht schon ähnliche Fälle in seiner eigenen beruflichen Praxis erlebt? Fälle, die anfangs ganz einfach und harmlos erscheinen und sich tagtäglich zu immer größeren Monstern entwickeln. Einer scheinbaren Logik gehorchend, die sich unserem Zugriff entzieht.

Was aber hat Dr. von Streidt falsch gemacht, daß der Fall einen solchen Ausgang genommen hat?

Nichts! Er hat nur „de arte juris“ gehandelt, so wie es sich eben für einen Anwalt gehört: Er hat für seinen Mandanten Ansprüche gefunden, diese sachkundig begründet und die gegnerischen Ansprüche kunstgerecht entkräftet. Vor der Moderationskammer (Aufsichtskammer der Anwälte) würde er mit reiner Weste dastehen. Die meisten Kollegen würden seiner Vorgehensweise zustimmen und sagen: „Wenn ich den Fall hätte lösen müssen, hätte ich es vielleicht nicht genau gleich, aber doch ähnlich gemacht.“

Ein vernünftiger Geschäftsmann würde sich an den Kopf greifen und sagen: „Seid ihr denn verrückt? Ein solches Resultat kann man doch nicht mit ruhigem Gewissen stehen lassen! Da ist doch etwas vollkommen schief gelaufen!"

Was aber ist schief gelaufen? Hätte Dr. Seelig einen anderen Anwalt nehmen sollen? Die Gefahr, bei diesem Versuch auf einen Kollegen zu treffen, der ähnlich denkt und handelt, wäre ziemlich groß gewesen – denn fachlich (also juristisch) war das Verhalten von Dr. von Streidt einwandfrei.

Liegt der Fehler etwa nicht in der konkreten Vorgehensweise, sondern in der juristischen Denkweise an sich? Etwa in dem Vorgehen nach der „juristischen Methode"?

Mark H. McCormack kennt als ehemaliger Anwalt und erfolgreicher Geschäftsmann die Tätigkeit des Anwalts von beiden Seiten. Hören wir doch einmal seine Meinung, wohin es führt, wenn man Anwälte in einen Konflikt einschaltet:

> *„Anwälte sind dazu ausgebildet und darauf programmiert, Differenzen mit juristischen Mitteln zu bereinigen. Das ist nicht nur einfach ihr Beruf und Lebensunterhalt, es ist die Brille, durch die sie die Welt betrachten.*
> *Daher können Sie von einem Anwalt nicht erwarten, daß er ein rechtliches Problem betrachtet und eine gütliche Lösung auf geschäftlicher Grundlage sieht. Sie können nicht erwarten, daß er einen Fall betrachtet, den er voraussichtlich gewinnen kann, und darin eine Schlacht sieht, die sich nicht zu schlagen lohnt . . .*
> *Die schreckliche Wahrheit ist, Sie können von einem Anwalt nicht erwarten, daß er kein Anwalt ist."*

Und an einer anderen Stelle formuliert McCormack noch spitzer:

> *„Anwälte neigen zu der Meinung – wie Dobermänner –, sie seien in die Welt gesetzt, um die Zähne zu fletschen. Während ihrer Abrichtung hat man ihnen die Überzeugung eingeimpft, daß ihre Herren und Meister genau das wollen".*

Einige von uns werden jetzt einwenden, daß solche Aussagen natürlich nur für die USA gelten, wo ein anderes Rechtssystem gilt, wo die Regelung des Erfolgshonorars die Anwälte zu Haien werden läßt und wo Laien unsinnige Entscheidungen fällen – oder betreffen uns diese Feststellungen doch? Sind wir als Juristen vielleicht von unserer Ausbildung doch eher darauf ausgerichtet, Eskalation zu fördern, anstatt Konflikte interessengerecht zu lösen?

Hätte man den Fall des Dr. Seelig denn überhaupt anders lösen können, als es Dr. von Streidt versucht hat?

Nehmen wir einmal an, Dr. Seelig wäre nicht zu Dr. von Streidt gegangen, sondern zu Dr. Austin Cooper, dem anderen Anwalt, der in der gleichen Stadt praktiziert, dem Anwalt, der neben der Kunst der anwaltlichen Kriegsführung auch die Kunst des **kooperativen Verhandelns** gelernt hat, die sich von der juristischen Denkweise des Dr. von Streidt fundamental unterscheidet.

Nehmen wir einmal an, die Sache wäre so abgelaufen:

Am Wochenende nach dem ersten Kontakt fuhr Dr. Seelig mit seinem Anwalt Dr. Cooper zum See hinaus. Dr. Seelig zeigte voller Stolz den alten Baumbestand auf seinem Anwesen und auch den kleinen Bootssteg, den er letztes Jahr selbst errichtet hatte. Noch war es still, es war auch noch früh am Morgen.

Um 11.00 Uhr aber, die beiden saßen gerade gemütlich beim zweiten Frühstück, dröhnte tatsächlich vom Nachbargrundstück eine verstärkte Baßgitarre „loud and proud" herüber. Nach einigen Takten fiel eine Leadgitarre ein, dann kam das Schlagzeug hinzu, und als letztes Instrument ließ sich ein Keyboard hören.

Dr. Seelig sprang auf: „Hören Sie, hören Sie!"

Doch was tat Dr. Cooper? Er griff – mit einem Lächeln – zu einer seiner „seltsamen Methoden": Zuerst beruhigte er seinen Mandanten, holte dann seine alte Gitarre aus dem Auto und zog den widerstrebenden Dr. Seelig vor die Türe des Nachbarhauses. Eine halbe Stunde spielte er selbst in der Band mit (Dr. Seelig quälte dazu eine Rimba) und fand anschließend heraus, daß die Burschen mitnichten die Absicht hatten, Dr. Seelig mit ihrer Musik zu stören. Sie übten nur für ihre Schulschluß-Feier. Als Übungslokal benutzten sie mehr notgedrungen als freiwillig das Rödelmeiersche Strandhaus, da sie in der Stadt keinen Übungsraum gefunden hatten.

Es stellte sich nun heraus, daß Dr. Seelig den jungen Männern im Keller seiner Werbeagentur einen solchen Raum zur Verfügung stellen konnte. Dieses Angebot nahmen die Schüler gerne an. Nun mußten sie nicht mehr an den See hinaus radeln, und die „seelige“ Familie konnte ihre wohlverdiente Ruhe genießen.

Weiter kam man überein, daß die Werbeagentur von Dr. Seelig den Musikern einen knalligen Folder für ihr Konzert gestalten würde, wenn sie dafür an seinem Betriebsfest aufspielen würden. Die Knaben waren einverstanden, und man besiegelte die Zusammenarbeit durch gemeinsames Leertrinken der letzten Cola-Dose, die noch zu finden war.

Die Lösung scheint so einfach. Warum hat sie aber Dr. von Streidt nicht gefunden? Ja, warum hat er sie nicht nur nicht gefunden, sondern darüber hinaus durch sein Verhalten den Konflikt geradezu erst entfacht?

Unterstellen wir ruhig, daß es tatsächlich seine feste Absicht war, Dr. Seelig zu helfen, und daß ihm sogar daran gelegen war, den Konflikt zwischen den Parteien zu lösen. Warum ging dann aber alles, trotz dieser guten Absichten, derart schief?

Wir behaupten, daß es nicht am Charakter des Dr. von Streidt liegt, sondern an der **juristischen Methode,** die er so gerne praktiziert. Der Grund ist, um noch präziser zu sein, nicht in der juristischen Methode alleine zu suchen, sondern vielmehr in den Überzeugungen, die dieser Methode zugrunde liegen. Diese Überzeugungen nennen wir nachfolgend, einer Diktion von Robert Dilts folgend, **Grundüberzeugungen.**

Wer überzeugt ist, als Anwalt **Legionär** seines Mandanten zu sein, wird sich immer im Scharmützel wiederfinden.

Wer hingegen glaubt, als Anwalt **Konfliktlöser und Unterhändler** zu sein, wird bestrebt sein, hinter der Maske des kriegerischen Verhaltens das Gesicht der positiven Absicht zu erkennen.

Wir meinen, daß sich hinter der kompetitiven Methode des Dr. von Streidt und der kooperativen Methode des Dr. Cooper ganz unterschiedliche Grundüberzeugungen verbergen, die zu unterschiedlichen Arten des Denkens und Handelns führen.

Um die unterschiedlichen Überzeugungen dieser Geisteshaltungen plastisch zu machen, haben wir für jeden unserer beiden Anwälte sieben Grundüberzeugungen formuliert (s. S. 21, 22).

Wie kommen wir zu den Grundüberzeugungen, die unser Weltbild bestimmen? Wie kommen einige Anwälte dazu, zu glauben, daß sie ihre Gegner bekämpfen sollen, während andere glauben, daß es das Beste für alle ist, wenn man zunächst den Kuchen größer macht und ihn dann friedlich teilt?

Die Ausprägung unserer Grundüberzeugungen hängt sehr viel mit unserer Erziehung zusammen: Erziehung im Elternhaus, Erziehung in der Schule, Erziehung im Gymnasium, Erziehung an der Universität.

Die Erziehung an der Universität und die nachfolgende Ausbildung als Referendare und Kandidaten vor Gericht oder in der Anwaltskanzlei prägen die Grundüberzeugungen, die entscheiden, wie wir unseren Beruf sehen und ausüben.

Sehen wir uns daher einmal an, welche Überzeugungen, Verhaltensweisen und Lösungsansätze dem jungen Juristen während seiner Ausbildung für seine spätere Berufspraxis vermittelt werden.

Dr. von Streidt glaubt

1. **Ein Baum ist kein Baum, sondern eine Sache!**
   oder: Es gibt eine objektive Wirklichkeit!

2. **Ein Königreich für einen Anspruch!**
   oder: Nur wer klagen kann, kann nicht klagen!

3. **Der Papa wird's schon richten! (Helmut Qualtinger)**
   oder: Konflikte kann letztendlich nur der Richter lösen!

4. **Der Anwalt ist der Legionär seines Mandanten!**
   oder: Ich gewinne, wenn Du verlierst!

Dr. Cooper glaubt

1. **Die Landkarte ist nicht das Gebiet! (Korzibsky)**
   oder: Es gibt keine objektive Wirklichkeit, sondern nur subjektive Wahrnehmung und Vorstellung!

2. **Mich interessiert nicht, woher die Dinge kommen, sondern wohin sie gehen! (Seneca)**
   oder: Wichtig ist nicht, welche Ansprüche Menschen haben, sondern was sie wirklich wollen!

3. **Hilf Dir selbst, dann hilft Dir Gott! (Sprichwort)**
   oder: Wir lösen unseren Konflikt selbst!

4. **Keiner, der einem anderen hilft, hilft nicht zugleich sich selbst! (Seneca)**
   oder: Ich gewinne dann am meisten, wenn wir beide gewinnen!

5. **Wo warst Du gestern?**
oder: Der erfolgreiche Anwalt ist ein Archäologe auf dem Feld der Sachverhalte!

6. **Wer den Rappen nicht ehrt, ist des Frankens nicht wert!**
oder: Gute Anwälte konzentrieren sich auf Details.

7. **Wo ist das Haar in der Suppe?**
oder: Gute Anwälte konzentrieren sich darauf, was andere falsch gemacht haben!

5. **Wenn wir die Vergangenheit und die Gegenwart miteinander streiten lassen, werden wir die Zukunft verlieren! (Winston Churchill)**
oder: Laßt uns heute das Morgen gestalten!

6. **Nicht kleckern, klotzen!**
oder: Nur große Ideen führen zu großen Taten!

7. **Ich überlege mir immer, ob mein Handeln ein Teil des Problems oder ein Teil der Lösung ist! (Michail Gorbatchev)**
oder: Wer nach Fehlern sucht, wird Probleme finden. Wer aber nach Lösungen sucht, hat schon begonnen, die Probleme zu lösen!

2. Die Geburt des kompetitiven Anwalts aus dem Geist der juristischen Methode

2.1 Die juristische Methode

Um die juristische Methode einmal näher darzustellen, haben wir uns um eine Quelle bemüht, von der wir sicher sein können, daß sie die juristische Methode unvoreingenommen darstellt. Wir sind dabei auf das Buch „Übungen im Obligationenrecht" von Bucher/Wiegand gestoßen, aus dem wir nachfolgend zitieren wollen. Beide Autoren sind oder waren Universitätsprofessoren. Prof. Wiegand ist Deutscher. Er hat in Deutschland studiert und sich dort habilitiert. Prof. Bucher war ein erfolgreicher schweizerischer Anwalt, bevor er dem Ruf an eine Universität gefolgt ist. Heute ist er emeritiert. Wir gehen einmal davon aus, daß also das nachfolgend zitierte Gedankengut sozusagen grenzüberschreitend das darstellt, was man für den deutschen Sprachraum als die juristische Methode bezeichnen kann.

Nach Auffassung der genannten Autoren besteht das juristische Handwerkszeug in der Einübung

> *„derjenigen Technik, die bis heute für das Berufsbild des Juristen typisch geblieben ist:*
> - *Analyse des vorgegebenen Sachverhaltes,*
> - *Ermittlung der rechtlich relevanten Tatsachen durch Inbezugsetzung des Lebenssachverhaltes zu verschiedenen in Betracht kommenden Normen, Subsumtion des als relevant erkannten Sachverhaltes zur als einschlägig befundenen Norm und damit Entscheidung einer konkreten Streitsituation zwischen privaten Bürgern, was wesensmäßig Aufgabe der Privatrechtsordnung bzw. des sie anwendenden Juristen ist . . ." (S. 15).*

Nachdem Bucher/Wiegand erläutert haben, was sie unter juristischer Denktechnik verstehen, gehen sie näher auf die „juristische Methode" ein:

> *„. . . erweist sich jene Methode als die geeignetste zur Lösung von Fällen, die auch die älteste ist. Sie wurde schon von den römischen Juristen praktiziert und von ihren mittelalterlichen Nachfahren in einem berühmten Merksatz zusammengefaßt, der lautet:*
> *quis, quid, a quo, qua causa?"*

In der modernen Übertragung formuliert man diese Frage folgendermaßen:

Wer kann was von wem, aus welchem Rechtsgrund verlangen?

Dieses Vorgehen wird vielfach als **Anspruchsmethode** bezeichnet und vor allem in Deutschland geradezu kultiviert. Es geht dabei um folgendes:

- *Man ermittelt,* ***was die Parteien voneinander verlangen,*** *z. B. daß die eine Partei von der anderen Zahlung begehrt, die Gegenpartei aber behauptet, sie sei nicht an den Vertrag gebunden bzw. sie wolle ihn auflösen.*
- *Dann überlegt man abstrakt, auf welcher* ***Grundlage*** *die eine Partei ihr Verlangen nach Zahlung abstützen könnte, welche Möglichkeiten andererseits in Betracht kommen, um einen einmal geschlossenen Vertrag rückgängig zu machen. (. . .)*
- *Durch die beiden skizzierten Schritte werden* ***die im Streit stehenden Rechtsfragen herausgeschält*** *und gleichzeitig andere ebenfalls denkbare, im konkreten Falle aber* ***nicht zu erörternde Probleme ausgeschlossen.*** *(. . .)*

„Im Mittelpunkt dieses dem aktionenrechtlichen Denken entstammenden Vorgehens steht die Frage nach der Durchsetzbarkeit von Rechten oder Ansprüchen, weshalb sie auch die Anspruchsmethode genannt wird." (S. 16 ff. Hervorhebungen durch die Verfasser)

„Die ***Beherrschung der Technik der Konflikt-Entscheidung ist auch außerhalb eigentlicher Streitsituationen immer noch das Hauptelement des beruflichen Handwerkszeugs****: Wenn der Jurist (den wir uns als beratenden Anwalt vorstellen können) gefragt wird, welche Ansprüche in einer gegebenen Situation gestellt werden können oder – noch allgemeiner – wie man sich verhalten solle, könnten auch diese Fragen mit Blick auf mögliche Konfliktsituationen beantwortet werden." (S. 15)*

Genau nach dieser Methode ist Herr Rechtsanwalt Dr. Attila von Streidt auch vorgegangen: Er hat zusammen mit Dr. Seelig den **Sachverhalt ermittelt.** Als gewiefter Anwalt wußte er, **was wesentlich ist und was nicht.** Er hat feinfühlig das, was für die Fall-Lösung wesentlich ist, herausgeschält, oder wie Bucher/Wiegand meinen:

„Der erfahrene Jurist wird die Frage nach dem zur Stützung des erhobenen Anspruches in Betracht kommenden Rechtsgrund in der Regel ohne langes Überlegen, sozusagen intuitiv, beantworten können. Durch jahrelange Übung geschult, entwickelt er einen gewissen Instinkt für das, „worauf es ankommt." (S. 18)

Dr. Attila von Streidt unterbricht Dr. Seelig deshalb, als dieser von seiner Werbeagentur in der Stadt erzählen will. Das ist wohl nett, hat aber mit

Anwälte wissen genau, worauf es ankommt

dem **rechtlich relevanten Sachverhalt** nichts zu tun. Professionell ermittelt **er die zur Lösung dieses Falles in Betracht kommenden Normen, wählt aus, prüft, verwirft, subsumiert** und findet schließlich den für diesen Sachverhalt erfolgversprechendsten **Anspruch.**

Beim darauffolgenden Studium der einschlägigen gerichtlichen Entscheidung stellt er fest, daß der Anspruch auf „ungestörten Besitz" nur ab einem bestimmten Immissionspegel als **rechtsrelevant begründet** angesehen werden kann. Deshalb legt er sich auf die Lauer und fängt an drei Wochenenden die auf das Seelig'sche Grundstück herüberschwappenden Schallwellen auf. Um einen hieb- und stichfesten **Beweis** zu führen, nimmt er beim dritten Mal eine öffentliche Urkundsperson, einen Notar, mit.

Nun ist er allen seinen anwaltlichen Pflichten aufs Vortrefflichste nachgekommen und bläst zur Jagd, der **Entscheidung der Streitsituation vor dem zuständigen Gericht.** Der Richter, natürlich ebenfalls ausgebildeter Jurist, nimmt die Klage entgegen und stellt sie dem beklagten Dr. Rödelmeier zu.

Dr. Rödelmeier nimmt sich nun ebenfalls einen Anwalt, und dieser wendet bei der Abfassung seiner Rechtsschrift ebenfalls die juristische Methode an:

Er reduziert den ihm vorgetragenen Lebensausschnitt auf juristisch relevante Sachverhalte, subsumiert diese unter die in Betracht kommenden Rechtsnormen, findet und begründet die Ansprüche seines Mandanten und sucht ebenfalls eine Entscheidung beim Richter.

Beide gehen vorbildlich nach den Regeln ihres Berufsstandes vor, aber trotzdem wird der Konflikt nicht gelöst, sondern genau das Gegenteil tritt ein: **Er eskaliert!**

Beide Parteien finden neue Ansprüche und verlangen die Durchsetzung dieser Rechte vor Gericht:

Rödelmeier muß nicht nur seinen Söhnen das Spielen am Wochenende verbieten, nein, er muß auch noch die Hecke zurücksetzen. Dafür rächt er sich mit dem Mauerbau. Dr. Seelig hat wohl jetzt seine Ruhe am Wochenende, nur ist sein Ferienhaus zum sommerlichen Hochofen verkommen, weil er die schattenspendenden Bäume kappen mußte. Wo am Anfang nur ein kleiner Streit um ein bißchen Lärm an zwei Tagen der Woche war, ist am Schluß ein dauernder, irreparabler Schaden entstanden. Die zwischen den Grundstücken errichtete Mauer ist nur ein äußeres Sinnbild für die geistige Situation, in die sich die beiden Kontrahenten hineinmanövriert haben.

Nach einem solchen Desaster stellt sich die Frage, ob es nicht nur an der Streitsucht der Parteien liegt, wie viele Anwälte immer wieder behaupten, wenn solche Debakel am Ende ihrer Bemühungen stehen, sondern vielleicht auch an der juristischen Denk- und Vorgehensweise. Daß es genau so und nicht anders kommen muß, weil eben alle Seiten, inklusive des Richters, die „juristische Methode" angewendet haben.

Oder spitz ausgedrückt: Ein Streit, der „de lege artis" gelöst wird, artet mit an Sicherheit grenzender Wahrscheinlichkeit zum Krieg aus. Zu einem Krieg, in dem die verarmten Parteien, wenn sie ihn überhaupt überleben, am Ende nur noch eine Lebensschuld zu begleichen haben: die Bezahlung der Rechnungen ihrer Anwälte.

„Behaltet Eure Hoffnungen, hier könnt Ihr sie gebrauchen!"

sollte über der Eingangstür mancher Kanzlei in Goldlettern stehen. Dann wüßten die Mandanten, auf was sie sich mit den Herren Dres. von Streidt einlassen.

Wenn es tatsächlich so ist, daß die juristische Methode per se oder system-immanent wenig dazu geeignet ist, Lösungen zu finden, die allen Parteien gerecht werden, dann ist es doch sicher sinnvoll, sich einmal genauer mit dieser Methode zu beschäftigen, um herauszufinden, welche Grundüberzeugungen **hinter** der juristischen Methode stehen.

2.2 Das Weltbild der juristischen Methode

Im nachfolgenden Kapitel werden wir uns mit den grundlegenden Überzeugungen der Juristen befassen. Für die grundlegenden Überzeugungen haben Bateson/Dilts den Begriff **Belief** geprägt, der in der deutschen Fachsprache mit **Glaubenssatz** übersetzt wird. Diese Übersetzung führt aber oft zu falschen Assoziationen, da ein Glaubenssatz wenig mit religiösen Überzeugungen zu tun hat. Ein Glaubenssatz bestimmt, wie wir noch hören werden, die darunterliegenden Ebenen (Fähigkeiten, Verhalten und Umwelt), ebenso wie z. B. das Grundgesetz die darunterliegenden Normen bestimmt.

Um den Leser nicht mit einem mißverständlichen Begriff der Fachsprache der Kommunikationswissenschaft zu verwirren, haben wir uns deshalb entschlossen, für dieses Buch das englische Wort **Belief** mit dem Wort **Grundüberzeugung** zu übersetzen.

Um die Wirkung von Grundüberzeugungen (Glaubenssätzen) zu erläutern, bedienen wir uns des Modells der logischen Ebenen von Bateson/Dilts, wie es Dilts beispielsweise in seinem Buch „Strategies of Genius Vol. II Albert Einstein", S. 147 ff beschreibt.

Die **logischen Ebenen** sind ein Modell, mit dessen Hilfe man herausfinden kann, in welchen Ebenen menschliche Erfahrungen in unserem Bewußtsein gespeichert sind und in welcher Rangordnung sie sich gegenseitig beeinflussen. Bateson und Dilts nennen in ihrem Modell sechs solcher Ebenen: Es gibt Erfahrungen, die der **Zugehörigkeit** zuzuordnen sind und andere, die die **Identität** betreffen. Einige Erfahrungen haben Einfluß auf die **Grundüberzeugungen,** andere auf die **Fähigkeiten** oder das **Verhalten,** während wiederum andere den Kontext der **Umwelt** bestimmen.

Die logischen Ebenen nach Gregory Bateson und Robert Dilts	
Frage:	**Ebene:**
Mit wem? **Für wen?**	**Zugehörigkeit**
Wer?	**Identität**
Warum?	**Grundüberzeugungen/Werte/Ziele**
Wie?	**Fähigkeiten**
Was?	**Verhalten**
Wo?/Wann?	**Umwelt/Kontext**

Bateson und Dilts stellen nun die Behauptung auf, daß jede Ebene von den darüberliegenden Ebenen beeinflußt wird. Für uns Anwälte würde das etwa heißen, daß unsere **Zugehörigkeit** zum Stand der Anwälte unsere **Identität** als prozessierender Anwalt bestimmt.

Das zeigt sich etwa darin, daß Herr Nyfenegger, der sowohl Mitglied der Familie Dr. Sebastian und Maya Nyfenegger-Wälti als auch des Standes der bernischen Fürsprecher ist (im Kanton Bern tragen die Rechtsanwälte als Zugehörigkeitsmerkmal zum Stand des Anwälte den Titel „Fürsprecher"), vor Gericht nicht mit **„Vater"**, sondern mit **„Herr Fürsprecher"**

Identität

HÄGAR
KOMM DOCH MAL, SCHATZ. ICH HAB' GERADE UNSEREN NEUEN SPIEGEL AUFGEHÄNGT!
KOMM, SNERT! SCHAU'N WIR UNS MAL AN, WIE ICH IN UNSEREM NEUEN SPIEGEL AUSSEHE!
PRÄCHTIG!
WAS IST DENN MIT SNERT LOS?
ER HAT GERADE ERKANNT, DASS ER EIN HUND IST!

angesprochen wird. Andere Zugehörigkeiten schaffen andere Identitäten, hier Zugehörigkeit zur Anwaltschaft, dort zur Familie. In der Familie denkt selbstverständlich niemand daran, Herrn Nyfenegger als Herrn Fürsprecher zu bezeichnen.

Die Identität, die wir aus unserer Zugehörigkeit erwerben, formt unsere **Grundüberzeugungen.** So glaubt der deutsche Rechtsanwalt beispielsweise, daß es richtig ist, vor Gericht im Talar aufzutreten, während der Fürsprecher glaubt, daß es ratsam sei, vor dem Bundesgericht (also dem höchsten Gericht der Schweiz) einen schwarzen Anzug zu tragen. Die Idee, vor irgend einem Gericht im Lande im Talar aufzutreten, ist ihm völlig fremd. Daran glaubt er nicht einmal im Traum. Andererseits glauben sowohl Herr Rechtsanwalt als auch Herr Fürsprecher daran, daß es beim Lösen der Fälle das vorteilhafteste sei, die juristische Methode anzuwenden.

Die **Fähigkeit,** einen Fall mit der juristischen Methode zu lösen, bestimmt dann ihrerseits wiederum das **Verhalten:** Wir werden bei der Anwendung der juristischen Methode, bei dem, was uns der Klient erzählt, selektiv zuhören und damit den Sachverhalt auf das juristisch notwendige reduzieren. Später werden wir den Lauf der Dinge so „organisieren", daß der Fall schließlich mit größerer Wahrscheinlichkeit vor dem Gericht endet als einer einvernehmlichen Regelung zugeführt wird. Damit haben wir aus der Vielzahl der uns zur Verfügung stehenden Möglichkeiten die uns zusagendste **Umwelt,** den Gerichtssaal, ausgewählt.

Von entscheidender Bedeutung in dieser Hierarchie sind die **Grundüberzeugungen.** Diese bestimmen unsere Fähigkeit, unser Verhalten und unsere Umwelt. Wer nun die Fähigkeit, einen Fall kompetitiv zu lösen, durch die Fähigkeit des kooperativen Verhandelns ergänzen möchte, tut gut daran, nicht nur die neuen **Fähigkeiten** zu lernen, sondern auch Einfluß zu nehmen auf die darüberliegenden **Grundüberzeugungen.** Sie sind die Drehscheibe unseres Tuns. Wer sie verändern kann, wird eine wesentlich nachhaltigere Veränderung seiner Fähigkeiten und seines Verhaltens erzielen als jemand, der bloß versucht, sein Verhalten zu ändern.

Grundüberzeugungen liegen auf einer höheren logischen Ebene als Fähigkeiten und haben daher starken Einfluß auf die Fähigkeit, die juristische Methode gezielt und situationsgerecht anwenden zu können.

Wir werden uns deshalb zuerst einmal mit den anwaltlichen Grundüberzeugungen beschäftigen.

Wir verwenden dazu unsere eigenen Erfahrungen, die wir als Studenten, Kandidaten, Referendare, junge Mitarbeiter in Anwaltskanzleien und praktizierende Anwälte gemacht haben. Wir möchten aufzeigen, wie sich uns im Laufe unserer Ausbildung unbewußt verschiedene Grundüberzeugungen eingeprägt haben. Grundüberzeugungen, die uns schließlich erlaubten, als Juristen die juristische Methode erfolgreich anzuwenden und so „gute" Anwälte zu werden.

Gleichzeitig haben diese Grundüberzeugungen, und dies wurde uns im Laufe der Anwaltstätigkeit immer mehr bewußt, aber auch die Fähigkeit verkümmern lassen, Konflikte ohne Streit lösen zu können. Die Verwunderung über diesen Lauf unserer Karrieren hat uns zum Nachdenken gebracht und uns schließlich veranlaßt, dieses Buch zu schreiben. Vielleicht erkennt sich der eine oder andere Kollege in unseren Beschreibungen wieder. Vielleicht auch nicht.

1. **Grundüberzeugung:**
Ein Baum ist kein Baum, sondern eine Sache!

oder:
Es gibt eine objektive Wirklichkeit.

Die erste, von den meisten Anwälten unbewußt verinnerlichte Grundüberzeugung hat etwas mit der Art und Weise zu tun, wie wir Juristen den Sachverhalt, den uns vorgetragenen Lebensausschnitt, betrachten:

Wir gehen davon aus, daß wir, wenn wir nur intensiv genug ermitteln und nachforschen, so etwas wie eine objektive Wirklichkeit aus dem herausfiltern können, was unsere Partei und die Gegenpartei als subjektive Darstellungen schildern. Das Ergebnis bezeichnen wir dann als „unstrittigen" oder „bewiesenen Sachverhalt". Dabei gehen wir davon aus, daß das, was die Parteien unbestritten vortragen, und das, was Zeugen oder Dokumente belegen, dasjenige ist, was tatsächlich stattgefunden hat.

Wir glauben, daß es hinter der subjektiven Wahrnehmung von Lebensumständen eine objektiv feststellbare Wirklichkeit gibt.

Dr. Attila von Streidt ist diesem Grundsatz gefolgt, indem er sich von Dr. Seelig die Probleme schildern ließ. Es war klar und offensichtlich, daß die Kinder von Dr. Rödelmeier in ihrem Ferienhaus am Friedlinger See am Wochenende unerträglichen „Lärm" machten.

Ein Baum ist kein Baum, sondern eine Sache!

Die erste Grundüberzeugung lautet daher sinngemäß:

- **Es gibt eine objektive Wirklichkeit.**
  Und:
- **Wir können diese objektive Wirklichkeit erkennen und beurteilen.**

Wenn es aber so ist, daß die Juristen das als die wahre Welt ansehen, was sie, gefiltert durch ihre juristische Brille, wahrnehmen, so reduziert sich die Vielfältigkeit des Lebens auf einen juristisch geläuterten Sachverhalt. Das ist sicherlich erforderlich, um Recht anzuwenden, erschwert aber interessengerechte Lösungen ungemein, weil ein Teil der Lebenswirklichkeit, auf den es den Parteien ankommt, völlig ausgeblendet wird.

Dies habe ich als Student der Jurisprudenz ziemlich schnell erfahren:

Ich begann mein Rechtsstudium im Herbst 1979 in Bern. Vorher war ich im Militärdienst, habe die Rekrutenschule und die Unteroffiziersschule absolviert und kam, da die militärischen Schulen in der föderalistischen Schweiz nicht zum gleichen Zeitpunkt enden, in dem das Studium an den Universitäten beginnt, erst drei Wochen nach Semesterbeginn an die Universität.

Mein Aufenthalt in den Kasernen hatte mich stark geprägt. Das merkte ich etwa daran, daß ich, wie im Theorieunterricht in den Militärschulen, sofort einschlief, wenn ich mich im Auditorium setzte. Diese Angewohnheit, die im militärischen Kontext durchaus Sinn gemacht hatte – wir mußten den Schlaf nachholen, den man uns in Nachtübungen gestohlen hatte –, wirkte im universitären Umfeld eher deplaziert, und ich gewöhnte mir dieses Muster rasch wieder ab.

Etwas länger dauerte es aber schon, meine militärische Sichtweise der Zeit durch die studentische Betrachtungsweise zu ersetzen. Anfangs war ich immer pünktlich und erschien zu allen Vorlesungen zur vollen Stunde. Sehr bald mußte ich aber einsehen, daß in universitären Kreisen die „akademische Viertelstunde" regiert, d. h. alle konsequent 15 Minuten zu spät kommen. Auch das lernte ich schnell.

Schon etwas mehr Mühe hatte ich, mich von der Vorstellung zu lösen, daß wir mittags nicht „Verpflegung fassen" sollten, sondern uns in der Mensa „Food zwischen die Ohren schieben" würden. Auch hatte ich Schwierigkeiten, zu lernen, daß hier nicht „entschieden und angeordnet" wurde, sondern alles „ausdiskutiert" und „basisdemokratisch beschlossen" werden mußte.

Ich wechselte meine Sprache, sprach, wie es gefordert wurde und stellte im Laufe der Zeit fest, daß sich dadurch auch mein Weltbild immer mehr änderte: Anstatt optimistisch und dynamisch, wie ich bis dahin war, wurde ich jetzt einfühlsam, wehleidig und betroffen. Ich ersetzte meine militärische Landkarte der Welt durch eine andere – und da diese Landkarte damals die Landkarte der neuen „Weinerlichkeit" war, fühlte ich mich auch bald „sehr betroffen". Ich wurde immer mehr zu einem, der schlicht gegen alles war. Ich wurde einer von denen, die nur mit schwarzen Stiften malten.

Aus heutiger Sicht kann ich leicht sagen, daß es damals meine Weltanschauungen waren, die meine Befindlichkeit geprägt haben. Damals war ich aber durch meine Sichtweise der Dinge total gefangen und glaubte, daß die Welt genau so war, wie ich sie wahrnahm:

Da gab es eine „herrschende Klasse", und dieser „herrschenden Klasse" gehörte das „Kapital". Da ihr das „Kapital" gehörte, durfte sie ungestört den „Mehrwert" abschöpfen und damit die „arbeitende Klasse ausbeuten" . . .

Immer mehr gefangen nahm mich auch die **juristische Betrachtungsweise** der Welt:

Ich lernte, daß Herr von Wartburg nicht einfach Frau von Wartburg-Sarasin schlagen konnte, wenn sie ihn geärgert hatte, sondern daß es „Lebensumstände" sind, in denen sich bestimmte „Sachverhalte" entwickeln, die unter Umständen zu „Tatbeständen" werden können, wenn „rechtlich geschützte Güter" verletzt worden sind.

Wie Sie sich denken können, wurde mein Leben durch solche detaillierte Kenntnisse nicht gerade einfacher, doch ich war ganz stolz auf mich, weil ich nun wußte, daß ich dann, wenn ich Frau von Wartburg-Sarasin mein Motorrad zur Flucht vor ihrem Liebsten „leihen" würde, ihr an meinem Motorrad „Besitz" eingeräumt hatte, während das „Eigentum" bei mir blieb. Dieses neue Wissen drückte sich auch in meinem Kommunikationsverhalten aus. So sage ich zu meinem Bruder, der sich Timberland-Schuhe gekauft hatte, nicht „Hast Du jetzt auch ein Paar Timbis", sondern „Ich sehe, Du bist jetzt auch Eigentümer eines Paares Schuhe der Marke Timberland".

Was war geschehen?

Ich hatte begonnen, meine Welt mit der juristischen Brille zu sehen, und hatte angefangen, sie nach juristischen Maßstäben zu messen. Mehr, ich begann zu glauben, daß die Welt tatsächlich so sei. Daß es tatsächlich so etwas wie „Sachverhalte", „Tatbestände", „Besitz" und „Eigentum" gibt.

Ich hatte angefangen zu glauben, daß meine subjektiven Abbildungen der Welt, die Landkarten, die ich durch meine juristische Brille wahrnahm, identisch mit dem Gebiet seien, das sie abbildeten.

Ein Baum war kein Baum mehr, sondern eine Sache.

Meine Freundin Andrea war nicht mehr meine Freundin Andrea, sondern Trägerin von strafrechtlich geschützten Gütern, Besitzerin, Eigentümerin, Schuldnerin oder Gläubigerin.

So begann ich Jurist zu werden und die Welt wie ein Jurist zu betrachten. Damals, vor fast 20 Jahren.

2. Grundüberzeugung:
Ein Königreich für einen Anspruch!
oder:
Nun wer klagen kann, kann nicht klagen!

Die zweite Grundüberzeugung beschreibt die selektive Wahrnehmung des Anwaltes, der die juristische Methode anwendet: Der Anwalt ist nicht an den Lebensumständen an sich interessiert, sondern am „juristisch relevanten Sachverhalt". Der Anwender der juristischen Methode reduziert die Komplexität des Sachverhaltes somit auf juristisch verwertbare Lebensumstände. Alles, was nicht juristisch erfaßt werden kann, fällt durch das weitmaschige Geflecht seines Wahrnehmungs-Siebes.

Denn der Anwender der juristischen Methode glaubt, daß nur der Sachverhalt, der einen juristischen Anspruch begründet, seinem Mandanten einen Vorteil bringt. Denn nur den begründeten Anspruch kann er vor Gericht, wohin all sein Denken und Handeln letztendlich führt, für seine Mandanten in Nutzen, sprich: in ein Urteil, umwandeln.

Dr. von Streidt hat sich aus diesen Gründen nicht für den Lebensumstand interessiert, daß Dr. Seelig eine Werbeagentur in der Stadt betreibt, denn dies begründet in diesem konkreten Fall keinen juristisch verwertbaren Anspruch. Für Dr. von Streidt war es viel wichtiger, festzuhalten, daß Dr. Seelig Eigentümer des Hauses und des Grundstückes am See ist. Aus diesen rechtlichen Grundlagen konnte er dessen Ansprüche auf ungestörten Besitz ableiten.

Ein Königreich für einen Anspruch

In eine Kurzformel gebracht, lautet die zweite Grundüberzeugung:

- **Nur wenn man einen Anspruch hat, kommt man zu etwas!**
  Und:
- **Nur die Tatsachen interessieren, die einen Anspruch begründen!**

Was unterscheidet nun aber den Computerfreak, der die Tatsache, daß eine Ehefrau ihren Ehemann erdolcht hat, als „Folge eines Kompilationsproblemes" deutet, vom Dr. jur., der über „Mord oder Totschlag?" nachdenkt? Es ist die Wichtigkeit der Materie für das soziale System, das die unterschiedlichen Landkarten des Computermenschen und des Anwaltes regelt!

Selbstverständlich ist eine moderne, funktionierende Wirtschaft ohne Computer heute schwer vorstellbar. Aber unsere Vorfahren haben auch gelebt ohne sie. Und manche sagen, nicht einmal schlecht.
Haben sie aber ohne Recht gelebt, ohne dieses Regelwerk, das die sozialen Beziehungen regelt? Ist eine Geburt möglich, ohne daß dies irgendwelche juristischen Folgen hätte? Gibt es eine Heirat ohne Rechtsfolgen? Kann man sterben, ohne daß dies irgendwelche juristischen Folgen hätte?

Es gibt keinen rechtsfreien Raum! Paßt mir das Recht in der Schweiz nicht, kann ich den Rhein gen Osten überschreiten, und ich lande in Liechtenstein. Gilt da aber kein Recht? Weit gefehlt, da gilt nur kein Schweizer Recht mehr, es gilt liechtensteinisches Recht. Also laß ich mich den Rhein hinuntertreiben bis in die Mitte des Bodensees. Gibt es da kein Recht? Mitnichten! Man weiß im Moment wohl immer noch nicht (Kondominium, Haldentheorie oder Realteilungstheorie), welches Recht gilt, aber rein aus der Tatsache, daß sich die Staaten Deutschland, Österreich und Schweiz seit Jahren darum streiten, welches Recht wo gilt, kann unzweifelhaft geschlossen werden, daß auch der Bodensee nicht von Juristen verschont geblieben ist. Ist aber nicht wenigstens die offene See rechtsfreie Zone? Keinesfalls! Der Luftraum? Weit gefehlt! Der Weltraum? Auch der nicht! Das Recht regelt alles und jedes.

Und aus dieser Tatsache schöpft die Juristerei ihre Macht.

Wer sich im Recht auskennt, ist schlicht mächtiger als der, der sich nicht auskennt. Einer meiner Professoren hat einmal gesagt: „Wenn irgend ein Beamter irgend etwas von Ihnen will, fragen Sie einfach nach der Rechtsgrundlage seines Anliegens und nach der Stelle, bei der Sie sich über ihn beschweren können, und Sie werden sehen, wie sich sein Verhalten Ihnen gegenüber schlagartig ändern wird!"

Der Psychologe kann wohl argumentieren, daß es für seinen Klienten bedeutungsvoll und geradezu heilend war, daß er es endlich gewagt hatte, seinem Vater auf seine höchst persönliche Art und Weise die Meinung zu sagen, um damit aus dem Panzer einer dreißig Jahre dauernden Bevormundung auszubrechen, als er im Garten der Villa seines alten Herrn dessen Cadillac Eldorado Touring Coupe mit einem Seitenschneider, einem Schweißbrenner und der Trennscheibe in ein zeitgenössisches Kunstwerk mit dem Titel „ein postpaternales Fanal" verwandelt hat.

Was aber von viel größerer Bedeutung für die Zukunft des Sohnes sein kann, ist die Tatsache, daß ihn der Vater mit Hilfe seines Hausjuristen wegen „Sachbeschädigung" und „Hausfriedensbruch" angezeigt hat und sich nun überlegt, ob er ihn auf den Pflichtteil setzen soll oder ob das Verhalten des mißlungenen Sprößlings gar ausreicht, ihn zu enterben.

Der Geheimbund der Juristen regelt zwischenmenschliche Beziehungen mit mehr Macht als die Geheimbünde anderer Berufsgruppen.

Der Unterschied zwischen Juristen und Nicht-Juristen liegt also nicht darin, daß sie ihr Fachgebiet durch bestimmte Begriffe codieren. Das tun andere auch. Der Unterschied liegt in der Wichtigkeit der sozialen Auswirkungen der Codierungen.

Die Macht juristischer Argumentation habe ich während meines Studiums einmal selbst drastisch erfahren:

Mein Freund André erzählte mir eines Tages, daß er letzte Woche seine 900er Kawa aus der Garage, die sich in der übernächsten Häuserzeile befindet, zum Flottmachen für die große Osterausfahrt geholt habe. Da er in Eile gewesen sei, habe er weder Sturzhelm noch Nummernschild montiert. Zudem habe er die Rakete auf der kurzen Strecke von der Garage zum Bastelkeller kurz auf 100 km/h „hochgepowert" und sei dabei geblitzt und von einer Polizeistreife angehalten worden. Die „Bullen" hätten auch noch festgestellt, daß seine Pneus völlig abgefahren seien, und nun „stecke er echt in der Bredouille".

Ich riet ihm, ruhig zu bleiben, sich die Akten zu besorgen und dann bei mir vorbeizukommen. Gemeinsam fanden wir nach einigen zusätzlichen Nachforschungen heraus, daß die Beamten die für das vorschriftsgemäße Erfassen der Temposünder notwendigen Tests nicht regelkonform durchgeführt hatten und zudem gar nicht mehr im Dienst, sondern auf der Nachhausefahrt waren. Für seine Verfehlungen konstruierten wir sicherheitshalber auch noch aberwitzige Begründungen, wie beispielsweise die, daß ein abgefahrener Pneu auf der nachweislich trockenen

Straße besser hafte als ein gerillter. Von dieser Tatsache könne man sich bei jedem Motorradrennen überzeugen. André, der an der ETH studierte, besorgte sich noch entsprechende Testunterlagen. Die ganzen Argumente brachten wir in juristisch korrekte Formen und Wortwendungen und schickten sie an die zuständige Stelle.

André hat von der Sache nie mehr in seinem Leben etwas gehört!

Ich habe damals für mich daraus gelernt, daß die juristische Sichtweise unter all den Sichtweisen, unter denen wir einen Lebensvorgang betrachten können, eine der mächtigsten ist.

Das Ziel der anwaltlichen Tätigkeit ist es demnach, Recht zu haben, seine Sichtweise, seine Landkarte, als die einzig richtige darzustellen. Anwälte wollen nicht diskutieren, sondern überzeugen. Sie sind Rechthaber, weil sie dazu ausgebildet worden sind, aber auch weil sie festgestellt haben, daß der, der begründete Ansprüche hat, Recht bekommt. Und wenn man im Leben Recht haben will, geht es darum, Ansprüche zu finden und diese zu begründen. Wenn man so vorgeht, hat man Erfolg. Wenn man so vorgeht, hat man Recht.

Ein Autoverkäufer hat mir einmal gesagt, daß er ein Auto nie an einen Lehrer oder Anwalt verkaufen würde. Auf meine erstaunte Frage, wie er darauf komme, antwortete er:
„Mit diesen beiden Berufsgruppen gibt es nur Scherereien. Die Lehrer glauben, daß sie immer Recht hätten, und die Anwälte haben immer Recht.“

Die Denkweise der juristischen Methode wird noch besonders durch die Stellung des Richters im Rahmen dieses Denksystems untermauert.

3. Grundüberzeugung:
Der Papa wird's schon richten! (Helmut Qualtinger)

oder:
Konflikte kann letztendlich nur der Richter lösen!

Die dritte Grundüberzeugung befaßt sich mit der Person, die entscheidet, wessen Ansprüche nun rechtens sind und welche nicht. Diese Person ist der Richter. Jeder Anwalt extrahiert aus den Lebensumständen juristisch relevante Sachverhalte und subsumiert sie unter anspruchsbegründende

Normen nur mit einem Ziel: Er will dem Richter beweisen, daß sein Mandant im Recht und die Gegenpartei im Unrecht ist.

Deshalb hat Dr. von Streidt nicht mit Dr. Rödelmeier Kontakt aufgenommen, denn er wußte aus langen Jahren anwaltlicher Erfahrung, daß dies nichts bringt. Er ging deshalb gleich von Anfang an zu einer professionellen und übergeordneten Konflikt-Entscheidungsstelle, dem Gericht.

Die dritte Grundüberzeugung lautet:

- **Konflikte kann letztendlich nur der Richter lösen!**
  Oder:
- **Der Papa wird's schon richten!**

Nach der Ausbildung an der Universität beginnt die Referendarzeit. Ich hatte das Glück, daß meine Tätigkeit als „Anwaltslehrling" ein Teil des Studiums war. Ich konnte schon sehr früh, nämlich im 7. Semester, praktische Gerichtserfahrung sammeln. Schon im Studium war mir die besondere Stellung der Gerichte im anwaltlichen Denken aufgefallen. Es gab bei all dem, was die Professoren lehrten, einerseits die Gesetzbücher, daneben aber, und das war mindestens ebenso wichtig, die Gerichte, die sagten, wie die juristische Wahrheit der Gesetze nun in der Praxis auszusehen habe. Unter all diesen Gerichten gibt es in der Schweiz ein Gericht, das überragende Bedeutung hat. Es ist das Bundesgericht in Lausanne. Dort wird entschieden, was für die Rechtsanwender als wahr und als nicht wahr zu gelten hat, wer Recht und wer Unrecht hat. Seine Entscheidungen werden in schweinsledernen Folianten gebunden und gleich neben die Bibel gestellt.

Die Wichtigkeit des Richters im anwaltlichen Denken kann weiter aus den scheinbar belanglos gebrauchten Worthülsen geschlossen werden, die da und dort klirrend in die Debatten geworfen werden:

> *„Ich bin der festen Überzeugung, Herr Kollege, daß Sie im Unrecht sind. Sie mögen mir wohl jetzt noch nicht glauben, aber der Richter wird mir Recht geben!"*
>
> *„Wie das Bundesgericht in seinem Urteil vom 15. 02. 1991 für Recht erkannt hat . . ."*
>
> *„Richtig oder falsch ist irrelevant. Meinen Rechtsstandpunkt teile ich mit dem Gericht . . ."*

Diese Redensarten erinnern mich an die Sprache kleiner Kinder, die wissen, daß es einen Vater oder eine Mutter gibt, die mächtiger sind als sie selbst und es dem aufmüpfigen Spielkameraden, der nicht erlaubt hat, daß sie in „seinem“ Sandkasten Burgen bauen, schon zeigen werden, „wo Gott hockt“, wie wir bei uns in der Schweiz sagen.

Ist es bei Gericht anders?

Nein. Der Richter muß oft die Rolle des Vaters übernehmen, der zwischen den streitenden Kindern schlichtet. Er hat mehr Macht als die Kinder.

Warum? Weil die „Kinder“ glauben, sie seien nicht in der Lage, ihre Konflikte selbst zu lösen!

Einen besonders eindrucksvollen Richter-Vater erlebte ich am Amtsgericht, an dem ich meine Sporen als Gerichtspraktikant verdiente: Konstantin Aplanalp. Aplanalp war ein schlanker, sportlicher Asket, der neben seiner richterlichen Tätigkeit Brigadegeneral war, wovon er aber nie sprach. Er führte die Verhandlungen immer freundlich, listig und sehr väterlich bestimmt durch.

Ehescheidungsverhandlungen liefen etwa nach dem folgenden Modell ab:

Der Anwalt der klagenden Partei fing mit seinem Vortrag an. Aplanalp ließ ihn einige Minuten sprechen und fragte dann direkt den Klienten, wie er die Sache sehe. Dieser pflichtete dem Anwalt zuerst ruhig bei. Meistens wurden die Klienten dann emotionaler und beschimpften schließlich den Noch-Ehepartner. Der Gerichtspräsident hörte ruhig zu und gebot mit einer eindeutigen Geste der rechten Hand den Anwälten oder der Gegenpartei Einhalt. Die Geste bedeutete: Hier wird nichts richtiggestellt, hier wird zugehört! Nach dieser meistens etwa 10minütigen Tirade ging der klagenden Partei die Luft aus und Aplanalp fragte die andere Partei, was sie davon halte. Nun brüllte die andere Partei los und Aplanalp hörte abermals geduldig zu, machte sich Notizen und lächelte verständnisvoll.

Wenn auch die andere Partei geendet hatte, versteinerte sich sein Gesicht und er baffte in den Gerichtssaal:

„Ich habe Ihnen jetzt 20 Minuten meiner kostbaren Zeit geopfert und mir diese peinlichen Vorstellungen angehört. Ich muß Ihnen sagen, daß ich dies nicht noch einmal auch nur 1 Minute tun werde. Sie sitzen hier vor einem Richter und nicht vor einem Psychiater. Ich habe nichts dagegen, daß Sie sich wie kleine Kinder anbrüllen und schmutzige Wäschestücke um die Köpfe hauen. Aber, lassen Sie es mich bitte drastisch ausdrücken, hier ist nicht der Platz für solches pubertäres Gewäsch. Wenn

Richter haben die Macht, die wir ihnen geben

Sie das Gefühl haben, sich anspucken zu müssen, dann lassen Sie es mich wissen. Wir werden die Verhandlung aussetzen und ich werde Ihnen einen Psychiater besorgen, bei dem Sie Ihre Emotionen loswerden können. Hier ist kein Platz dafür. Hier entscheiden wir, wer das Sorgerecht für die Kinder erhält, wer Unterhalt zahlt und wie die Besuchszeiten geregelt werden. Das interessiert mich. Alles andere mag auch interessant sein, hat aber hier nichts zu suchen. Ich gebe Ihnen jetzt genau 3 Minuten Zeit, sich zu entscheiden, ob Sie sich weiter mit Exkrementen bewerfen oder die Hand reichen wollen zu einer konstruktiven, rechtlichen Lösung.
Die Verhandlung ist für drei Minuten unterbrochen!"

Die Parteien zuckten zusammen, zogen ihre Köpfe ein und schauten zu ihren Anwälten hoch. Dann berieten sie sich mit ihnen und beteuerten nach drei Minuten wie begossene Pudel, daß sie bereit seien, ihren Teil zu einer konstruktiven Lösung beizutragen.

Die Verhandlung dauerte meistens noch knapp eine Stunde und war dann zu Ende. Am Ende der Verhandlung bedankten sich die beiden Anwälte für die lösungsorientierte Verhandlungsführung beim Herrn Präsidenten.

Ich war sehr beeindruckt von seinem Stil, die Verhandlungen zu führen, und fragte ihn einmal, wie er dazu gekommen sei:

„Ich habe einfach keine Zeit, mir diesen ganzen Schwachsinn anzuhören. Ich will es aber auch nicht. Für die Seelenpflege bin ich nicht zuständig. Da sollen sie zum Psychiater oder Pfarrer gehen. Ich spreche Recht. Recht ist das, was der Richter für Recht erklärt. Das hat schon Prof. Max Kummer sehr zutreffend festgestellt. Diese Rechtsfindung geht nach objektiv feststellbaren Kriterien vor sich. Da hat der ganze emotionale Schwachsinn einfach keinen Platz. Ich habe mir dann überlegt, wie ich dies am besten durchsetzen kann. Wir kamen dann auf die Lösung, die ich jetzt seit Jahren mit großem Erfolg praktiziere: entweder Psychiater oder Richter. Die Parteien können wählen. Die Anwälte spielen mit, nicht zuletzt deshalb, weil sie sehen, wie wenige von meinen Urteilen angefochten werden."

Ich fand die Argumentation bemerkenswert und fragte dann einen Anwalt, was er von diesem Vorgehen „seines Präsidenten" halte:

„Mir ist es selbst immer peinlich, wenn meine Mandanten ausfällig werden. Aber viele von ihnen scheinen es zu brauchen. Viele, und dies ist in Ehesa-

chen besonders tragisch, mißbrauchen uns Anwälte und vor allem auch das Gericht zur Deponierung von Gefühlsschrott, der sich über Jahre zwischen den beiden angesammelt hat. Ich selbst mag das nicht und unterstütze deshalb die klare Prozeßführung unseres Herrn Präsidenten."

Ich pflichtete dem Herrn Kollegen damals bei. Schon bald kam mir aber ein anderer Gedanke:

Könnte es nicht sein, daß die Anwälte in ihrem Übereifer, ihren Mandanten vor rechtlichen Nachteilen zu schützen, diesen Krieg zwischen den beiden Parteien geradezu anheizen?

4. **Grundüberzeugung:**
Der Anwalt ist der Legionär seines Mandanten.

oder:
Ich gewinne, wenn Du verlierst!

Die vierte Grundüberzeugung beschreibt die Beziehung des nach der juristischen Methode arbeitenden Anwalts zu seinem Mandanten:
Der Anwalt ist in den meisten uns bekannten Rechtsordnungen nicht „Diener am Recht" oder „Diener der friedlichen Konfliktlösung", sondern gilt als parteilicher Interessenvertreter seines Mandanten (mag man ihn auch mit so wohlklingenden Namen wie „Organ der Rechtspflege" betiteln). In dieser Stellung sieht er seine Rolle darin, daß er seinem Mandanten als exzellenter Kampfgefährte in der Schlacht vor Gericht beisteht. Diese Schlacht kennt, wie alle Schlachten, nur zwei Endzustände: den Zustand des Siegers und den Zustand des Verlierers. Der Anwalt ist bestrebt, seinen Mandanten zum Sieger und die Gegenseite zum Verlierer zu machen, denn es gilt: „The winner takes it all!" – das heißt, die unterlegene Partei muß nicht nur die bittere Niederlage einstecken, nein, sie muß zusätzlich auch noch die Gerichtskosten bezahlen und die Gegenpartei für ihre Aufwendungen entschädigen.

Dr. von Streidt ist bekannt als gnadenloser Landsknecht im Dienste seines Kriegsherrn. Mit geübtem Kämpferblick hat er erkannt, daß die Hecke zu nahe am Grundstück seines Mandanten gepflanzt wurde. Er wußte, daß er in der Schlacht für seinen Mandanten einen entscheidenden Vorteil erringen kann, wenn er den Gegner demütigt, indem er die Rückversetzung der Hecke verlangt.

Der Gegenanwalt, nicht verlegen und ebenfalls ein ausgezeichneter Kenner der juristischen Schwertführung, verlangte „Beseitigung oder zumindest Kappen" der Bäume und die Beseitigung des Bootssteges.

Der vierte Glaubenssatz geht daher davon aus, daß der Anwalt die Interessen seines Mandanten am besten vertritt, wenn er seinem Mandanten zum Sieg und der Gegenpartei zur Niederlage verhilft.

Sein Inhalt ist:

- **Ich gewinne, wenn der andere verliert!**
  oder:
- **Als Anwalt bin ich Legionär meines Mandanten!**

Auch dazu einige Beispiele aus der Zeit meiner „Anwaltswerdung":

Nach meiner Tätigkeit als Gerichtssubstitut durfte ich endlich als Anwalt arbeiten. Zuerst war ich ein Jahr bei einem „alten Kämpfer" in Bern tätig. Danach machte ich meine „Fürsprecherprüfung" und ging als angestellter Mitarbeiter in eine mittelgroße Wirtschaftskanzlei nach Zürich.

Eines wurde mir sofort beigebracht: Als Anwalt war ich nicht mehr wie zu meiner Zeit als Student oder Richtergehilfe „Diener am Recht", sondern ich war nun Interessenvertreter meines Mandanten. Ich verdiente mein Geld damit, daß ich mein schützendes Schild von 7 Jahren Rechtsstudium vor meinen Mandanten hielt, um alle Unbill von ihm abzuhalten. Mein Mandant war mir zum unbedingten Schutze anempfohlen.

Wie sieht eine solche Verteidigung, ein solches rechtliches Schutzschild, in einem konkreten Fall, etwa einer Scheidung, aus?

Nehmen wir nun einmal an, eine Mandantin kommt zu mir und möchte, daß ich ihre Scheidung übernehme. Sie teilt mir mit, daß die Ehe seit Jahren in der Krise stecke und daß sie deshalb seit 6 Monaten einen Freund habe. Sie wisse, daß ihr Mann ein Verhältnis mit seiner Sekretärin habe.

Jeder normale Mensch würde nun sagen: „Gut, die Ehe scheint gescheitert zu sein. Laßt uns zusammensitzen und die Sache in Frieden lösen."

Nicht so der Anwalt. Der Anwalt muß aufpassen, daß sein Mandant keine Rechtsnachteile erleidet. Von Nachteil kann es da zum Beispiel sein, wenn man zugibt, daß man einen Freund hat. Das könnte als Scheidungsgrund ausgelegt werden, und dies könnte zu immensen rechtlichen und finanziellen Verlusten führen (für deutsche Leser: hier geht es um Schweizer Recht).

Der Anwalt als Legionär seines Mandanten

So verhält es sich auch mit der Tatsache, daß man die Ehe nicht mehr weiter führen will. Auch das kann zu erheblichen Nachteilen führen.

Rechtlich am vorteilhaftesten ist es deshalb, wenn man seinen Mandanten als lieben und liebenden Menschen darstellt, der die wundervolle Ehe bis an sein Lebensende und am liebsten noch darüber hinaus fortführen möchte, wenn er daran nicht von diesem saufenden und kinderschlagenden Ekel gehindert würde. Somit sind die Karten verteilt: Mein Mandant ist der Gute, der andere ist der Böse.

Ich habe oft erlebt, daß Parteien, die am Anfang sehr kooperativ waren, gerade durch den übermäßigen Schutz, den ich ihnen als ihr Anwalt zukommen ließ, zu kämpfenden, speienden Hyänen geworden sind.

In einer Ehescheidung hatten die Parteien schriftlich ausgemacht, wer welchen Teil des Hausrates übernimmt, und an einem Wochenende fand schließlich die Realteilung statt. Ich bat meinen Mandanten nun, um ihn vor rechtlichen Nachteilen zu bewahren, die Gegenstände, die er erhalten hat, genau zu prüfen und mir zu sagen, ob sie intakt seien oder nicht. Der Mandant prüfte das Radio und entdeckte, daß der Einstellknopf abgebrochen sei. Beim 24teiligen Teeset stellte er fest, daß zwei Tassen nicht mehr der Originalausführung entsprachen. Beim Durchzählen der Skatkarten fehlten 3 Stück . . .

Dies listete ich fein säuberlich auf und schickte es der Gegenpartei. Nach einer Woche kam die Retourkutsche: Die Gegenpartei schickte ihrerseits eine detaillierte 20seitige Liste von allen bezogenen Gegenständen. Die Fehlerliste allein umfaßte elf Seiten.

Das brachte natürlich meinen Mandanten in Rage. Er spuckt Galle auf seinen kleinlichen Ehepartner und war beim nächsten Meeting schon sehr viel weniger kooperativ. Statt dessen war er nun versessen darauf, dem andern nachzuweisen, wie kleinlich er sei und was er alles falsch mache oder falsch gemacht habe.

Und ich als Anwalt, was habe ich damals getan? Ich habe mich bekreuzigt, gestöhnt und fühlte mich abermals darin bestätigt, daß die Klienten ja nur eins im Sinn hätten:
der Gegenpartei eins überzubraten. Es sei traurig aber wahr. So sei eben das Leben.

Haben wir Anwälte uns aber auch schon einmal darüber Gedanken gemacht, daß gerade unsere Funktion als Interessenvertreter der einen Partei genau dieses kleinkarierte Verhalten fördert? Daß wir durch den übermäßigen Schutz unserer Klienten genau diese wechselseitige Eskalation provozieren?

Mir ist diese systemimmanente Eskalationstendenz sehr früh aufgefallen. Ich habe sie mit einem meiner Lehrmeister besprochen und erhielt dazu folgende Antwort:

> *„Herr Kollege, Sie haben viel zu viel Verständnis für die Gegenpartei. Sie argumentieren viel zu psychologisch. Damit vergeben Sie sich Prozeßchancen. Ein guter Anwalt hat nur ein Ziel: die Interessen seiner Partei so gut wie möglich zu vertreten. Dazu ist es notwendig, die Gegenpartei als Feind zu sehen, den es zu vernichten gilt. Sie sind der Legionär Ihres Mandanten, Herr Kollege. Schreiben Sie sich das mit einem dicken Filzstift hinter beide Ohren!“*

Das ist eine klare und eindeutige Handlungsanweisung. Sie entspricht genau dem, was wir heute unter Sieger/Verlierer-Denken bezeichnen, und führt zu einem Schlagabtausch, der allerdings auf Dauer noch nie einen Sieger hervorgebracht hat. Dieses Denken führt zum Krieg. Der Prozeß ist oft nichts anderes als Krieg. Die anwaltliche Tätigkeit ist dann nichts als Kriegshandwerk. Das Schlachtfeld ist das Gericht. Clausewitz läßt grüßen.

Dieses martialische Denken beherrscht aber nicht nur weite Teile der Praxis des Scheidungsrechts, sondern findet auch Eingang in wirtschaftliche Auseinandersetzungen. Es war meine Aufgabe, meiner Partei in jedem Vertrag so viele Vorteile wie möglich zu verschaffen und meiner Gegenpartei möglichst viele Nachteile: Ihre Niederlage sollte mein Sieg sein.

Ein anderer Kollege erzählte mir mit Stolz, wie er früher, als er noch für eine große Holding Firmen aufgekaufte, die Verhandlungen generalstabsmäßig plante:

> *„Zuerst haben wir die Verträge vorbereitet, die so geschickt formuliert waren, daß sie der Gegenpartei scheinbar nur Vorteile einräumten, uns aber alle Nachteile auferlegten. Wir haben sehr viel Zeit damit verbracht, dies so honigkuchenhaft wie möglich zu formulieren. In Wahrheit war es natürlich gerade umgekehrt: Alle angeblichen Vorteile waren umformulierte Nachteile, und unsere Nachteile waren umformulierte Vorteile. Dann tauschten wir die Verträge aus. Die Korrekturvorschläge der anderen Seite beantworteten wir immer erst in der letzten Minute, am liebsten einen Tag vor der Unterzeichnung.*

Das Terminieren der Unterzeichnung war besonders wichtig. Dazu suchte meine Sekretärin jeweils den für alle einfliegenden Parteien ungünstigsten Moment aus. Die Vertragsgegner sollten übernächtigt und müde zum Verhandlungstermin erscheinen. Damit es ihnen ja nicht zu wohl wurde, senkten wir die Raumtemperatur auf 16 Grad und langweilten die Gegner durch endlose Folienorgien. Nach 2-3 Stunden, wenn die Gegner nur noch einen Wunsch hatten, nämlich so rasch wie möglich ins Bett zu kommen, um ihren Jet-Lag auszuschlafen, schoben wir die Verträge in ihrer letzten Fassung über den Tisch. Nach höchstens 5 Minuten waren sie meistens unterzeichnet. Und die Firma gehörte uns.

Wie vereinbart zahlten wir 2/3 des Verkaufspreises sofort. Das letzte Drittel bezahlten wir aber nie. Sobald wir die Firma in Händen hatten, fanden wir Leichen im Keller und argumentierten nun, wir seien betrogen worden und nicht verpflichtet, den Restkaufpreis zu bezahlen. So habe ich meinen Mandanten vor der nutzlosen Investition von Dutzenden von Millionen Dollar bewahrt."

Der Kollege verlor die Holding nach einigen Jahren als Klientin. Man munkelte, sie hätten einen noch skrupelloseren Rechtsvertreter gefunden.

5. **Grundüberzeugung:**
Wo warst Du gestern?

oder:
Der erfolgreiche Anwalt ist ein Archäologe auf dem Feld der Sachverhalte!

Die moderne Kommunikationswissenschaft des Neurolinguistischen Programmierens (NLP) arbeitet mit sogenannten Sorting Styles. Sorting Styles (auf deutsch: Wahrnehmungskategorien, näher dazu Bagley/Reese S. 145 ff) sind vorbewußte Raster, nach denen wir die meisten unserer Entscheidungen vorsortieren.

Es gibt beispielsweise Menschen, die suchen einen neuen Job nach folgenden Muster:

„Also: In meiner nächsten Anstellung will ich keinen nervösen, nörgelnden Chef mehr haben. So viele dusselige Kollegen will ich auch nicht mehr haben. Zudem mag ich kein so mickriges Salär mehr."

Wo warst Du gestern?

Andere suchen sich ihre Stelle unter anderen Gesichtspunkten:

„Ich will eine Anstellung, in der ich einen zuvorkommenden, großzügigen Chef habe. Ich möchte im Team arbeiten und 20% mehr verdienen als bisher."

Was ist der Unterschied? Die erste Person wählt sich ihre Stelle **reaktiv** aus, sie weiß, was sie **nicht** will. Die zweite Person wählt sich ihre neue Stelle **proaktiv** aus. Sie weiß, was sie **will**.

Die Neurolinguisten folgern daraus, daß die erste Person ihre Umwelt nach „weg von" (weg von nervösem Chef, weg von dusseligen Kollegen) sortiert, die anderen nach „hin zu" (hin zu zuvorkommendem Chef, hin zu teamorientiertem Arbeiten).

Andere Wahrnehmungskategorien sind beispielsweise **„gleich"** (genauso wie etwas, das ich früher gemacht habe) oder **„ungleich"** (anders als früher).

Eine wichtige Wahrnehmungskategorie ist auch die Einheitsgröße, in der wir denken. Wenn Sie wissen möchten, welches Ihre bevorzugten Wahrnehmungskategorien sind, denken Sie einmal über folgende Fragen nach:

- **Wahrnehmungskategorien gleich/ungleich:**

Wenn Sie in ein neues Restaurant gehen, bestellen Sie etwas, von dem Sie wissen, daß es Ihnen schmeckt (gleich), oder nehmen Sie eines der Gerichte, das Sie noch nie gegessen haben (ungleich)?

Fahren Sie seit 20 Jahren die gleiche Automarke oder wechseln Sie gerne von VW zu Citroën, von Citroën zu Lancia, von Lancia zu Lexus, von Lexus zu Skoda?

Verbringen Sie Ihre Ferien, so lange Sie denken können, mit Ihrer Familie am Wolfgangsee, oder sind Sie letztes Jahr mit Ihrem Ehepartner nach Feuerland gefahren, und möchten Sie vielleicht nächstes Jahr nach Tasmanien reisen?

- **Wahrnehmungskategorien große Einheiten/kleine Einheiten:**

Wenn Sie dann nach Tasmanien verreisen, genügt es Ihnen, wenn Sie wissen, wo es liegt und Sie das Flugticket, die erste Hoteladresse und den Reiseführer im Gepäck haben oder haben Sie sich in nächtelanger Kleinarbeit einen minutiösen Routenplan zusammengestellt, der auch berücksichtigt, daß Sie dreimal pro Woche Hausmannskost essen können?

Kennen Sie Ihre Lebensziele oder sichern Sie jeden Karriereschritt tausendfach ab?

Ein Meister-Denker in großen Einheiten war Albert Einstein, der einmal sinngemäß formulierte:

„Was mich in meiner Arbeit interessiert, ist, was sich Gott gedacht hat, als er das Universum erschaffen hat. Der Rest sind Details!"

Weitere wichtige Wahrnehmungskategorien sind: Vergangenheits- oder Zukunftsausrichtung, fehler- oder lösungsorientiertes Denken.

Bei unserer Analyse der anwaltlichen Arbeit haben wir herausgefunden, daß der typische, erfolgreiche Anwender der juristischen Methode buchhalterisch (das heißt in kleinen Einheiten), vergangenheitsbezogen und fehlerorientiert denkt.

Mit den drei genannten Wahrnehmungskategorien wollen wir uns in diesem und in den beiden folgenden Kapiteln auseinandersetzen.

Beginnen wir mit der Orientierung in der Zeit:
Ist das anwaltliche Denken eher an der Zukunft oder an der Vergangenheit orientiert?

Diese Frage läßt sich sehr einfach beantworten: Die juristische Methode fragt, ob ein Anspruch existiert und wie dieser Anspruch zu begründen sei. Die Denkrichtung ist somit eindeutig nicht der Zukunft zugewandt, sondern der Vergangenheit.

Wer es nicht glaubt, schaue sich einmal in der Bibliothek eines Juristen um. Besteht die Bibliothek hauptsächlich aus Büchern, die Pläne und Entwürfe enthalten, wie wir in Zukunft konfliktfreier kommunizieren können? Mitnichten! Der größte Teil des Buchbestandes eines Juristen besteht aus der Sammlung von Bänden, in welchem ein Gericht von gestern über einen Sachverhalt von vorgestern geurteilt hat. In England können Urteile, die einen Prozeß der Gegenwart entscheiden sollen, hunderte von Jahren alt sein.

Ein großer Teil meiner Arbeit beim Strafgericht bestand dann auch darin, Urteile über Sachverhalte, die sich oft schon vor Jahren zugetragen hatten, rechtslogisch zu begründen.

Als Referendar beim Anwalt mußte ich oft tagelang nichts anderes tun, als jahrzehntealte Dokumente nach juristisch verwertbaren Fakten zu durchforsten. Als junger Mitarbeiter listete ich wochenlang Ereignisse für wichtige Prozesse auf. Wenn ich die Kanzlei abends verließ, war ich oft erstaunt, daß wir tatsächlich schon im 9. Jahrzehnt des 20. Jahrhunderts lebten.

Welche Orientierung in der Zeit hatte Dr. von Streidt? Auch er lebte vorwiegend in der Vergangenheit: Er fand einen Anspruch, mit dem er das Recht seines Mandanten auf ungestörten Genuß der wochenendlichen Stille begründen konnte. Im weiteren Verlauf seiner „Forschungen" entdeckte er, daß Rödelmeier vor Jahren die Hecke zu nah an der Grenze gepflanzt hatte, und eine besonders glückliche Hand zeigte er darin, als er mit einem Gesetz aus dem letzten Jahrhundert die vom Gesetzgeber gewollte Regelungslücke bezüglich des Bootssteges nachweisen konnte.

Manchmal bedauert es Dr. von Streidt in stillen Stunden, daß er nicht Archäologe geworden ist.

Die fünfte Grundüberzeugung lautet daher:

- **Der erfolgreiche Anwalt ist ein Archäologe auf dem Feld der Sachverhalte.**
  oder:
- **Wo warst Du gestern?**

6. **Grundüberzeugung:**
Wer den Rappen nicht ehrt, ist des Frankens nicht wert!

oder:
Gute Anwälte konzentrieren sich auf Details!

Denken erfolgreiche Anwälte in großen oder in kleinen Einheiten? Sind Anwälte Visionäre oder Buchhalter? Diese Frage hat mir der Senior-Partner meiner Kanzlei, in der ich damals arbeitete, schon zu Beginn meiner Tätigkeit klar und deutlich beantwortet:

> *„Herr Kollege, Sie sind nun Mitarbeiter in einer großen Kanzlei. Wenn Sie unsere Akten durchblättern, werden Sie sehen, daß wir für bedeutende internationale Konzerne arbeiten. Die große weite Welt ruft. Dies ist aber nicht die Tätigkeit, mit der sich ein Anwalt wirklich beschäftigt. Die Tätigkeit des Anwaltes ist in Tat und Wahrheit Knochenarbeit. Sie besteht im tagtäglichen Suchen und Finden von minimalen Spuren. Sie besteht im mühsamen Begründen von Ansprüchen und im präzisen Abfassen von Rechtsschriften. Behalten Sie das vor Augen, wenn Sie nach London oder Paris fliegen werden!"*

Meine Fähigkeiten als juristisch geschulter Buchhalter konnte ich dann auch gleich unter Beweis stellen:

Einer unserer Mandanten, ein großer Computer-Hersteller, hatte eine Werbekampagne mit einem Bild lanciert, das einen an René Magritte erinnernden Wolkenkopf zeigte. Kaum war die Kampagne gestartet, meldete sich ein Mitbewerber und verlangte deren Einstellung mit der Behauptung, er besitze die Rechte an dem von unserer Mandantin benutzten Bild. Dazu schickte die Rechtsabteilung uns einen Auszug aus dem Markenregister. Tatsächlich war ein von der Seite abgebildeter Menschenkopf als das Zeichen der Firma hinterlegt. Ich konnte für unsere Seite nachweisen, daß die Werbeagentur als Vorlage tatsächlich ein Magritte-Bild verwendet hatte, wozu sie auch die Rechte erworben hatte. Das war schon nicht schlecht. Ich wollte aber mehr. Irgendwie kam mir nämlich das Zeichen der Gegenpartei bekannt vor. Wo hatte ich diesen Kopf nur schon mal gesehen? Ich wußte, daß es in einem Trickfilm gewesen sein muß, den ich in den 70er Jahren gesehen hatte. Aber welcher war es? Ich ging an die Universität Zürich, wo gerade ein filmwissenschaftliches Institut aufgebaut wurde. Aber niemand konnte mir helfen. Ich telefonierte mit Verleihern und besuchte Filmbuchhandlungen in Bern und Zürich. Endlich wurde ich fündig: Die Gegenpartei hatte die Figur tatsächlich aus einem Film gestohlen, und zwar aus Roland Topors „La planète sauvage". In einem netten Brief schrieb ich dann der Gegenpartei, daß ich herausgefunden hatte, wo sie ihren Kopf kopiert hatten, und ich eröffnete ihr, daß ich selbstverständlich mein Wissen verwerten würde, wenn sie weiter die Kampagne unserer Mandantin torpedierte. Der Brief tat seine Wirkung, denn wir hörten nie mehr etwas von der anderen Seite.

Meine Fähigkeiten, eine haarkleine Spur gnadenlos verfolgen zu können, tat auch mir gut: Ich war fortan in unserer Kanzlei der Spezialist für Immaterialgüterrecht.

Auch Dr. von Streidt war ein guter vergangenheitsorientierter Spürhund: Mit Ausdauer fand er heraus, daß die Hecke im Durchschnitt 47,3 cm zu nahe an der Grenze gepflanzt war.

Die 6. Grundüberzeugung basiert auf der Überzeugung, daß auch die kleinste Kleinigkeit von entscheidender Bedeutung sein kann!

Sie lautet:

- **Gute Anwälte konzentrieren sich auf Details.**
  oder:
- **Wer den Rappen nicht ehrt, ist des Frankens nicht wert.**

7. Grundüberzeugung:
Wo ist das Haar in der Suppe?

oder:
Gute Anwälte konzentrieren sich darauf, was andere falsch gemacht haben!

Der Anwalt ist bestrebt, seinen Anspruch zu begründen und den Anspruch der Gegenpartei zu entkräften. Dabei empfiehlt es sich, mit der Lupe vorzugehen und nichts ungeprüft zu lassen. Die anwaltliche Tätigkeit ist somit primär fehler- und mikrokosmos-orientiert.

Hier hat Dr. von Streidt mit glücklicher Hand feststellen können, daß Dr. Seelig infolge einer Gesetzeslücke keine Bewilligung zum Bau des Bootssteges brauchte. Es gelang ihm somit, den Anspruch der Gegenpartei zu entkräften.

Auch ich lernte fehlerorientiert zu denken:

Ein typischer Fall ereignete sich einmal in meiner Zeit als Mitarbeiter in der Wirtschaftskanzlei in Zürich. Eine meiner Mandantinnen, eine international tätige Holding, wurde von einer amerikanischen Firma in Amerika verklagt. Eine amerikanische Tochter der Holding sollte verkauft werden. Der Verkauf kam aber nicht zustande. Der Interessent behauptete nun, er sei betrogen worden. Die Eigentümer hätten gar nie verkaufen wollen und forderten Schadensersatz in Höhe von rund 50 Mio. Dollar.

Als ich den Betrag las, erschrak ich: 50 Millionen Dollar! Das war zweifellos Chefsache. Ich ging zu meinem Chef, der übrigens auch persönlich verklagt wurde, und schilderte ihm den Fall. Er blieb sehr gelassen und meinte bloß: „Es wird nie so heiß gegessen, wie gekocht wird! Gehen Sie mal zu Dr. Senftleben, der wird Ihnen zeigen, wie wir unseren amerikanischen Angreifer hinhalten können!“

Dr. Senftleben belehrte mich dann, daß internationale Rechtsverfolgung strengen formellen Regeln unterliege und daß man sich solche Prozesse am leichtesten vom Halse halten könne, wenn man sich auf die formalen Fehler der Gegenpartei konzentriere und diese sukzessiv rüge. Als erstes solle ich schauen, ob die Klage formgerecht zugestellt sei.

Das war sie natürlich nicht. Sie war uns einfach mit der Post zugestellt worden. Dies stellt – völkerrechtlich gesehen – eine Verletzung des schweizerischen Hoheitsrechtes dar. Wir schickten die Klage deshalb dem Eidgenössischen Justiz- und Polizeidepartment zu, das bei der amerikanischen Botschaft protestierte. Nach 2 Monaten wurde uns die Klage völkerrechtskonform zugestellt.

Als nächstes rügten wir, daß die Klage in englisch und somit nicht in einer schweizerischen Gerichtssprache abgefaßt worden war.

Nach zwei Monaten kam die Klage auf deutsch übersetzt zurück. Nun rügten wir, daß der Übersetzer nicht formgerecht vereidigt worden war.

Die nächste Sendung enthielt auch dieses Dokument. Jetzt rügten wir das Fehlen einer Überbestätigung (Affidavit) der vereidigenden Stelle.

So ging es nun weiter. Immer fanden wir etwas, was nicht regelkonform durchgeführt wurde. Wir rügten diese Regelverletzung, und die „armen" Gegner bemühten sich, diesen Fehler auszubügeln, während wir uns schon vorsorglicherweise darüber Gedanken machten, was wir als nächstes rügen wollten. Nach etwas über einem Jahr transatlantischen Hin und Hers übergaben wir den Fall einem Kollegen in Chicago, der weiter Ping-Pong mit der Gegenpartei spielte. Es fiel ihm leicht, denn auch er war geschult in der unter allen Anwälten dieser Erde verbreiteten Denkweise, Fehler beim anderen zu finden.

Als ich die Kanzlei verließ und mich selbständig machte, war das Hick-Hack immer noch in vollem Gange und hatte unsere Partei bereits über 200 000 Franken nur an Anwaltsgebühren gekostet.

Gute Anwälte haben ein berufsmäßig antrainiertes Mißtrauen. Sie finden jeden Fehler mit schlafwandlerischer Sicherheit, wie etwa mein Kollege Dr. von Meienthal, der einmal einen Fall in die Hände gekriegt hat, an dem ein anderer Kollege schon jahrelang erfolglos herumgebastelt hatte. Die Akten umfaßten acht Mappen, die ihm die Sekretärin auf den großen Tisch im Besprechungszimmer legte. Dr. von Meienthal zog sich für eine Stunde mit den Akten zurück und kam dann in mein Büro. In der Hand hatte er einen Vertrag, den er aus dem Aktenmeer gefischt hatte:

„Dieses Papier ist der Vertrag, auf den die Gegenpartei ihre Ansprüche stützt. Prüfen Sie einmal, ob die Herren, die da unterschrieben haben, tatsächlich unterschriftsberechtigt waren."

Ich besorgte mir Handelsregisterauszüge und stellte mit Freuden fest, daß beide Herren, die für die Gegenpartei unterschrieben hatten, erst kurze Zeit vor der Unterzeichnung zu Geschäftsführern ernannt worden

Wo ist das Haar in der Suppe?

waren. Da der Vertrag aber vor der Publizierung der Eintragung unterzeichnet worden war, lag keine rechtswirksame Vertretung vor (dies ist im Bereich des deutschen Rechts anders, wie der rechtskundige deutsche Leser sicher festgestellt hat).

Damit war der Fall in nur zwei Stunden gelöst, die Ansprüche der Gegenpartei abgewehrt. Meine Bewunderung für Dr. von Meienthal war grenzenlos.

Ich glaube aber heute, daß eine solche fehlerorientierte Denkweise nicht abends an der Türe der Kanzlei einfach aufhört. Der juristisch Geprägte wird unbewußt auch im Privatleben mißtrauisch alles nach Fehlern abtasten: Er wird seiner Frau nachweisen, daß ihre blaue Hose nicht zum türkisfarbenen Hemd paßt, und den Dachdeckern, die gerade sein Haus neu gedeckt haben, wird er das Leben sauer machen, weil er herausfinden wird, daß sie überdurchschnittlich viele Ziegel beim Decken zerbrochen haben. Je länger er diese Fähigkeit, überall und zu jeder Zeit die Fehler der anderen zu entdecken, trainiert, desto mißtrauischer und pessimistischer wird er werden. Alle scheinen ihn betrügen zu wollen, und sein Leben wird „Ein Leben voller Fallgruben“ werden, so der sehr treffende Buchtitel des ägyptischen Nobelpreisträgers für Literatur, NAGIB MAHFUS.

Die 7. Grundüberzeugung des Dr. von Streidt beruht auf der Überzeugung, daß ein guter Jurist **fehlerorientiert** arbeitet. Er blickt scharf auf alles, was falsch ist, und findet mit Leichtigkeit die Fehler der Gegenpartei. Andererseits meidet er nach besten Kräften alle Situationen, in denen er selbst Fehler machen kann.

Deshalb lautet die 7. Grundüberzeugung:

- **Gute Anwälte konzentrieren sich darauf, was andere falsch gemacht haben.**
  oder:
- **Wo ist das Haar in der Suppe?**

Ein fehlerorientiertes Leben führte beispielsweise auch mein Kollege Dr. Senftleben. Eines Morgens kam er mit schwarz umrandeten Augen, aber voller Stolz in mein Büro und sagte:

„Herr Kollege! Heute morgen um 4.00 Uhr bin ich zitternd aus dem Schlaf aufgewacht, weil mir noch eine Fehlermöglichkeit in unserem Lizenzvertragsentwurf in den Sinn gekommen ist. Ich bin dann in mein Studierzimmer gegangen und habe nach Regelungsmöglichkeiten gesucht. Um 7.13 Uhr hatte ich auch diese Sache unter Kontrolle.“

In einem solchen Leben muß das berühmte halb volle Glas immer halb leer sein!

Interessant an dem eingangs beschriebenen Fall der Klage aus USA ist vielleicht noch, daß sich zu Beginn der Auseinandersetzungen einmal alle Anwälte der Töchter der Holding bei einem deutschen Kollegen im Frankfurter Bankenviertel trafen, wo wir die Vorgehensweise konzertieren wollten. Der deutsche Kollege, ein erfahrener Anwalt und Notar von etwa 60 Jahren, eröffnete die Sitzung mit folgenden Worten:

„Ich möchte Sie bitten, sehr geehrte Kollegen, bevor wir überhaupt anfangen, uns juristisch den Kopf über die Vorgehensweise zu zerbrechen, sich zu überlegen, ob es angesichts der horrenden Kosten, die auf uns zukommen werden, nicht sinnvoller ist, der Gegenpartei 50 000 DM anzubieten, wenn sie dafür die Klage zurückzieht. Ich weiß, das ist nicht juristisch gedacht, aber ökonomisch. Ich erwarte nämlich Prozeßkosten von mehreren hunderttausend Mark, die uns, auch wenn wir gewinnen, was ich für sehr wahrscheinlich halte, nicht zurückerstattet werden. Was halten Sie davon?“

Die Anwälte der beteiligten Gesellschaft und deren Geschäftsführer sprangen entrüstet auf, sprachen von verletzter Ehre, riefen „dem Kerl werden wir es zeigen!“ und lehnten das Angebot ab.

Als der Prozeß etliche Jahre später entschieden wurde, wurde die gegen die Holding und ihre Tochtergesellschaften gerichtete Klage abgewiesen. Der Haken dabei war nur, daß die Beklagten für ihre Anwälte gut eine Million DM an Prozeßkosten zu zahlen hatten. Was es die Beteiligten wirtschaftlich gekostet hat, daß ein Teil des Managements sich jahrelang auf diese Auseinandersetzung konzentrierte, hat niemand gezählt . . .

Ich aber begann danach zu ahnen, daß es auch eine andere Betrachtungsweise als die unter Anwälten übliche geben könnte. Doch wie sieht die aus? Welche Grundüberzeugungen liegen dieser Betrachtungsweise zugrunde? Welche Schritte sind notwendig, um mit dieser Denkweise möglicherweise schneller, effizienter und friedlicher ans Ziel zu kommen?

Gibt es vielleicht eine Methode, mit er ich mein Ziel erreichen kann, ohne die andere Seite zum Verlierer stempeln zu müssen?

Die Antwort auf diese Fragen werden wir erhalten, wenn wir im nächsten Teil Dr. Austin Cooper, einem Anwalt, der in der Methode des **kooperativen Verhandelns** geschult ist, über die Schultern sehen.

Teil 2

Die Alternative: Das kooperative Verhandeln

1. Verhandeln als Alternative zur juristischen Methode

In den vorstehenden Kapiteln haben wir dargestellt, wohin die Konfliktbearbeitung führen kann, wenn wir die **„juristische Methode"** anwenden. Die Konflikte werden dann tatsächlich, wie Bucher/Wiegand treffend feststellen, **„entschieden"**.

Wie wäre es aber, wenn Konflikte nicht **„entschieden"**, sondern **„gelöst"** würden? Wenn nicht ein höhergestellter Richter, also ein Ungleicher, sagt, wer Recht und wer Unrecht hat? Wenn sich die Parteien des Konfliktes selbst finden könnten, um gemeinsam nach Lösungen aus dem Konflikt zu suchen?

Um dies zu erreichen, täten wir gut daran, nicht zu fragen: Wer schuldet wem was aus welchem Rechtsgrund? Denn wenn wir die juristische Methode anwenden, landen wir mit an Sicherheit grenzender Wahrscheinlichkeit dort, wo juristisches Denken letztlich hinführt, nämlich vor dem Richter. Wir wären statt dessen besser beraten, zu fragen:

„Welche Lösungsmöglichkeiten gibt es, um unsere Interessen soweit wie möglich zu verwirklichen?"

Mit dieser Frage verlassen wir den Boden der juristischen Methode, denn wir denken dann nicht mehr in kleinen Einheiten, problemorientiert und vergangenheitsbezogen (also in Ansprüchen), sondern in großen Einheiten, zukunftsgerichtet, lösungsorientiert (also in Zielen).

Winston Churchill hat das Dilemma der juristischen Methode treffend so formuliert:

„Wenn wir die Vergangenheit und die Gegenwart miteinander streiten lassen, werden wir die Zukunft verlieren" (und Dr. Cooper hat diese Aussage zu einer seiner Grundüberzeugungen gemacht, wie wir noch sehen werden).

Verhandeln, und insbesondere das kooperative Verhandeln, folgt einem gänzlich anderen Denkschema als die juristische Methode. Es fragt nicht

Die Alternative

nach den Ansprüchen der Partei, sondern nach ihren Zielen und deren Verwirklichung.

Der erfolgreiche Verhandler stellt sich drei Fragen:

1.1 Was sind die Ziele der Parteien?

Der kooperative Verhandler geht davon aus, daß die Parteien nicht primär Ansprüche, sondern Ziele haben, die sie verwirklichen möchten. Der erfolgreiche Verhandler wird also in einem ersten Schritte die Ziele der anderen Seite ermitteln.

Wichtigste Voraussetzung dafür ist es, die **Ziele** einer Partei von ihrem **Verhalten** zu trennen. Das Verhalten ist die Art und Weise, mit der eine Partei versucht, ihre Ziele zu verwirklichen.

Dr. Seelig wollte, daß die Jungmusiker aufhörten zu spielen **(Verhalten)**. Sein primäres Ziel war dies aber nicht: Er wollte die Ruhe am See genießen können **(Ziel).** Um dieses Ziel zu erreichen, sah er allerdings für die andere Seite nur **eine** Verhaltensmöglichkeit, obwohl es natürlich viele andere Wege gibt. Wenn ich mein Augenmerk auf die Ziele richte, verbreitere ich die Palette der Möglichkeiten, richte ich es dagegen auf das Verhalten, schränke ich sie ein.

Albert Einstein hat einmal treffend formuliert:

"Our thinking creates problems that the same type of thinking will not solve." (zitiert nach Dilts, Strategies of Genius Vol. II, S. 29).

Verhaltensprobleme können also, legt man die Erkenntnis von Einstein zugrunde, nie auf der Ebene des Verhaltens, sondern nur dadurch gelöst werden, daß ich mich auf eine andere Ebene begebe.

Ziele sind dem Verhalten übergeordnet. Wenn mich also das Verhalten der anderen Partei stört, komme ich zu einer akzeptablen Lösung für beide Seiten im Regelfall nicht dadurch, daß ich die andere Partei zwinge, ihr Verhalten einseitig zu ändern, sondern dadurch, daß ich zunächst nach ihren Zielen frage und, ausgehend von den Zielen, gemeinsame Lösungsmöglichkeiten durch beidseitig akzeptierte Verhaltensänderungen finde.

Wenn wir nach **Zielen** fragen, wollen wir wissen, **was die Parteien wirklich wollen.** Die Bandmitglieder beabsichtigen in unserem Fall primär nicht, Dr. Seelig zu stören, sondern für ihr Schulfest zu üben. Dr. Seelig will seinerseits primär nicht die Musiker überall auf der Welt am Üben hindern, sondern er will einfach seine Ruhe genießen.

Wenn wir also einmal die Wünsche beider Seiten auf der **Verhaltensebene** gegenüber stellen, so ergäbe sich folgender (wie es scheint unlösbarer) Konflikt:

Band:	**Dr. Seelig:**
Am Wochenende am See Musik spielen	Am Wochenende keine Musik auf dem Nachbargrundstück

Konfrontieren wir dagegen die Parteien auf der Zielebene, so ergibt sich folgendes:

Band:	**Dr. Seelig:**
Für das Schulfest üben	Sich vom Arbeitsstreß in Ruhe erholen

Wenn wir diese Unterscheidung verinnerlichen, können wir ungeahnte Lösungsmöglichkeiten finden! Dann sehen wir beispielsweise, daß die Kollision nicht in den Zielen liegt, sondern in dem Verhalten. Auf der Basis dieser Erkenntnis können wir nun an die Arbeit gehen, ein Verhalten zu finden, das unseren eigenen Zielen entspricht und die Ziele der anderen Seite nicht stört.

Anders als bei der juristischen Methode fragen wir beim kooperativen Verhandeln zuerst nach den Zielen der anderen Seite, um dann aus der Vielfalt der möglichen Verhaltensweisen diejenige auszusuchen, die es **beiden** Seiten ermöglicht, ihr Ziel zu erreichen. Kooperatives Verhalten erhält und fördert die Komplexität der Lösungsmöglichkeiten, die juristische Methode reduziert sie. Eskalation reduziert die Fülle von Lösungen, fortgeschrittene Eskalation läßt schließlich nur noch eine Lösung übrig: den Kampf!

1.2 Welche Lösungen geben beiden Parteien die Möglichkeit, ihre Ziele zu erreichen?

Wenn wir erst einmal herausgefunden haben, was die Parteien wirklich wollen, was ihr Ziel hinter ihrem Verhalten ist, haben wir meistens schon sehr viel gewonnen. Der Pulverdampf verfliegt ebenso wie der Glaube, der andere wolle uns vorsätzlich schädigen. Nun können beide Parteien kreativ nach Lösungsmöglichkeiten suchen, die es erlauben, ihre Ziele zu verwirklichen.

Im vorliegenden Fall wäre es sinnvoll, wenn sich die Parteien fragten:

Wie könnte man das Zusammenleben gestalten, damit **sowohl** Dr. Seelig die Ruhe am See genießen **als auch** die Musiker für das Schulfest ausreichend üben könnten?

Die Lösung, die Dr. Cooper initiiert hat, bestand darin, daß Dr. Seelig den Schülern am Wochenende einen Keller in seiner Werbeagentur zur Verfügung stellt, wo sie üben können, während er sich zur gleichen Zeit am See in Ruhe erholen kann.

1.3 Wie können wir uns wechselseitig unterstützen, damit wir unsere Ziele erreichen?

In einem letzten Schritt wird die Kooperation gefestigt, und dadurch werden Synergien erzeugt. Der eine stellt dem anderen seine unbenutzten Ressourcen zur Lösung seiner Probleme zur Verfügung und umgekehrt.

Wie könnte so etwas in der Praxis aussehen?

Lassen Sie es uns einfach an unserem Beispielsfall erläutern:

Die Band spielt am Betriebsfest von Dr. Seelig auf, und die Werbeagentur gestaltet den Folder für das Konzert der Band.

In der Beantwortung der Fragen, die wir Ihnen auf den vorstehenden Seiten vorgestellt haben, liegt das Geheimnis erfolgreichen Verhandelns begründet, egal, ob Sie mit dem Präsidenten der Vereinigten Staaten über die Begrenzung nuklearer Rüstung verhandeln oder mit Ihrem halbwüchsigen Sohn über die Benutzung Ihres Autos. Es klingt alles so einfach, und doch ist die Umsetzung nicht immer einfach. Denn dieser Weg ist nicht in Kommentaren und Gesetzen vorgezeichnet – und kein Gerichtsurteil kann Ihnen bestätigen, daß Sie recht haben.

Aber eins wird eintreten:

Der Konflikt wird gelöst!

Wenn Synergien zusammenwirken, lösen sich fast alle Konflikte, denn:

Die Lösung des Problems bemerkt man am Verschwinden des Problems!

Soviel zu den Grundsätzen des kooperativen Verhandelns. Wie wir diese Grundsätze in der Praxis in einzelnen Schritten umsetzen, werden wir Ihnen in Teil 4 und 5 zeigen.

Lassen Sie uns nun aber zunächst einmal herausfinden, welche Denkweise die Grundüberzeugungen des Dr. Cooper beherrscht und wie sie sich von den Überzeugungen unterscheidet, auf denen die juristische Methode beruht.

2. Die Welt des Dr. Austin Cooper oder: Welche Grundüberzeugungen stützen das kooperative Verhandeln?

2.1 Dr. Austin Cooper, Rechtsanwalt

In Bad Friedlingen, dem Ort, wo Dr. Attila von Streidt praktiziert, gibt es – wie wir ja bereits wissen – seit kurzer Zeit einen neuen Anwalt, Dr. Austin Cooper mit Namen. Er hat, wie Dr. von Streidt, an den besten deutschen und schweizerischen Universitäten das Recht studiert. Da er sich aber für eine breitflächige Ausbildung interessiert, hat er auch noch Psychologie und Kommunikationswissenschaften studiert, letzteres auch in den USA. Bei seinen Studien ist Dr. Cooper viel in der Welt herumgekommen. Sein Steckenpferd ist die Rechtsethnologie. Fasziniert hat er studiert, wie andere Völker ihre Konflikte lösen.

Besonders beeindruckte ihn dabei ein Erlebnis, das er vor Jahren in New Mexico gemacht hat, als er miterleben durfte, wie nordamerikanische Indianer mit Streitigkeiten umgehen. Nach dieser Erfahrung wußte er, daß es auch andere Methoden gibt, als nach Ansprüchen zu suchen, diese zu begründen und den Richter entscheiden zu lassen. Dieses Erlebnis war der Beginn seiner Suche nach kooperativen Lösungsmöglichkeiten.

In einem indianischen Dorf in der Nähe von Santa Fe waren zwei Familien über eine Kleinigkeit in Streit geraten. Man sprach kein Wort mehr miteinander, beschimpfte und bespuckte sich statt dessen nur noch. Dieser Zustand war auf Dauer nicht erträglich, und deshalb beschlossen die beiden Familienältesten, ein Friedensritual durchzuführen: Die Familien trafen sich mit ihren Freunden an einer heiligen Stätte außerhalb des Dorfes. Gemeinsam suchten sie dann, ohne ein Wort zu sprechen, Holz und entzündeten ein großes Feuer. Alle setzten sich um dieses Feuer. Niemand durfte sprechen. Die einzige Tätigkeit, die erlaubt war, war Holz nachzulegen und ins Feuer zu schauen. Nach vier Tagen und Nächten fielen sich die Familien in die Arme und gingen nach Hause.

Die Idee der Indianer ist, daß gemeinsames Tun die Menschen verbindet, daß das Feuer die Seelen reinigt und gewissermaßen den „Streitgegenstand" verbrennt.

„Ein paar Stunden gemeinsam gegangen, gefangen, gelangen wir zum Fluß", meinte ein indianischer Freund.

Damals konnte Dr. Cooper mit diesen Erklärungsversuchen noch wenig anfangen, aber er wußte, daß er einen Weg gefunden hatte, der neu war und den zu gehen es sich lohnen würde.

2.2. Das Weltbild des Dr. Austin Cooper

1. **Grundüberzeugung:**
Die Landkarte ist nicht das Gebiet! (Alfred Korzybski)

oder:
Es gibt keine objektive Wirklichkeit, sondern nur subjektive Wahrnehmung und Vorstellung.

Eine weitere, tief prägende Erfahrung machte Dr. Cooper auf der anderen Seite des Globus in einem thailändischen Kloster.

Dr. Cooper glaubt seit diesem Aufenthalt im Kloster, daß er, so sehr er sich auch bemüht, nicht über die eigene, subjektive Wahrnehmung hinauskommen kann. Er glaubt, daß dies auch bei anderen Menschen der Fall ist. Alles, was Menschen wahrnehmen, ist subjektiv. Unsere Wahrnehmung ist immer nur eine Abbildung der Welt, und diese Abbildung ist höchstens eine Annäherung an den abgebildeten Gegenstand.

Da die Welt nur gefiltert durch die 5 Sinne des jeweiligen Betrachters stattfindet, werden wir als Menschen wohl nie erfahren, wie die Welt objektiv wirklich, also ohne Betrachtung durch unsere Sinne, ist.

„Die Landkarte ist nicht das Gebiet", so hat es der polnische Sprachwissenschaftler Alfred Korzybski in den 20er Jahren unseres Jahrhunderts formuliert.

Wie aber kam Dr. Cooper zu seiner eigenartigen Einsicht?

Der buddhistische Mönch im thailändischen Kloster, in das sich Cooper zu Studienzwecken einige Monate zurückgezogen hatte, hatte mit seinen Studenten folgendes Experiment durchgeführt:

„Schauen Sie sich bitte einmal diese Blume an, die ich in der linken Hand halte. Wenn Sie diese Blume lange genug beobachtet haben, nehmen Sie bitte ein Blatt Papier und zeichnen Sie die Blume ab."

Die Studenten zeichneten eifrig und versuchten, die Blume so genau wie möglich auf das Papier zu bringen. Nach 10 Minuten ließ der Mönch die Blume fallen und sagte:

„Genug gezeichnet. Legen Sie bitte die Abbildungen in die Mitte und betrachten Sie, was Sie gezeichnet haben."

Die Studenten sahen nun, was sie abgebildet hatten.

Die einen hatten die Blume mit Bleistift gezeichnet, andere mit Filzschreiber. Die Blütenblätter leuchteten rot, wenn der Zeichner einen roten Stift benutzt hatte, und blau, wenn sein Stift blau war. Die meisten hatten die Blume verkleinert dargestellt. Einige hatten auch die Hand mitgezeichnet.

Der Mönch schaute in die Runde und kommentierte:

„Wenn Sie Ihre Werke miteinander vergleichen, werden Sie feststellen, daß diese sehr wenig miteinander zu tun haben. Ein fremder Betrachter würde mich vielleicht sogar auslachen, wenn ich ihm erzählte, Sie hätten alle die gleiche Blume gezeichnet. Sie werden sicher sagen, daß die Abweichungen nur so groß sind, weil Sie nicht besser zeichnen können. Vielleicht. Aber überlegen Sie einmal, was herausgekommen wäre, wenn Sie nicht eine Blume hätten zeichnen, sondern über einen Mann berichten sollen, der eine kurze Ansprache gehalten hat.

*Wie viele verschiedene Männer hätten dann plötzlich in Ihren Köpfen Platz genommen, nachdem der Redner das Podium verlassen hat?
Es hätte genau so viele Männer gegeben wie Personen, die zugehört haben!*

Was bedeutet das?

Das bedeutet, daß wir uns endlos mißverstehen, selbst dann, wenn wir das „gleiche" erlebt haben: Alle werden verschiedene Eindrücke von demselben Ereignis haben. Eine endlose Quelle möglicher Mißverständnisse . . .

Das ist aber erst der Anfang! Schauen Sie einmal hin und vergleichen Sie die Zeichnungen mit der Blume, die ich vorhin in meiner Hand hielt. Wie groß ist da die Übereinstimmung?

Seien Sie ehrlich! Praktisch null! Fast nichts ist originalgetreu abgebildet! Weder die Farbe stimmt noch die Größe.“

Dieses Erlebnis erinnerte Dr. Cooper an eine Geschichte, die er von einem befreundeten Anwalt in Barcelona gehört hatte:

Pablo Ruiz Picasso wurde eines Tages, während einer Zugfahrt in Nordspanien, von einem Reisenden angesprochen, der sich darüber aufregte, daß seine kubistischen Frauenbilder so wenig mit der Wirklichkeit zu tun hätten.

„Wie würden Sie denn Ihre Frau zeichnen?“ fragte der weltberühmte Maler amüsiert.

„Ich würde meine Frau genau so wiedergeben, wie ich sie sehe!“ antwortete der Reisende nach einigem Überlegen.

„Genau das habe ich auch gemacht“, erwiderte Picasso.

„Aber Meister, Sie wollen doch nicht behaupten, daß Ihre Frau zwei Gesichter und vier Augen hat!“ erwiderte der Mann erstaunt.

„Doch, genau das habe ich gesehen. Wie sehen Sie denn Ihre Frau?“

Der Reisende griff in sein Portefeuille und holte eine Fotografie seiner Frau heraus und hielt sie Picasso unter die Augen:

„Meister, genau so würde ich sie zeichnen, wenn ich zeichnen könnte, denn genau so sieht sie aus!“

„Tatsächlich,“ antwortete Picasso, „Ihre Frau ist also in Wirklichkeit nur 10 cm groß?“

Wir können die Welt nicht objektiv sehen. Alles, was wir erfassen können, sind subjektive Eindrücke, die mit dem, was wirklich vor unseren Augen, Nasen, Ohren, Zungen und Händen passiert, sehr wenig zu tun haben. Wir haben keinen Zugriff auf das, was sich objektive Wirklichkeit nennt. Es gibt nur eine subjektive Wahrnehmung, die aber wir für wirklich halten.

Aus dieser Einsicht heraus hat Dr. Cooper genau auf die Schilderung des Dr. Seelig gehört, als ihm dieser seine Geschichte erzählte. Er wußte, daß er nicht fähig war, wie Dr. Seelig zu denken und zu fühlen. Alles was er tun

Die Landkarte ist nicht das Gebiet

konnte, war, den Fall, den ihm sein Mandant vortrug, als interessante, neue Landkarte zu betrachten und sich von ihm die Gegenden und Landstriche zeigen zu lassen.

Deshalb hat er genau zugehört und viel nachgefragt. Immer wieder hat er das wiederholt, was er gehört hat, und überprüft, ob das, was er verstanden hat, auch dem entspricht, was Dr. Seelig gemeint hat. Dr. Seelig nickte jedesmal.

Nun hatten sie schon zwei Landkarten. Dr. Cooper schlug nun vor, um eine weitere Landkarte zu erhalten, an einem Wochenende zusammen mit Dr. Seelig zu den jungen Leuten an den See zu gehen, um sie zu fragen, warum sie ausgerechnet an den Wochenenden im Strandhaus übten. Dr. Seelig fand den Vorschlag ungewöhnlich. Als Mann der Werbung war er aber für Neues offen. So fuhren sie am folgenden Wochenende an den See hinaus, wo sich folgende, Ihnen schon teilweise bekannte Szene abspielte:

Zuerst zeigte Dr. Seelig seinem Anwalt sein Anwesen. Besonders stolz war er auf den alten Baumbestand und den kleinen Bootssteg, den er letztes Jahr selbst errichtet hatte. Noch war es still, es war ja auch noch früh am Morgen.

Um elf Uhr aber, die beiden saßen gerade gemütlich beim zweiten Frühstück, dröhnte tatsächlich vom Nachbargrundstück „loud and proud" eine verstärkte Baßgitarre herüber. Nach einigen Takten folgte eine Leadgitarre, dann kam das Schlagzeug hinzu, und als letztes Instrument stieg ein Keyboard ein. Dr. Seelig sprang auf:

„Hören Sie, hören Sie!"

Der Anwalt beruhigte seinen Mandanten, holte seine eigene alte Gitarre aus dem Auto und bat ihn, ihm zu dem anderen Haus zu folgen, was der auch tat, allerdings ohne große Freude.

Sie mußten zweimal läuten, dann endlich kam ein etwa 14jähriger Junge und öffnete die Türe. Sein mürrisches Gesicht hellte sich auf, als er die Gitarre sah.

„Wollen Sie mitspielen?" fragte er. Dr. Cooper bejahte, und schon bald spielten sie zu fünft. Dr. Seelig wurde eine Rimba in die Hand gedrückt, und er mußte nun mitschrummen. Er hatte gar keine andere Chance!

Was haben die beiden Doktores getan? Sie haben ihre eigenen Landkarten verlassen und sich einige Schritte auf Neuland, auf das Gelände und den Lebensraum des Nachbarn, vorgewagt. Damit haben sie Vertrauen geweckt, Mauern gar nicht erst aufgebaut und so die besten Voraussetzungen für die kommenden Verhandlungen geschaffen.

Dies meinte wohl auch ein amerikanischer Kollege des Dr. Cooper, der stolz auf seine indianische Abstammung war, als er sagte:

„Urteile nie über einen Menschen, bevor du nicht wenigstens einen Tag in seinen Mokassins gestanden hast."

Daneben hatte Dr. Cooper auch die Methode der Indianer angewendet, die er in New Mexico kennengelernt hatte: Dadurch, daß sie gemeinsam gespielt hatten, hatten sie Vertrauen oder Rapport, wie die Kommunikationswissenschaftler sagen, aufgebaut. Gemeinsames Tun, dort Holz sammeln und über Stunden ins gleiche Feuer schauen, hier gemeinsam Akkorde schrummen, ist der Beginn der Verständigung – und eine erste **gemeinsame Basis!**

Der Unterschied zwischen Dr. von Streidt und Dr. Cooper besteht nun darin, daß Dr. Cooper nicht gleich nach Ansprüchen und Rechtstiteln suchte, auf die sich Dr. Seelig hätte stützen können. Ihn interessierte zunächst vielmehr das Ziel von Dr. Seelig. Welcher Wunsch lag hinter seiner Absicht, die Burschen zum Schweigen zu bringen? Ebenso interessiert war er am Ziel der Jungmusiker. Wollten die wirklich Dr. Seelig stören, oder verfolgten sie mit ihrer Musik nicht etwa andere Ziele?

Er hatte nämlich den Verdacht, daß im Grunde keine der Parteien der andern etwas zuleide tun wollte, daß sie vielmehr nicht über die entsprechenden Möglichkeiten verfügten, ihre Ziele so zu verwirklichen, daß sie einander nicht stören.

Dies führt uns zur nächsten Grundüberzeugung des Dr. Cooper:

2. **Grundüberzeugung:**
Mich interessiert nicht, woher die Dinge kommen, sondern wohin sie gehen! (Seneca)

oder:
Wichtig ist nicht, welche Ansprüche Menschen haben, sondern was sie wirklich wollen!

Als Dr. Cooper Dr. Seelig in seiner Kanzlei nach seinen Zielen gefragt hatte, hatte dieser geantwortet:

„Ist doch klar, ich will den Lärm weg haben!"

Darauf meinte Dr. Cooper:

„Sie wollen den Lärm weg haben. Was hätten Sie gerne **statt dessen?"**

„Meine Ruhe will ich haben! Was denn sonst!"

„Wann wollen Sie diese Ruhe haben?"

„Dann, wenn ich draußen bin, von Freitag abend bis Montag morgen. Ist doch logisch!"

„Das heißt, Dr. Seelig, in der Zeit von Montag mittag bis Freitag nachmittag ist es Ihnen gleichgültig, ob an Ihrem See Ruhe herrscht oder nicht, weil Sie dann ja eh nicht da sind?"

„Das stimmt."

„Ihr Ziel ist es also, wenn ich zusammenfassen darf, in der Zeit von Freitag abend bis Montag morgen die Stille der Natur in ihrem Strandhaus genießen zu können; stimmt das?"

„Natürlich, das habe ich doch von Anfang an gesagt."

„Nicht ganz, Ihr Ziel war es, die jungen Leute zum Schweigen zu bringen, und jetzt ist etwas anderes daraus geworden: Sie wollen die Ruhe genießen können. Das ist ein Unterschied."

„Wenn Sie meinen. Sie sind mein Anwalt. Sie müssen es wissen."

Somit wußte Dr. Cooper, was das Ziel von Dr. Seelig war. Nun wollte er auch noch wissen, was denn die eigentlichen Ziele der Jungmusiker sind. Nachdem sie drei, vier Stücke zusammen geschrummt hatten, fragte er deshalb, was denn das Ziel ihres Übens sei.

„Ist doch klar," antworteten diese, „wir üben für die Abschlußfeier an unserer Schule. In den Schulfächern sind wir alle nicht so blendend, aber wir denken, daß wir durch eine gute Performance auf der Schlußfeier einige Punkte gut machen können."

Dr. Cooper schaute zu Dr. Seelig, dessen Gesicht sich langsam entspannte. Die Burschen hatten also wirklich nicht die Absicht, ihn zu quälen.

Im weiteren Gespräch fand Dr. Cooper nun heraus, daß sie gar nicht freiwillig hier draußen am See übten. Viel lieber würden sie irgendwo in der Stadt üben, wenn sie nur einen geeigneten Übungsraum finden könnten. Sie hatten lange gesucht, aber ohne Erfolg.

Dr. Cooper sah nun klarer und wußte, daß sie zur Lösung dieses Problems keinen Richter brauchten. Dazu waren Dr. Seelig und die jungen Leute erwachsen genug.

Die Erkenntnis führt uns zur nächsten Grundüberzeugung des Dr. Cooper.

> 3. **Grundüberzeugung:**
> Hilf dir selbst, dann hilft Dir Gott. (Sprichwort)
>
> **oder:**
> Wir lösen unsere Konflikte selbst!

Für die meisten Konflikte braucht der kooperative Verhandler keinen Richter, denn selten geht es bei Konflikten um ein Problem, das nach einer juristischen Lösung ruft. Außerdem wußte Dr. Cooper, daß Gerichtsurteile Gewinner und Verlierer erzeugen. Er aber wollte eine Lösung, bei der beide Seiten als Gewinner dastehen.

Somit sind wir schon bei der nächsten Grundüberzeugung von Dr. Cooper, dem sogenannten **Gewinn/Gewinn-Denken,** auf das wir an anderer Stelle noch ausführlich eingehen werden:

> 4. **Grundüberzeugung:**
> Keiner, der einem andern hilft, hilft nicht zugleich auch sich selbst! (Seneca)
>
> **oder:**
> Ich gewinne dann am meisten, wenn wir beide gewinnen!

Dr. Cooper überlegte sich nun folgendes:

Gibt es eine Lösung, bei der nicht einer gewinnt und der andere verliert, sondern eine, bei der beide gewinnen? Gibt es eine Lösung, bei der die Band üben kann und Dr. Seelig seine Ruhe hat?

Die Runde erörterte unter diesem Gesichtspunkt verschiedene Varianten:

- Wäre es möglich, daß die Musiker mit Kopfhörern spielen? Das ging nicht, weil sie nicht über das notwendige Mischpult verfügten.
- Könnte man das Strandhaus nicht besser dämmen, damit weniger von dem „Grove“ nach außen drängt? Das ging aus Kostengründen nicht.

- Könnten die Musiker nicht unter der Woche üben? Das ging auch nicht, weil sie da Schule hatten.

Nach einigem Hin und Her fanden die Parteien schließlich eine Lösung, mit der beide Seiten zufrieden waren:

Dr. Seelig erklärte sich bereit, der Band einen unbenutzten Kellerraum in seiner Werbeagentur zur Verfügung zu stellen. Die Musiker nahmen dankbar an. Endlich hatten sie einen Raum in der Stadt gefunden. Dadurch würden sie Zeit gewinnen; denn das Radeln an den „blöden" See, wo sie hauptsächlich gegen die Mücken kämpfen mußten, entfiel nun gänzlich.

5. **Grundüberzeugung:**
Wenn wir die Vergangenheit und die Gegenwart miteinander streiten lassen, werden wir die Zukunft verlieren!
(Winston Churchill)

oder:
Laßt uns heute das Morgen gestalten!

Aus der eben geschilderten Art, wie Dr. Austin Cooper den Fall löste, läßt sich auch leicht ablesen, daß er kein vergangenheitsorientierter Pessimist, sondern ein zukunftsorientierter Optimist ist. Ihn interessiert nicht, welche Ansprüche sein Mandant hat und wie diese zu begründen sind, denn diese Ereignisse liegen alle in der Vergangenheit. Ihn interessiert viel mehr, was die Ziele seines Mandanten sind. Ziele befinden sich in der Zukunft, da, wo wir die meiste Zeit unseres Lebens verbringen werden. Wenn sich mit der anderen Seite keine gemeinsame Lösung finden läßt, ist immer noch genug Zeit, sich in das Studium der Gesetze und Kommentare zu vertiefen.

6. **Grundüberzeugung:**
Nicht kleckern, klotzen!

oder:
Nur große Ideen führen zu großen Taten!

Vielleicht erwarten Sie nun, daß sich Dr. Cooper als nächstes haarklein überlegt, wie er das Erreichte formulieren, festhalten und absichern

Nicht kleckern, klotzen!

könnte, daß er einen zwanzigseitigen Vertrag entwirft, der alle möglichen, denkbaren und kaum denkbaren Sachverhalte bis ins Kleinste regelt:

Wer bezahlt den Strom, den die Gitarren brauchen?
Dürfen die Musiker die firmeneigenen Cola-Dosen leertrinken?
Wie steht es mit der Benutzung der Toiletten? Dürfen sie die Toiletten der Mitarbeiter oder die Toilette des Chefs benutzen?

Die Welt dieser Gedanken ist aber nicht die Welt des Dr. Cooper. Er läßt seine Gedanken mehr in großen Einheiten schweifen und fragte sich:

„Wie könnten die beiden Parteien ihre Zusammenarbeit verstärken? Gibt es vielleicht so etwas wie ein übergeordnetes Ziel, an dessen Verwirklichung beide interessiert sind?"

7. **Grundüberzeugung:**
Ich überlege mir immer, ob mein Handeln ein Teil des Problems oder ein Teil der Lösung ist! (Michail Gorbatchev)

oder:
Wer nach Fehlern sucht, wird Probleme finden. Wer aber nach Lösungen sucht, hat schon begonnen, die Probleme zu lösen!

„Wie, Herr Dr. Seelig, könnten Sie zukünftig von der Band und wie könnten die Burschen von der Werbeagentur profitieren?"

Dr. Seelig runzelte die Stirn, überlegte hin und her und schlug dann vor, daß die Band am Betriebsfest seiner Werbeagentur aufspielen sollte. Dies würde seine Mitarbeiter freuen, und er wäre von den Kosten, die das Engagement einer teuren Combo verursacht hätte, entbunden. Die Band erhielt im Gegenzug dazu von der Werbeagentur Dr. Seelig ein perfekt gestaltetes Programmheft für ihr Konzert auf der Abschlußfeier. Damit hatten beide Parteien ein übergeordnetes Ziel erreicht; also ein Ziel, das über dem primären Ziel (Üben/Ruhe haben) steht. Beide Seiten erhielten zusätzliche Leistungen, ohne direkt etwas dafür bezahlen zu müssen.

Mit diesem **lösungsorientierten** Denken war Dr. Cooper meilenweit entfernt vom **problemorientierten** Denken der juristischen Methode. Seien wir einmal ehrlich: Hätten wir uns nicht, wenn wir den Fall hätten lösen müssen, wohl vor allem Gedanken darüber gemacht, was die jungen Leute für Hintergedanken haben und was in der Zusammenarbeit alles schief gehen könnte? Die erforderlichen Präventionsmaßnahmen hätten wir dann fein säuberlich in Reglemente und Ordnungen gekleidet. Vielleicht hätte es eine

„Gemeinsam vereinbarte Hausordnung zur Benutzung der Seelig'-schen Kellerräume durch die Schüler-Band Bad Friedlingen"

gegeben. Das wäre anfänglich ganz gut gegangen. Nach einiger Zeit hätten wir aber feststellen müssen, daß genau der wichtigste Punkt, an dem sich nun eventuell ein Streit entzünden könnte, nämlich die Frage, ob die Band um drei weitere Spieler erweitert werden darf (wer bezahlt den zusätzlich verbrauchten Strom?), leider nicht geregelt wurde. Wir würden uns ärgern darüber, daß wir diesen wichtigen Sachverhalt nicht vorausgesehen hatten.

Dr. Cooper hat es aber gar nicht soweit kommen lassen. Als kooperativer Verhandler ist er ganz einfach anders eingestiegen. Er hat nicht nach Ansprüchen gesucht, sondern versucht, Lösungen zu finden.

Dies konnte er mit einer derartigen Leichtigkeit tun, weil er als kooperativer Verhandler ein anderes Weltbild hat. Lassen Sie uns die Grundüberzeugungen des Dr. Austin Cooper zusammenfassen:

Das Weltbild des Dr. Austin Cooper

- Anstatt an das Bestehen einer objektiven, für jeden Menschen gleichen und verifizierbaren Wirklichkeit zu glauben, kennt er die **absolute Relativität** der **Subjektivität**. Mercedes ist eine Zigarettenmarke, ein weiblicher Vorname und das Auto mit dem Stern. Jeder, der bei diesem Namen an eines dieser drei Dinge denkt, hat recht, und das ist gut so:
  Die Landkarte ist nicht das Gebiet!
- Anstatt mit der juristischen Methode nach hieb- und stichfesten Argumenten für einen Streit zu suchen, glaubt Dr. Cooper daran, daß es sinnvoller und nützlicher sei, nach den **wirklichen Interessen der Parteien** zu suchen und Möglichkeiten zu finden, diese zu erfüllen:
  Mich interessiert nicht, woher die Dinge kommen, sondern wohin sie gehen!
- Anstatt an die Allmacht eines rechtsprechenden Richtervaters glaubt er als kooperativer Verhandler an das Prinzip **der Selbstverant-**

wortung. Er glaubt, daß sein Mandant und die Gegenpartei fähig und willens sind, die Lösungen für ihre Probleme selbst zu erarbeiten und selbst dafür zu sorgen, daß sie in die Tat umgesetzt werden. Kinder brauchen Eltern, Erwachsene brauchen andere Erwachsene. Entscheidungen durch Dritte sind oft nicht Lösungen des Problems, sondern die Quelle von neuen Problemen:
Hilf Dir selbst, dann hilft Dir Gott!

- Anstatt Legionär seines Mandanten zu sein, versteht sich Dr. Cooper als **Unterhändler** seines Klienten. Er weiß, daß er dann am besten lebt, wenn auch auf die Gegenpartei Sonnenstrahlen fallen:
Keiner, der einem anderen hilft, hilft nicht zugleich sich selbst!
- Anstatt mit archäologischem Fleiß im Gestern herumzubuddeln, beschäftigt sich der kooperative Verhandler mit der **Zukunft,** weil er weiß, daß er dort den größten Teil seines Lebens verbringen wird:
Wenn wir die Vergangenheit und die Gegenwart miteinander streiten lassen, werden wir die Zukunft verlieren!
- Anstatt mit buchhalterischem Erbsenzählen beschäftigt sich der kooperative Verhandler lieber mit den **wichtigen Dingen des Lebens**. Ihn interessiert mehr, wohin das Flugzeug fliegt, als die Tatsache, daß Passagier Rademacher eine unpassende Krawatte trägt:
Nicht kleckern, klotzen!
- Anstatt nach Fehlern hält Dr. Cooper nach Lösungen Ausschau, weil ihm wirkliche Freude näher liegt als Schadenfreude:
Ich überlege mir immer, ob mein Handeln ein Teil des Problems oder ein Teil der Lösung ist!

„Kooperatives Verhandeln macht einfach allen Parteien mehr Spaß!" dachte Dr. Cooper und ließ die neuen Freunde am See zurück.

Er hatte an diesem Sonntagnachmittag einen weiteren Termin in seiner Kanzlei. Dort wartete nämlich bereits August Sacksberger auf ihn, der riesige Probleme mit seinem Kompagnon Mehltau hatte. Als Dr. Cooper seine Kanzlei betrat, wartete Herr Sacksberger schon und begrüßte ihn freudig:

„Den Kerl werden wir jetzt richtig einsacken, Dr. Cooper. Und ich bin sicher, Sie können mir dabei gute Dienste leisten, nicht wahr?"

Dr. Austin Cooper lächelte. „Den Mehltau einsacken wollen Sie, Herr Sacksberger. Mehltau in den Sack! Hört sich gut an. . . Und welches Ziel verfolgen Sie mit dieser Aktion?"

Doch bevor wir uns dem nächsten Fall des Dr. Coopers zuwenden, wollen wir zuerst einmal danach fragen, welche Möglichkeiten des Verhandelns es überhaupt gibt. Lassen Sie uns also einmal die „Stilkunde des Verhandelns" näher betrachten.

Noch ein interessantes Detail: Bei der Konzeption des Buches habe ich die Cooper'sche Lösung auch einem meiner ehemaligen Studienkollegen, der heute ein bekannter Anwalt in Bern ist, vorgetragen. Er fand die Lösung sehr sinnvoll, meinte aber: „Das ist keine juristische Lösung!"

Wie recht er hat!

Teil 3

Die Entscheidung: Welcher Verhandlungsstil ist richtig?

Sicherlich werden Sie inzwischen Stellung bezogen haben:

Als Liebhaber der juristischen Chirurgie werden Sie unsere Kritik an der Streidt'schen Konfliktbehandlung unangebracht finden, mehr noch: Vielleicht können Sie auf zahlreiche Siege in Ihrer juristischen Laufbahn zurückblicken, die Sie als „Weichei" niemals errungen hätten. Das Durchsetzen von Ansprüchen ist nun einmal Kampf, und wo gehobelt wird, fliegen eben Späne . . .

Oder: Sie empfinden große Sympathie mit der Art, wie Dr. Cooper an seine Fälle herangeht. Das mit der Gitarre war doch eine großartige Idee, und außerdem zeigt es sich doch an diesem Fall so schön, wo man hinkommt, wenn man bei Problemen nur Ansprüche im Kopf hat . . .

Gemach, gemach. Bevor wir Sie nun endgültig bitten, sich zu entscheiden, welchen unserer Friedlinger Staranwälte Sie zu Ihrem Idol machen wollen, müssen wir Sie und uns fragen, ob das denn schon alles gewesen ist. Gibt es denn wirklich nur Konfliktlösungen à la Streidt oder à la Cooper?

Oder gibt es vielleicht noch mehr Möglichkeiten, um an Konflikte heranzugehen? Und wenn dem so ist, was ist die erfolgreichste Methode? Oder gibt es **die** Methode gar nicht, die für alle Fälle paßt? Müssen wir eventuell mehrere Verhandlungsstile bereithalten und jeweils den geeignetsten einsetzen wie ein Golfspieler, der für jeden Schlag das richtige Eisen aus seiner Golftasche zieht?

1. Fünf Konfliktsituationen

Um Ihnen die Spannbreite von Verhandlungen vor Augen zu führen, stellen wir Ihnen zunächst einmal fünf völlig verschiedene, mitunter auch extreme und keinesfalls alltägliche Situationen vor, die durch Verhandlungen in Ihrem Sinn geklärt werden sollen. In einem zweiten Schritt werden wir dann

Die Entscheidung

zu klären versuchen, welche Verhandungsstrategie die effizienteste in der jeweiligen Situation ist.

1. Situation: Sekretärin

Eines Morgens kommt Ihre Sekretärin bestimmten Schrittes in Ihr Büro und verkündet Ihnen mit entschlossener Miene, daß sie unbedingt 10% mehr Gehalt brauche.

Sie denken: „Ist das nun das Resultat davon, daß ich sie auf meine Kosten in das berühmte Persönlichkeits-Entwicklungseminar „Die Sperre" geschickt habe?"

Da Sie vor kurzem ein großes Mandat verloren haben, das etwa 20% Ihres Umsatzes ausgemacht hat, und Sie für dieses Mandat erheblich in eine aufwendige EDV-Anlage investiert haben, trifft Sie dieser Wunsch nicht nur unerwartet, sondern auch in einem Zeitpunkt, in dem Sie ihn nicht ohne weiteres finanziell verkraften können.

Wie werden Sie sich verhalten?

2. Situation: Basar

Sie machen Ferien im zauberhaften Marakesch und besuchen dort auch einen der zahlreichen Basare. Sie atmen die fremden Düfte ein und erfreuen sich am Farbenspiel des fahlen Lichtes in den engen Gassen. Plötzlich erblicken Sie eine wunderschöne Messingvase. Ein Stück, von dem Ihre Frau seit Jahren schwärmt. Sie entschließen sich, die Vase zu kaufen, und lassen sich vom Händler ansprechen.

Wie werden Sie sich verhalten?

3. Situation: Verkehrsunfall

Sie betreuen einen Mandanten, der in einen fürchterlichen Verkehrsunfall verwickelt worden ist: Ihr Mandant fuhr auf einer Überlandstraße korrekt hinter einem Lastwagen, der Butan-Flaschen geladen hatte. In einer engen Kurve löste sich ein Teil der Ladung, und 24 Flaschen knallten auf die Straße. Viele Flaschen explodierten und begannen zu brennen. Ihr Mandant schlitterte, voll bremsend, in das Inferno hinein. Der Lastwa-

genfahrer verbrannte an der Unfallstelle, Ihr Mandant konnte sich lichterloh brennend aus dem Wagen retten und in den Bach am Rande der Straße stürzen. Die Schuld an diesem Unfall trägt eindeutig der Fahrer des Lastwagens, da er es unterlassen hatte, die Ladung vorschriftsgemäß zu sichern. Ihr Mandant hat bei dem Unfall schwere Verletzungen davongetragen, sein Fahrzeug ist ausgebrannt. Sie haben nun einen gemeinsamen Termin mit dem Schadensregulierer der Versicherung vereinbart, um die Höhe des Schadensersatzes zu klären.

Wie werden Sie sich verhalten?

4. Situation: Serum gegen Schlangenbiß

Sie machen mit ihrem Sohn eine Urlaubsreise in Indien. In der Nähe von Alang, wo Sie zusammen den berühmten Schiffsfriedhof besichtigen wollten, wird Ihr Sohn von einer Giftschlange gebissen. Sie erfahren von einem Einheimischen, daß im nächsten größeren Ort, in der Tempelstadt Palistena, ein Weißer wohnt, der das erforderliche Serum gegen den Schlangenbiß besitzt. Sie organisieren einen Mahindra-Jeep und rasen in die Stadt. Als Sie den Mann voller Aufregung erreichen, stellen Sie fest, daß es sich um eine äußerst zwielichtige Person handelt. Er verfügt zwar über das Schlangenserum, verlangt dafür aber einen horrenden Preis.

Wie werden Sie sich verhalten?

5. Situation: Entführung

Stellen Sie sich vor, Sie vertreten einen Mandanten in einer Sorgerechtssache. Trotz jahrelangen Kampfes ist es nicht gelungen, daß Ihrem Mandanten das Sorgerecht für die fünfjährige Tochter zugesprochen wird. Nach einiger Zeit erhalten Sie plötzlich einen Anruf der Polizei mit der Bitte, sich sofort vor der Wohnung Ihres Mandanten einzufinden. Er hat die Entscheidung des Gerichtes nicht verkraftet und die Tochter beim Heimweg vom Kindergarten entführt. Er hat sich nunmehr in seiner Wohnung verbarrikadiert und droht, sowohl seine Tochter als auch sich selbst umzubringen, falls die Polizei versucht, die Wohnung zu stürmen. Sie wissen, daß Ihr Mandant Schußwaffen besitzt. Er hatte außerdem mehrfach dunkel angedeutet, daß er eine abweisende Entscheidung des Gerichts niemals akzeptieren werde. Ihr Mandant hat nun ausdrück-

lich nach Ihnen verlangt. Noch bevor Sie sich über das Funktelefon der Polizei mit ihm in Verbindung setzen können, hat Sie der Polizeipräsident gebeten, die Polizei zu unterstützen und das Kind möglichst unversehrt aus den Händen Ihres Mandanten zu befreien.

Wie werden Sie sich verhalten?

Bewußt haben wir bei den vorstehenden Fällen keine Lebenssituationen ausgesucht, die Ihnen nur als Juristen widerfahren können. Denn: Verhandeln ist Verhandeln. Es macht grundsätzlich keinen Unterschied, ob Sie mit einem ausländischen Staatsoberhaupt einen Vertrag über Truppenentflechtung aushandeln, für einen Mandanten einen Lizenzvertrag schließen oder mit dem Kellner darüber verhandeln, ob Sie einen anderen Nachtisch bekommen können.

Übrigens:

Haben Sie bemerkt, daß unsere Frage am Ende des „Falles" lautet: „Wie werden Sie sich verhalten?" und nicht: „Wie ist die Rechtslage?" oder: „Welche Ansprüche hat X?"

2. Die verschiedenen Möglichkeiten des Verhandelns

Wie kann man Verhandlungsstile in Kategorien einteilen? Was unterscheidet den einen Verhandlungsstil vom anderen?

Diese Fragen haben uns so lange Kopfzerbrechen bereitet, bis wir dazu übergegangen sind, nicht zu untersuchen, welche **Techniken der einzelne Verhandler anwendet, sondern danach zu fragen, was seine Ziele** sind. Auf das Verhalten des Verhandlers kann es nicht ankommen, das wurde uns immer klarer. Entscheidend ist vielmehr das, was ein Verhandler „im Schilde" führt, was er wirklich will.

Wir haben daher als Unterscheidungskriterium für die Verhandlungsstile die Gewinnmöglichkeiten, die ein Verhandler sich und anderen Parteien einräumt, bestimmt. Unsere Fragen zur Unterscheidung der unterschiedlichen Verhandlungsstile lauten daher:

Wieviel **will** ein Verhandler in der Verhandlung selbst gewinnen?
Wieviel **darf** die andere Partei gewinnen?

Stellen wir uns diese Fragen einmal als Koordinatenkreuz vor. Die eine Koordinate zeigt den eigenen Gewinn an, die andere den Gewinn der anderen Partei.

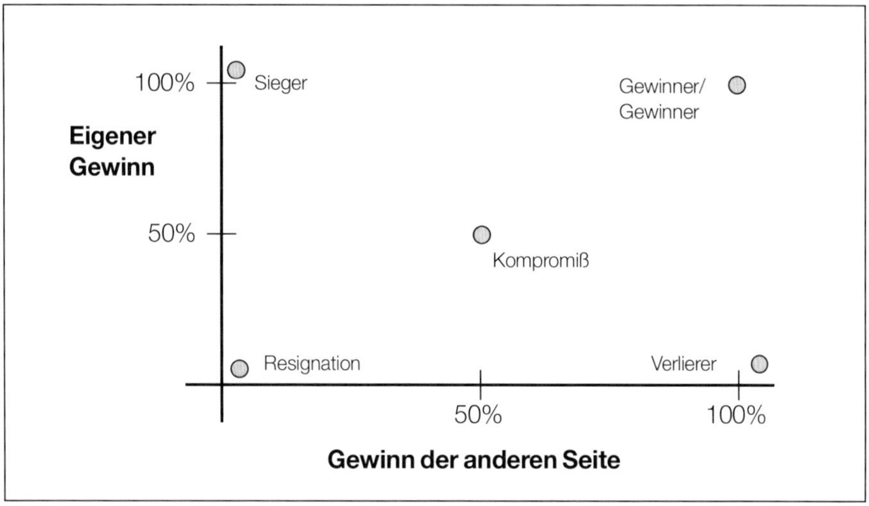

In diesem Koordinatenkreuz sind natürlich zahlreiche Positionen möglich (wo würden Sie sich beispielsweise als Verhandler einordnen?), und diese Positionen können nicht nur von Person zu Person variieren, sondern auch bei ein und der selben Person je nach Tagesform, Laune und Situation.

Um die Darstellung zu vereinfachen, haben wir über das Koordinatenkreuz vier Quadranten gelegt und werden diese Verhandlungsstile als die vier Grundpositionen des Verhandelns beschreiben. Daneben gibt es noch zwei sehr wichtige Positionen, die wir beziehen können, wenn wir **nicht** verhandeln wollen.

2.1 Kompetitives Verhandeln (Sieg/Verlust)

Der Verhandler denkt:

„Ich ziehe den größten Profit aus der Verhandlung, wenn der andere verliert".

Diese Denkweise bezeichnen wir als **Sieger/Verlierer-Strategie** oder **kompetitives Verhandeln.** Diese Einstellung geht davon aus, daß ich nur soviel gewinnen kann, wie der andere verliert. Die Regeln sind klar und eindeutig: Das Spiel dient dazu, festzustellen, wer den Platz als Sieger oder als Verlierer verläßt.

Dies ist die Strategie, die heute als gängige Denk- und Handlungsweise bei Konflikten anerkannt ist. Kompetitives Verhandeln bringt es in der Regel mit sich, daß Interessenkonflikte oft im Wege des „Basarverhandelns“ (oder wie es Raiffa treffend nennt: negotiation dance) ausgetragen werden oder – eine besonders unangenehme Folge – eskalieren. Denn wer kompetitiv verhandelt, fragt im Regelfall nicht nach eigenen oder fremden Interessen, sondern bezieht Position. **Positionen bewirken aber Eskalation.** Das kann man erfahren in den Auseinandersetzungen des täglichen Lebens (wie oft endet die Auseinandersetzung um das Recht an der Parklücke in einer Schlägerei), wie auch in publikumswirksamen öffentlichen Auseinandersetzungen.

Ein solcher Streit entwickelte sich 1995 um die geplante Versenkung einer Bohrinsel in der Nordsee, als sich der Ölkonzern Shell auf die Position zurückzog: „Ich **will** meine Bohrinsel versenken“, was die Naturschutzorganisation Greenpeace dazu veranlaßte, genauso positionell zu sagen. „Du **wirst** die Bohrinsel **nicht** versenken!“ Diese Auseinandersetzung endete in einer beispiellosen Eskalation, an dessen Ende Sieger (Greenpeace) und Besiegte (der Ölkonzern und die britische Regierung) zurückblieben.

Ähnliche Situationen finden sich auch in der Politik, deren „Fortsetzung mit anderen Mitteln“ nach einem geflügelten Wort ja der Krieg sein soll. Hier sei beispielsweise nur erinnert an die sinnlose Eskalation des Konfliktes um die Falkland-Inseln zwischen Großbritannien und Argentinien.

Auf dieser Denkweise fußt auch die „juristische Methode“, bei der Konflikte „entschieden“ und über „Recht“ und „Unrecht“ geurteilt wird: Der Sieger hat „Recht“, der Verlierer „Unrecht“.

Das kompetitive Verhandeln ist der Stil des Verhandlers, bei dem der eine nur das gewinnen kann, was der andere verliert.

Kompetitives Verhalten geht von einer Mangelsituation aus, denn die Welt ist im Kopf vieler Menschen ein Ort des Mangels. Ein Ort, an dem nicht genug da ist: nicht genug an Geld, nicht genug an Arbeit und nicht genug an Ruhm für alle. In Wirklichkeit handelt es sich jedoch meist nur um **einen Mangel an Ideen.**

Durch die Jahrtausende hat sich der Mensch in seiner Vorstellung in Mangelsituationen befunden, die er im Regelfall durch Kampf entschied. Er hat Jahrtausende dadurch überlebt, daß er Feinde erkannt, sie unschädlich gemacht und so den Kampf um die Beute für sich entschieden hat. Irgend etwas im Menschen scheint ihm immer noch zu sagen, daß nur das Ausschalten des „Feindes“ das eigene Überleben sichert.

Im modernen Staat hat der Staat die Aufgabe übernommen, die inneren und äußeren „Feinde“ unschädlich zu machen und für das physische Überleben seiner Bürger zu sorgen. Dennoch scheint der Wunsch nach Feindidentifikation fortzubestehen. Wo es keine natürlichen Feinde gibt, schafft man sich welche, indem man Zugehörigkeiten bildet. Je nachdem, welcher Volksgruppe, Hautfarbe, Sprache, Religion oder Fußballverein man angehört, ist man Freund oder Feind.

Dieses Verhalten hat der Mensch in seinem „Reptiliengehirn“ oder Stammhirn, dem ältesten Teil des Gehirns, gespeichert. Es soll das Überleben des Menschen in extremen Situationen sichern. Das Problem ist nur, daß in den meisten Fällen, in denen heute dieses Verhalten angewendet wird, eine solche extreme Situation nicht gegeben ist.

Wer bei sozialen Konflikten lediglich danach fragt, ob eine Anspruchsgrundlage gegeben ist, für den gibt es in dieser Welt nur Sieger (diejenigen, die eine Anspruchsgrundlage haben) und Verlierer (diejenigen, die keine Anspruchsgrundlage haben).

Die sozial am meisten geachtete Form kompetitiven Verhaltens ist der Sport. Hier trachtet jeder danach, Sieger zu sein. Der Sport ist ein klassisches Beispiel des sogenannten **Nullsummenspiels.** Bei diesem Spiel ist es immer so, daß der eine genau das verliert, was der andere gewinnt. Eine Fußballmannschaft, die 3:0 gewinnt, steht einer Mannschaft gegenüber, die 0:3 verliert. Aber Sport ist keine Verhandlungssituation, denn Meisterschaften werden im Regelfall auf dem Sportplatz gewonnen und nicht am grünen Tisch verhandelt.

Wie sieht es nun auf dem „Sportplatz des Anwaltes“, im Gerichtssaal, aus?

In Prozessen herrschen echte Mangelsituationen, hier gibt es im Falle der **Entscheidung** durch das Gericht im Regelfall nur Sieger oder Verlierer. Etwas anderes gilt, wenn es dem Gericht gelingt, die Parteien zu kooperativem Verhandeln und zum Abschluß eines angemessenen **Vergleichs** zu bewegen. Muß der Prozeß geführt werden – und es gibt auch nach unserer Auffassung notwendige Prozesse –, dann ist es sicherlich erforderlich, die eigenen Möglichkeiten kompetitiven Verhaltens auszuschöpfen.

Kompetitives Verhandeln ist jedoch nicht immer falsch. So kann es beispielsweise angebracht sein, wenn es wirklich nur ums Geld geht und/ oder es zwischen den Verhandelnden nicht darauf ankommt, gute Beziehungen herzustellen, zu pflegen oder auf dem laufenden zu halten. Also immer dann, wenn man ziemlich sicher sein kann, miteinander zukünftig nichts mehr zu tun zu haben. Aber wer weiß das schon so genau. Meist sieht man sich im Leben doch häufiger, als man denkt.

Ich erinnere mich noch sehr gut an einen Vorfall aus meiner Militärzeit. Im Rahmen der Offiziersausbildung hatte ich einen Ausbilder, der mich mit besonderer Intensität „schliff" und mir bei dieser Gelegenheit recht drastisch vor Augen führte, daß er Abiturienten nicht leiden konnte. Wie der Zufall es wollte, wurde der Unteroffizier in meinen damaligen Standort abkommandiert, nachdem ich zum Leutnant befördert war. Als ich ihn auf mich zukommen sah, fiel ich wie aus allen Wolken. Wie es die Dienstvorschrift besagt, grüßte er mich als Ranghöheren im Vorbeigehen zuerst, dabei fiel mir auf, daß er unvorschriftsmäßig den kleinen Finger vom Ringfinger abspreizte. Das war meine Chance. Ich ließ den Unteroffizier drei Meter zurücktreten, mich nochmals passieren und ordnungsgemäß grüßen. Ich gebe zu, daß diese Rache natürlich sehr kleinlich war, aber mir war danach wesentlich wohler.

Vielleicht sollten wir uns doch nicht so sicher sein, wenn wir besonders kompetitiv vorgehen, daß wir den anderen nicht mehr sehen werden.

In unserem Koordinatenkreuz positionieren wir die Sieg/Verlust-Position so:

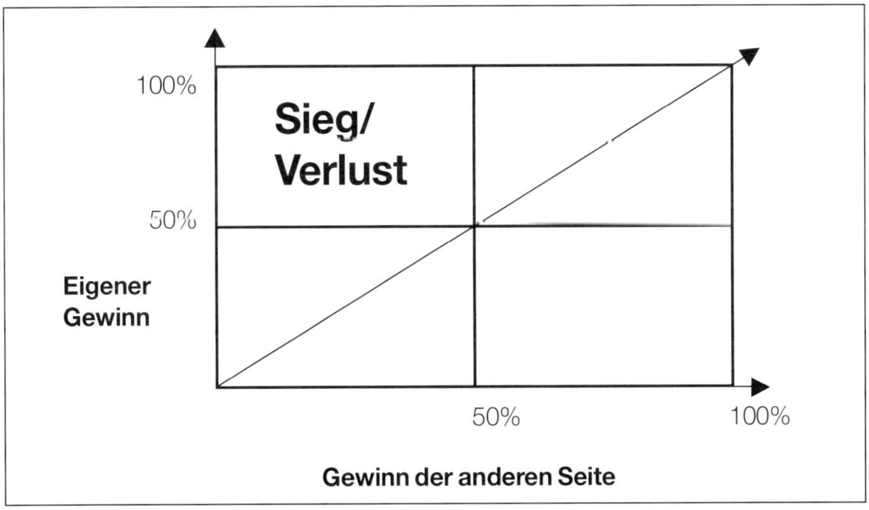

2.2 Weiches Verhandeln (Verlust/Sieg)

Diese Strategie gehorcht dem Satz:

„Ich verliere, Du gewinnst!"

Weicher Verhandler

Dies ist die Strategie der „Softies", die Strategie derer, die immer nachgeben. Wir nennen diese Denkweise **Verlierer/Sieger-Strategie** oder **weiches Verhandeln.**

Auch für den „weichen" Verhandler ist das Leben eine Mangelsituation, allerdings mit umgekehrten Vorzeichen. Der Grundüberzeugung des weichen Verhandelns lautet:

„Es ist nicht genug für uns beide da, deshalb verzichte ich."

Um freundlich zu sein, aus dem Gefühl der Schwäche oder um Wohlwollen zu erregen oder zu erkaufen, überläßt der weiche Verhandler der anderen Seite mehr, als ihr eigentlich zusteht.

Auch in diesem System sind nur Verlierer und Sieger anzutreffen. Der weiche Verhandler ist allerdings – bezogen auf den kompetitiven Verhandler – auf der anderen Seite zu Hause, er gehört zu den Verlierern.

Auf den Malediven im Indischen Ozean, wo ich diese Gedanken formuliert habe, ist es inzwischen streng verboten, Fische, insbesondere Haie, zu füttern. Denn man hat herausgefunden, daß Haie durch das Füttern nicht etwa zahmer und freundlicher, sondern aggressiv werden und bei Fütterungen mehrfach Menschen erheblich verletzt haben.

Menschen, die weich verhandeln, sind ein gefundenes Fressen für Verhandlungshaie. Weiches Verhandeln bei kompetitiven Verhandlern erzeugt keinen Dank, sondern steigert die Freßlust. Haie kann man durch Füttern nicht zufrieden stellen, kompetitive Verhandler nicht durch Nachgeben. Weiches Verhandeln ist im Regelfall nicht effektiv.

Auch Chamberlain hat es nicht geholfen, daß er gegenüber Hitler nachgiebig war.

Weiche Verhandler lassen es zudem oft nicht beim „Verloren haben" bewenden. Das schlechte Gefühl, das sie empfinden, wenn sie beim Verhandeln „zweiter Sieger" geworden sind, schlägt oft in Rachsucht oder in den Wunsch um, es dem anderen einmal „richtig zu zeigen". Rachsucht und Revanche sind aber Gefühle, die unglaubliche Energien freisetzen können:

Erfahrene Fußballtrainer wissen das, wenn sie Spieler auf die Ersatzbank verdonnern. Sie wissen, daß solche Spieler, wenn sie dann wieder spielen dürfen, sehr viel Kraft freisetzen, um dem Trainer zu zeigen, daß er Unrecht hatte.

Auch die großen Rächergestalten der Weltliteratur sind in ihre Rolle durch Demütigung hineingewachsen: Michael Kohlhaas, der Graf von Monte Christo, Franz Moor, um nur einige zu nennen. Das Thema von Rache und Vergeltung ist bei allen Spielen, bei denen die eine Seite verliert, ein wichtiges Thema. Wir werden noch einmal darauf zu sprechen kommen.

Es liegt also im eigenen Interesse des Verhandlers, bei seinem Verhandlungspartner nicht das Gefühl zu erzeugen, daß er als Verlierer aus dieser Verhandlung hervorgeht. Die Energien, die er damit weckt, können sich durchaus bei nächster Gelegenheit gegen ihn richten. Denn auch Menschen, die ansonsten angeblich unter Gedächtnisschwund leiden, können die Erinnerungen an Demütigung und Unrecht vortrefflich speichern, um bei passender Gelegenheit Revanche zu üben.

Der kompetitive Verhandler muß nämlich für seine (kurzfristigen) Erfolge oft teuer bezahlen. Kennen Sie wirklich erfolgreiche Menschen, die ihr Leben lang andere Menschen über den Tisch gezogen haben? Wir haben keine gefunden.

In unserem Koordinatenkreuz positionieren wir den weichen Verhandler so:

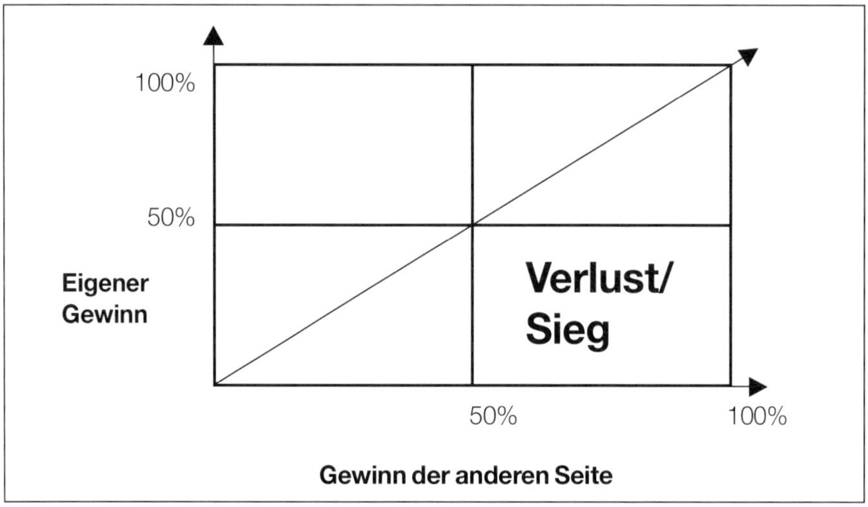

2.3 Kamikaze-Verhandeln (Verlust/Verlust)

Dieser Verhandler denkt:

„Ich verliere, und mein Ziel ist es, auch Dich zum Verlierer zu machen."

Dies ist die Gedankenwelt von Terroristen und Kamikaze-Fliegern.

Diese Strategie nennen wir **Verlierer/Verlierer-Strategie** oder **Kamikaze-Verhandeln.**

Es ist die extreme Weiterführung des Rachegedankens. Der Verhandler selbst sieht sich als jemand, der bereits verloren hat. Er glaubt nicht, daß es für ihn auch nur die Chance eines Gewinnes geben kann. Deshalb hat er auch nur noch eines im Sinn:

Die Gegenpartei ebenfalls zum Verlierer zu machen, um letztlich durch den Verlust der Gegenseite einen Vorteil zu haben. Man kann geteilter Meinung sein, ob dies wirklich ein Verhandlungsstil oder nur eine gefährliche Attitüde ist. Jedenfalls trifft man gelegentlich auf Menschen mit solcher Geisteshaltung und sollte auf der Hut vor ihnen sein. Da sie schon alles verloren haben (oder es zumindest glauben), haben sie nichts mehr zu verlieren.

Beispiele dafür sind etwa der jüdische Siedler, der 1993 in Hebron das Massaker in der mit Palästinensern vollbesetzten Moschee anrichtete, die Frau, die den indischen Ministerpräsidenten Rajiv Gandhi mit einer um ihren Bauch gebundenen Bombe tötete, oder die palästinensischen Selbstmordkommandos, die sich mit ihrem Opfern selbst in die Luft sprengten.

Eine ähnliche Einstellung hatten die japanischen Kamikazeflieger, die sich im Zweiten Weltkrieg – „Banzai!" rufend – mit dem Zeichen der aufgehenden Sonne auf der Stirn in ihren Mitsubishi Zeros auf die amerikanischen Zerstörer und Flugzeugträger gestürzt haben.

Diese Menschen rechneten sich keinen irdischen Sieg mehr für sich selbst aus. Sie waren unzweifelhaft dem Tod geweiht, glaubten aber, mit dieser Heldentat ihrem Land einen Dienst erweisen zu können. Vielleicht sichern sie sich damit in ihrem Glaubenssystem auch das ewige Leben, wie es den Assassinen versprochen wurde, den berühmten Mörder-Selbstmördern des Mittelalters, die sogar als Namensgeber (l'assassin, franz.: der Attentäter) in die Geschichte eingegangen sind.

Sicher ist eines: Dieser „Verhandlungstypus" rechnet mit seiner persönlichen Niederlage und hat nur das eine im Sinn: Er will auch die Vernichtung seines Gegners und sieht darin seinen „Gewinn". Er ist deswegen so besonders gefährlich, weil er keine Angst mehr hat, irgend etwas zu verlieren. Er hat alles aufgegeben.

Kamikaze-Verhandler

Überlegen Sie sich einmal unter diesem Aspekt, was passiert, wenn Sie einem besonders ehrgeizigen Mitarbeiter eröffnet haben, daß er nicht Partner in Ihrer Kanzlei werden wird. Sie möchten sich, da Sie vor allem an zukünftigen Partnern interessiert sind, von ihm trennen und haben ihm deshalb zum Ende des Jahres gekündigt. Bis dahin vergeht aber noch ein halbes Jahr. Es kann sein, daß der Mitarbeiter sich mit dieser Tatsache abfindet und sich nach einer anderen Kanzlei umsieht. Es kann aber auch sein, daß er sich nun als Verlierer fühlt und sich rächen möchte: Er will nur eines: Sie ebenfalls zum Verlierer machen, und übersieht im nächsten Vertrag ein besonders wichtiges Detail . . .

Viele Prozesse vor Arbeitsgerichten scheinen nach dieser Struktur zu funktionieren:

Huber wurde berechtigterweise fristlos gekündigt. An eine Wiederbeschäftigung ist nicht zu denken. Das Vertrauensverhältnis ist nachhaltig gestört. Huber hat seine Arbeitsstelle endgültig verloren, und er denkt auch nicht im Schlaf daran, mit seinen alten Kollegen weiter zusammenzuarbeiten. Er will aber, daß sein ehemaliger Arbeitgeber auch „Blut lassen“ soll. Deshalb erhebt er Klage gegen die Kündigung vor dem Arbeitsgericht, um den Arbeitgeber unter Druck zu setzen. In Vergleichsverhandlungen präsentiert er stets Maximalforderungen.

Ein anderes Verlierer/Verlierer-Umfeld sind die „Linoleum-Etagen“ der Konzerne, in der die abgesägten Aufsteiger sitzen, die in ihrem Unternehmen keine Chance mehr haben, bis in die „Teppich-Etage" vorzudringen, und deshalb beim Verhandeln mit einem Geschäftspartner nicht nur versuchen, den Verlust der anderen Partei herbeizuführen, sondern den eigenen ohne Widerstand hinnehmen.

Vielleicht gibt es doch mehr Verlierer/Verlierer-Spieler, als man glaubt!

Noch etwas, was uns aufgefallen ist: Verlust/Verlust-Situationen sind meist die Folge ausgeprägter Sieg/Verlust-Strategien. Stark kompetitives Verhalten fördert ein Umfeld, in dem Kamikaze-Verhalten entstehen kann. Wenn ich jemanden durch meinen Verhandlungsstil zum „ewigen Verlierer“ stemple, kann es passieren, daß der andere irgendwann gar nicht mehr daran denkt, selbst etwas zu gewinnen, sondern nur noch daran, mich auch zum Verlierer zu machen.

Und so sieht die Position des Kamikaze-Verhandlers bildlich dargestellt aus:

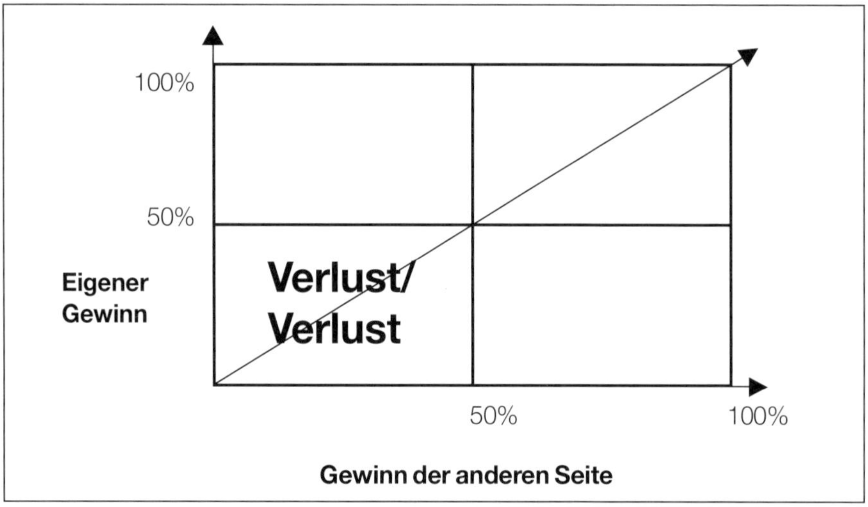

2.4 Kooperatives Verhandeln (Gewinn/Gewinn)

Diese Konfliktlösungsstrategie geht nach dem Motto vor:

„Ich gewinne dann am meisten, wenn auch Du vom Verhandlungsergebnis profitierst."

oder

„Ich gewinne, wenn auch Du gewinnst!"

Diese Strategie ist die **Gewinn/Gewinn-Strategie,** die **Strategie des kooperativen Verhandelns.** Es ist die Strategie, die auch Dr. Austin Cooper anwendet. Es ist die Strategie, die wir für die generell erfolgreichste Verhandlungsstrategie halten.

Als ich die nachstehenden Gedanken formulierte, befand ich mich gerade – wie bereits erwähnt – auf einer kleinen Insel der Malediven, umgeben von einem paradiesischen Atoll. Bei meinen täglichen Tauch- und Schnorchelgängen konnte ich das Leben im Riff ausführlich beobachten. Hier schien alles miteinander verwoben. Bei genauerem Hinsehen zeigte sich eine Fülle von Farben und Formen. Mich überkam ziemlich schnell das Gefühl: Hier kennt man sich, hier hat alles irgendwie miteinander zu tun. Nach wenigen Tagen wußte ich, wo welche

Schwärme von Fischen standen oder unter welchen großen Tischkorallen welche Fische ihre Siesta hielten.

Die gegenseitige Abhängigkeit dieser Welt wurde mir besonders bewußt, als ich die kleinen Putzerfische beobachtete, die andere, größere Fische säuberten. Bei ihrem „Job" schwimmen sie in die Kiemen und das Maul der größeren Fische, allerdings ohne von ihnen verspeist zu werden, obwohl diese „Futteraufnahme" ganz einfach wäre: Die großen Fische bräuchten nur das Maul schließen. Aber offensichtlich pflegen hier die Großen gegenüber den Kleinen kooperatives Verhalten; zu Recht, denn wenn ein Fisch die Putzerfische fressen würde, würde sich dies sicher bald „herumsprechen". Dann würden die Putzerfische möglicherweise diesen Fisch meiden, und er müßte eben sehen, wie er mit den Unreinheiten an seinem Körper zurecht käme.

Das kooperative Verhandeln geht davon aus, daß die Welt im wesentlichen **interdependent** ist. Will ein Verhandler sein Ziel erreichen, ist er auf die Mitwirkung des Verhandlungspartners angewiesen, sei es auch nur dergestalt, daß die andere Seite den geschlossenen Vertrag auch wirklich erfüllt.

Der kooperative Verhandler wird sich (nachdem er seine eigenen Ziele festgestellt hat) zunächst einmal darüber Gedanken machen, welche Ziele die andere Partei verfolgt, und wird dann **gemeinsam mit dem Verhandlungspartner untersuchen, ob sich diese Ziele durch gemeinsam erarbeitete Lösungen erreichen lassen.**

Der kooperative Verhandler konzentriert sich deshalb nicht darauf, Ansprüche zu suchen und zu begründen, sondern darauf, **Ressourcen zu erschließen, um Lösungen zu finden, die beide Seiten zufriedenstellen.** Seine Vorstellung von der Welt gleicht dem beschriebenen Korallenriff.

Die Überzeugung des kooperativen Verhandelns lautet: **„Es ist genug für alle da."**

Da das „Genug" natürlich nicht immer vordergründig zu greifen ist, erfordert diese Art des Verhandelns kreatives, konstruktives Denken und die Überzeugung, daß es auch in dem jeweiligen Verhandlungsfall „genug" gibt.

Wir scheinen dazu zu neigen, diesen Satz zunächst grundsätzlich zu bejahen, dann aber zu begründen, warum in diesem speziellem Fall nicht

Der kooperative Verhandler findet Lösungen, die beide Seiten zufriedenstellen!

„genug" da ist. Oft geht es gar nicht um die geniale Verhandlungslösung, sondern darum, trotz starrer Fronten bei Verhandlungen Nischen zu finden, in denen ein Interessenausgleich stattfinden kann. Manchmal sind es die kleinen Schritte, die den Erfolg einer Verhandlung darstellen.

Eine derartige Erfahrung habe ich in einem von mir geleiteten Verhandlungsseminar gemacht. Auch hier sahen die Teilnehmer die Fülle der Ressourcen nicht auf Anhieb:

Die Teilnehmer waren Rechtsanwälte aus Arbeitgeberverbänden, deren Tätigkeit hauptsächlich darin bestand, bei Tarifverhandlungen mitzuwirken oder Arbeitgeber bei Arbeitsstreitigkeiten zu vertreten. Als ich die Anwesenden aufforderte, nach Lösungsmöglichkeiten zu suchen, antworteten die Teilnehmer zunächst, Sätze wie „den Kuchen vergrößern" hörten sich zwar gut an, doch in ihrer Praxis könnten sie damit nichts anfangen. Die Fronten seien starr, die Gegenseite im Regelfall nur aufs Geld aus und darüber hinaus häufig ideologisch belastet. Bei Arbeitsgerichten hätte man als Arbeitgebervertreter außerdem einen schweren Stand, da Arbeitsrichter in der Regel mehr Sympathien für die Arbeitnehmer hätten.

Diese Argumente, die am Abend des ersten Seminartages vorgebracht wurden, bereiteten mir eine schlaflose Nacht: Offensichtlich lag hier eine derart kompetitive Situation vor, daß kooperative Ansätze fehl am Platz waren. Die Intention des Seminars, nämlich kooperatives Verhalten zu vermitteln, schien gescheitert und Sie können sich sicherlich vorstellen, wie mir bei dieser Erkenntnis mitten in einem laufenden Seminar zumute war.

Ich faßte meinen Mut zusammen und stellte den Teilnehmern am Morgen des nächsten Tages die Aufgabe, den Satz: „Bei uns ist alles besonders schwierig, weil . . ." zu Ende zu führen und darzulegen, warum sich kooperative Ansätze so schwer umsetzen ließen.

Als zweite Aufgabe bat ich die Teilnehmer, in Gruppenarbeit die Frage zu beantworten: „Wie können wir unter derartig schwierigen Verhältnissen kooperative Ansätze verwirklichen"?

Ich konnte gar nicht aufhören zu staunen, welche Ideen nunmehr die gleichen Teilnehmer servierten, die am Abend vorher noch behauptet hatten, daß kooperative Ansätze nicht möglich wären. Es muß daran gelegen haben, daß wir zunächst einmal miteinander akzeptiert haben, daß die Situation dieser Rechtsanwälte, was das kooperative Verhandeln angeht, besonders schwierig ist. Gleichzeitig stimmten wir darin überein, daß sie ein besonderes Maß an Kreativität bräuchten, um in diesen be-

sonders harten Kuchen Rosinen zu drücken, wenn sie den Kuchen schon nicht vergrößern könnten (dieses Bild, das von Ueli Egger stammt, kennzeichnet die Erfolge kooperativen Verhaltens in schwierigen Verhandlungssituationen besonders gut).

Da die Teilnehmer nunmehr sozusagen von der idealistischen Anforderung, große Kuchen zu backen, entlassen waren, konnten sie ihre Kreativität auf die kleinen Dinge des täglichen Berufslebens richten, und es war ganz erstaunlich, welche Ergebnisse hier zutage traten.

Letztlich erkannten die Teilnehmer dieses Seminars, daß sie zusammen mit den Vertretern der Gewerkschaften und den Richtern das gleiche „Riff" bewohnten. Es hat keinen Sinn, vor dieser Realität die Augen zu schließen. Wer im gleichen Riff lebt, tut gut daran, sich mit seinen Mitbewohnern darüber verständigen, wie man dieses Riff so nutzen kann, daß alle etwas davon haben.

Kehren wir zu unserem Koordinatenkreuz zurück: Hier erhält der kooperative Verhandler den letzten noch freien Quadranten.

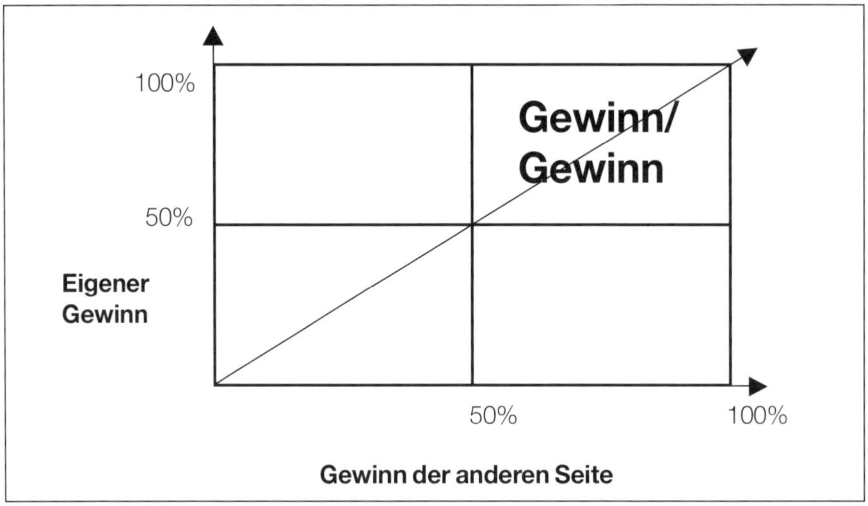

2.5 Gewinnen um jeden Preis

Es gibt auch Situationen in der Verhandlungspraxis, bei denen das Motto lautet:

„Ich muß um jeden Preis gewinnen, alles andere ist egal".

Der Zwang, gewinnen zu müssen, ist so groß, daß das Schicksal der anderen Seite unwichtig wird. Hierbei handelt es sich immer um Situationen mit existentiellen Nöten oder Gefährdungen, in denen die andere Partei den Schlüssel der Lösung in der Hand hält. Um aus dieser Situation herauszukommen, brauche ich die Mithilfe des anderen. Egal, was es auch kostet, ich muß das erreichen, was ich will. Einer solchen Konstellation begegnen wir beispielsweise, wenn es darum geht, Menschen aus Lebensgefahr zu retten, den Mietvertrag für eine Wohnung zu erhalten, die ich dringend brauche, oder den letzten freien Platz in einem Flugzeug zu bekommen.

Hier habe ich nur ein einziges Interesse:

Ich muß das bekommen, was ich dringend brauche. Das steht so im Vordergrund, daß es mir egal ist, ob der andere dabei gewinnt oder verliert.

2.6 Keine Verhandlung

Diese Position bedeutet, daß man der anderen Seite klar zu erkennen gibt, unter bestimmten Umständen nicht (mehr) verhandeln zu wollen. Sie ist die „Notbremse", wenn Verhandlungen einen ungewollten Verlauf nehmen oder nicht in der gewünschten Form zustande kommen.

Das Motto lautet etwa:

„Ich bin nur bereit, unter bestimmten Bedingungen zu verhandeln".

Solange die andere Seite daran interessiert ist, mit mir ein bestimmtes Verhandlungsergebnis zu erzielen, ist dieses Verhalten, richtig angewandt, sehr machtvoll.

Stellen Sie sich einmal die oben auf Seite 48 f. beschriebene Szene vor, in der die Verhandlungspartner übernächtigt in kalten Räumen mit Folienorgien gepeinigt wurden. Stellen Sie sich weiter vor, Sie hätten in dieser Situation den Mut aufgebracht, etwa folgendes zu sagen:

„Tut mir leid, aber Ihre Heizung scheint einen Defekt zu haben. Außerdem sind wir müde. Unter solchen Bedingungen würden Sie sicher auch ungerne verhandeln, nicht wahr? Wie wäre es, wenn wir die Verhandlung auf morgen vertagen? Dann hätten Sie insbesondere auch die Möglichkeit, Ihre Heizung zu reparieren".

Läßt dann die „böse" Partei nicht nach und sagt beispielsweise:

„Ach, kommen Sie, wir sind doch gleich fertig, es dauert doch nur noch eine halbe Stunde", dann gibt es nur eins: Stehen Sie auf und gehen Sie. Wir sind sicher, daß Sie anderntags einen Verhandlungspartner vorfinden werden, der Respekt vor Ihnen hat (und eine funktionierende Heizung).

Auch als kooperativer Verhandler dürfen Sie nicht versäumen, in den richtigen Situationen die Pistole auf den Tisch zu legen (mehr darüber in Teil 3 unter 4.2, S. 112).

Diese Position hilft einem auch selbst, Druck abzuschütteln, und bewahrt die andere Seite vor unlauteren Manipulationen.

Wenn Sie eine Verhandlung mit den Worten beginnen:

„Lassen Sie uns einmal sehen, ob es uns gelingt, Ergebnisse zu erzielen, mit denen wir beide zufrieden sind. Ansonsten können wir uns immer noch die Hände reichen und ein Bier zusammen trinken," so signalisiert das deutlich, daß Sie nicht um jeden Preis verhandeln wollen. Dadurch setzen Sie gleichzeitig der anderen Seite Grenzen und halten sie möglicherweise davon ab, auf Sie Druck auszuüben oder Sie zu manipulieren.

So viel zu den verschiedenen Verhandlungspositionen.

Welche Art ist aber nun die erfolgreichste?

3. Welcher Verhandlungsstil ist der erfolgreichste?

3.1 Wie mißt man Erfolg?

Voraussetzung für die Beurteilung von Methoden und Stilen der Verhandlung ist die Definition des Erfolgs bei Verhandlungen.

Waren zum Beispiel die Versailler Friedensverträge nach dem Ersten Weltkrieg ein Erfolg für die Alliierten?

Bedenkt man, daß das Deutsche Kaiserreich maßgeblich Verantwortung für den Beginn des Krieges trug und unzweifelhaft den Krieg auch verloren hatte, so mag es durchaus gerechtfertigt erscheinen, daß es sich als Verlierer des Krieges unter das Joch zu beugen hatte. Aber war das ein Erfolg für die Sieger?

Namhafte Historiker und Zeitgenossen sahen einen Grund für das Erstarken der Nationalsozialisten in der Tatsache, daß viele Deutsche die Last der Versailler Verträge abschütteln wollten.

Wir wissen natürlich, daß das ein „heißes" Thema ist, das auch politisch gerne mißbraucht wird. Uns geht es hier aber nicht um Recht oder Unrecht, sondern allein darum, zu zeigen, welche Gefahren von „Verträgen" ausgehen, die auf dem Prinzip „Sieg/Verlust" basieren.

So bemerkte der britische Premierminister **Lloyd George** *in seinem Memorandum vom 25. 3. 1919 zur Behandlung Deutschlands auf der Versailler Friedenskonferenz:*
„Unsere Bedingungen dürfen hart, sogar grausam und selbst erbarmungslos sein, um Genugtuung zu erlangen, aber gleichzeitig können sie so gerecht sein, daß das Land, dem sie auferlegt werden, in seinem Herzen fühlen wird, daß es kein Recht zur Klage hat. Aber Ungerechtigkeit und Anmaßung, ausgespielt in der Stunde des Triumphes, werden nie vergessen und vergeben werden".

Der amerikanische Außenminister **Robert Lansing** *sagte am 8. 5. 1919:*
„Haß und Erbitterung, wenn nicht Verzweiflung, müssen die Folgen derartiger Bestimmungen sein. Es mag Jahre dauern, bis diese unterdrückten Völker im Stande sind, ihr Joch abzuschütteln, aber so gewiß wie die Nacht auf den Tag folgt, wird die Zeit kommen, da sie den Versuch wagen . . ."

Der französische Historiker **Jacques Bainville** *schrieb im Jahre 1939/1940:*
„Man kann sagen, daß der Friedensvertrag von Versailles den ewigen Krieg organisiert".

Der spätere 1. Bundespräsident der Bundesrepublik Deutschland, **Theodor Heuss,** *schrieb 1932:*
„Die Geburtsstätte der nationalsozialistischen Bewegung ist nicht München, sondern Versailles".

Offensichtlich hatten die Siegermächte nach dem Zweiten Weltkrieg daraus gelernt. Obwohl es sich bei dem Verursacher des Zweiten Weltkrieges wiederum um den deutschen Staat, repräsentiert durch das Naziregime, handelte und durch dieses Regime grauenvollste Verbrechen begangen worden waren, wurde Deutschland nicht auf Dauer zum Verlierer gestempelt, sondern man ermöglichte es ihm, sich zu einem gleichwertigen Partner zu entwickeln. Die Ergebnisse dieser Politik der Sieger sind bekannt.

Wenn wir den Erfolg einer Verhandlung beurteilen wollen, so ist die wichtigste Frage, welche **Zeitspanne** wir dafür zugrunde legen.

Dazu ein Beispiel aus dem Wirtschaftsleben:

Der Jahresabschluß eines Unternehmens läßt keine verbindliche Aussage darüber zu, ob es erfolgreich geführt wird oder nicht. Wir alle wissen, wie einfach es ist, kurzfristig gewünschte Bilanzergebnisse herbeizuführen, stille Reserven aufzulösen etc., kurzum: Bilanzen zu schönen. Ob ein Unternehmen wirtschaftlich arbeitet, zeigt sich nur über einen langen Zeitraum.

Nur durch langfristige Betrachtung können kurzfristige „Erfolge", die erhebliche Begleitschäden herbeiführen, als Mißerfolge entlarvt werden:

Wie würden Sie den wirtschaftlichen Erfolg eines Unternehmens beurteilen, das preisgünstig produziert, dabei aber in erheblichem Maße gegen Umweltvorschriften verstößt? Würde dieses Unternehmen ordnungsgemäß bilanzieren, so müßte es zu Lasten seines Gewinnes erhebliche Rückstellungen für zukünftige Entsorgungs- oder Entschädigungsmaßnahmen bilden, die auf kurz oder lang vermutlich die entstandenen Gewinne übersteigen würden. Manchmal entsteht Profit dadurch, daß die Produktionsmittel, die Produktionsumgebung oder die Mitarbeiter ausgebeutet werden. Die Folgen zeigen sich stets, aber nur eben nicht sofort.

Zusammenfassend können wir sagen:

Ob eine Verhandlungsmethode erfolgreich ist, zeigt sich, wenn ich ihre Ergebnisse über einen längeren Zeitraum betrachte.

3.2. Fünf Konfliktsituationen – fünf Verhandlungsstile

Lassen Sie uns mit dieser Erkenntnis, daß ein Verhandlungsergebnis nur dann ein wirklicher Erfolg ist, wenn es **langfristig** wirkt, zu den Ausgangsbeispielen zurückkehren:

1. Fall: Sekretärin

Dr. Attila von Streidt würde den Fall wohl wie folgt beurteilen:

„Einen Anspruch auf Gehaltserhöhung hat sie sicher nicht. Außerdem habe ich gegenwärtig kein Geld. Zudem war die gute Frau in letzter Zeit ziemlich unkonzentriert. Alles was ich ihr anbieten kann – dann bin ich aber sehr, sehr großzügig, – ist eine Gehaltserhöhung in einem halben Jahr.

Besser wäre es wohl, sie zu entlassen und eine jüngere Ersatzkraft einzustellen!"

Soweit die Sicht des kompetitiven Verhandlers Dr. von Streidt.

Wie mag sich die Verhandlung aber entwickeln, wenn man sie aus der Sicht des kooperativen Verhandlers betrachtet? Wie würde Dr. Austin Cooper den Fall angehen?

Er würde wohl zunächst einmal fragen: Warum möchte die Sekretärin mehr Geld haben? Geht es wirklich nur um Geld, oder steht dahinter ein konkretes Bedürfnis für einen bestimmten Zweck?

Nehmen wir einmal an, Sie würden hier wie Dr. Cooper vorgehen und bei dieser Gelegenheit erfahren, daß Ihre Sekretärin ihr fünfjähriges Kind (das sie allein erzieht) in einem Privatkindergarten unterbringen will, der erheblich teurer ist als der öffentliche Kindergarten, aber auch die Möglichkeit zu flexibleren Abholzeiten bietet. Wenn dem so wäre, dann müßten Sie feststellen, daß Ihre Sekretärin ein vitales Interesse daran hat, mehr Geld zu bekommen. Aber es geht eben primär nicht ums Geld, sondern um die Unterbringung des Kindes.

Dies ist nun der Punkt, wo die Kreativität des kooperativen Verhandlers gefragt ist. Diese Kreativität könnte dadurch gefördert werden, daß Sie sich einmal überlegen, was Ihnen Ihre Sekretärin schon alles an guten Diensten geleistet hat. Wie fehlerfrei sie seit Jahren die Korrespondenz erledigt und wie sie, anders als ihre Kolleginnen, einfache Korrespondenz auch selbständig bearbeiten kann. Wenn Sie sich weiter überlegen, was die Einarbeitungszeit einer neuen Hilfskraft kostet, und daß dann auch noch nicht sicher ist, daß diese neue Bürokraft tatsächlich auch die Korrespondenz beherrscht, wird Ihre Bereitschaft, kreativ nach Möglichkeiten der längerfristigen Kooperation zu suchen, sicherlich gefördert.

Sie könnten etwa mit Ihrer Sekretärin übereinkommen, daß die Gehaltserhöhung erst in einem halben Jahr wirksam wird, sie bis dahin aber die Möglichkeit hat, in einem Maß Überstunden zu machen, daß sie das notwendige Geld bekommt. Die flexiblere Handhabung der Abholzeiten in dem Privatkindergarten würde Ihrer Sekretärin nämlich die Möglichkeit verschaffen, diese Überstunden zu leisten. Überstunden, die Sie sich eigentlich immer schon von ihr gewünscht hatten.

Oder: Gäbe es z. B. die Möglichkeit, daß Ihre Frau das Kind der Sekretärin zusammen mit Ihrer eigenen Tochter aus dem Kindergarten abholt und es dann in die Kanzlei bringt, jedenfalls solange, bis die Gehaltserhöhung wirksam wird?

Oder: Können Sie Ihrer Sekretärin ein Darlehen gewähren, das langfristig mit einem Teil des Weihnachts- und Urlaubsgeldes verrechnet wird?

Oder, oder, oder.

Wie Sie sehen, ist bei diesem Fall sicherlich der **kooperative** Ansatz der erfolgversprechendste, da es hier um die Wahrung und den Ausbau von langfristigen Interessen auf beiden Seiten geht. Mit der Sekretärin leben Sie wahrhaft im gleichen Riff. Mit der Methode des Dr. von Streidt dagegen werden Sie häufig Stellensuchanzeigen schalten müssen.

2. Fall: Serum

Wie aber sieht es aus, wenn Sie mit diesem merkwürdigen weißen Mann in Palistena über den Verkauf des Serums verhandeln? Ihnen geht es doch hier ganz sicher um den Erwerb des Serums und dem Mann mit dem Serum nur um das Geld. Er spielt mit ihnen ein **Sieger/Verlierer-Spiel.** Sie können noch so viel Geld bieten, wie Sie wollen, er wird immer mehr verlangen können, da Sie auf das Serum dringendst angewiesen sind. Ihnen geht es andererseits, koste es was es wolle, darum, das Serum zu bekommen. Für Sie spielt insoweit der Preis nur eine untergeordnete Rolle. Sie wollen um jeden Preis gewinnen, gewinnen dadurch, daß Sie das Leben des Kindes retten. Ob die andere Partei dabei gewinnt oder verliert, ist Ihnen egal. Ihre Devise heißt: **Gewinnen um jeden Preis!**

Also: Geben Sie ihm, was er will, und retten Sie das Leben Ihres Kindes!

3. Fall: Basar

Auch in dem marokkanischen Basar werde ich vermutlich nur die Vase haben wollen, und zwar für möglichst wenig Geld, sicherlich nicht um jeden Preis. Es ist auch nicht sehr wahrscheinlich, daß ich mit diesem marokkanischen Händler eine langfristige Freundschaft aufbauen will, zumal er auch umgekehrt ziemlich sicher das Basar-Ritual durchspielt, bei dem es sich um **das typische Sieg/Verlust-Ritual** handelt**.** Auch Sie werden Ihrerseits vermutlich möglichst bald auf ein **Sieg/Verlust**-Spiel einschwenken.

Also dann: Lassen Sie sich den Tee einschenken, verlassen Sie mehrfach den Laden und kaufen Sie schließlich die Vase zu einem Ihnen angemessen scheinenden Preis. Tun Sie dies, selbst wenn der Händler versichert, daß nunmehr nicht nur er, sondern seine ganze Familie dem Hungertod ausgeliefert sei. Mit dem Händler leben Sie nicht im Riff, und das mit dem Hungertod ist natürlich glatt gelogen.

Wenn Sie sich auf Basar-Situationen einlassen, wo es nicht um das Aufbauen oder Aufrechterhalten von langfristigen Beziehungen geht, ist die passende Methode **kompetitives Verhandeln.**

Aber seien Sie sich gewiß, daß auch Ihr Gegenüber kompetitiv verhandelt und daß, so sehr Sie sich auch bemühen werden, in der Regel ein Einheimischer der listenreichere Kämpfer ist als Sie:

Einmal war ich ganz stolz darauf, in einem Basar in Ahmedabad eine kleine Gebetsglocke zu 20% des ursprünglichen Preises gekauft zu haben, bis ich dann erlebte, wie ein einheimischer Freund eine identische Glocke beim selben Händler zu 10% meines Preises kaufte.

Oder:

Eine Bekannte erzählte mir von einem wunderbaren Teppich, den sie in einem Basar in Jodhpur gekauft hatte und dann in ihrem Hotelzimmer verwahrte. Am nächsten Tag ging sie wieder einkaufen; währenddessen drang der Händler mit Hilfe des Hoteliers in ihr Zimmer ein und tauschte den Teppich gegen ein weniger kostbares Exemplar aus. Nur mit Hilfe der Polizei und des Umstands, daß sie den Teppich fotografiert hatte, kam sie wieder zu ihrem Original.

Ein letztes Beispiel: Ein Freund kaufte einige kostbare Möbel in Varanasi und ließ sie sich nach Hause schicken. Selbstverständlich kamen billige Imitate bei ihm in Hamburg an. Er hat mittlerweile schon den dritten Anwalt mit der Sache betraut.

Fazit: Wer gerne Sieger/Verlierer spielt, muß sich nicht wundern, wenn die Gegenpartei mit ihm das gleiche Spiel spielt.

4. Fall: Entführung

Schwieriger ist es da schon mit Ihrem Mandanten, der seine Tochter entführt hat. Denn schließlich war diese Person Ihr Mandant und wird es möglicherweise auch wieder sein wollen, wenn die Kindesentführung gerichtlich „verhandelt" wird. Sollen Sie nun bereit sein, Ihren Mandanten dazu zu veranlassen, unter Ausnutzung des Ihnen entgegengebrachten Vertrauens die Tür einen Spalt weit zu öffnen, um mit ihm besser sprechen zu können (wohl wissend, daß die hinter Ihnen verdeckt stehenden Polizisten diese Chance sofort wahrnehmen werden, um die Wohnung zu stürmen und Ihren Mandanten zu verhaften oder gar durch einen gezielten Schuß unschädlich zu machen). Aber ist dieser Vertrauensbruch nicht gering gegenüber der Gefahr, die dem Leben des Mädchens droht? Wie Sie sich letztlich entscheiden, ist und bleibt Ihre persönliche Sache – und wir beneiden Sie um diese Entscheidung nicht.

Seien Sie sich aber bewußt, daß es sich hier auf seiten des Mandanten um **ein Verlierer/Verlierer-Spiel** oder auch Kamikaze-Verhandeln handelt. In die Falle gelockte Entführer haben oft innerlich aufgegeben und sehen keine Möglichkeit mehr für sich, als Sieger aus dem Spiel zu kommen. Sie wollen deshalb oft nur noch eins: Daß auch Sie das Spiel als Verlierer verlassen! Solche Menschen brauchen Skatpartner im Jenseits.

Wenn Sie das Mädchen wirklich retten wollen, ist Ihr richtiger Verhandlungsstil**: Gewinnen um jeden Preis,** das heißt, es darf Sie nicht stören, wenn am Schluß Ihr Mandant unschädlich gemacht wird – möglicherweise, nachdem er aufgrund Ihrer Finte die Tür geöffnet hat.

5. Fall: Unfall

Da ist es natürlich bei der Unfallregulierung viel einfacher. Denn hier geht es nur ums Geld, und davon soll gegenüber der Versicherung so viel wie möglich herausgeschlagen werden. Daß hier längerfristige Interessen im Spiel sind, scheint unwahrscheinlich. Wenigstens auf den ersten Blick. Kompetitives Verhandeln dürfte hier die richtige Methode sein. **Sieg/Verlust-Verhandeln** scheint angesagt.

Wie ist es aber nun, wenn Sie als Rechtsanwalt häufig in Schadensregulierungen tätig und darauf angewiesen sind, daß der Versicherungsregulierer mit Ihnen auch in anderen Fällen vernünftige Vereinbarungen schließt? Denn zukünftig müssen ja die Dinge nicht immer so eindeutig zugunsten der von Ihnen vertretenen Mandanten liegen wie hier. Sollten Sie möglicherweise hier gezwungen sein, auf das Riff-Leben mit dem Versicherungsregulierer Rücksicht zu nehmen? Daraus könnten sich dann ganz besondere Interessenkollisionen zwischen den kompetitiven Wünschen Ihres Mandanten und Ihren eigenen kooperativen Interessen ergeben!

Was auf den ersten Blick als einfache **Sieger/Verlierer**-Situation ausschaut, entpuppt sich beim zweiten Hinsehen möglicherweise als **Gewinner/Gewinner**-Spiel!

Als erstes Ergebnis können wir also bei der Auswertung unserer Fälle feststellen, daß es nicht ***den*** richtigen Verhandlungsstil gibt, der in allen Situationen erfolgreich ist.

Erfolgreich ist somit derjenige Verhandlungsstil, der der jeweiligen Situation **angepaßt** ist und **langfristig** die eigene Situation (bzw. die des Mandanten) verbessert.

4. Kooperatives versus kompetitives Verhandeln

4.1 Alles oder Nichts oder Alles für Alle?

Da wir davon ausgehen, daß die meisten Situationen, in denen wir verhandeln, Riff-Situationen sind, befürworten wir – das hat der geneigte Leser sicher unschwer erkannt – den kooperativen Verhandlungsstil. Doch dieser Stil ist, wie wir schon dargelegt haben, nicht immer und unter allen Umständen der einzig richtige, vor allem dann nicht, wenn unser Verhandlungspartner beharrlich eine andere Art des Verhandelns beibehält.

Auch der kooperative Verhandler muß die Zähne zeigen (oder wie wir sagen: die Pistole auf den Tisch legen) können. Dazu mehr im nächsten Kapitel.

Der Stil, mit dem der kooperative Verhandler am meisten konfrontiert wird, ist das kompetitive Verhandeln.

Das kompetitive Verhandeln geht, wie wir schon erläutert haben, immer von einer Mangelsituation aus. Dieser Verhandlungsstil basiert auf dem Nullsummenspiel: Was ich gewinne, mußt Du verlieren.

Aber es gibt Situationen, in denen es lediglich darum geht, ein bestimmtes Gut zu erhalten – meist geht es hierbei um Geld. Ist dies wirklich der Fall, so sollten wir uns auch darauf konzentrieren, soviel wie möglich von dem gewünschten Gut zu bekommen. Denn wenn es **wirklich nur um Geld** geht, sollten wir auch versuchen, **so viel Geld wie möglich** zu bekommen.

Doch in vielen Verhandlungssituationen, in denen kompetitives Verhandeln dominiert, geht es nicht um eine Mangelsituation. Es gibt mehr Riff-Situationen, als wir glauben. Der geübte Verhandler wird sein Augenmerk darauf richten, herauszufinden, was hinter den Positionen des kompetitiven Verhandlers steckt, und auf diese Weise ermitteln, was die eigentlichen Ziele der anderen Seite sind. Vielleicht gelingt es ihm auf diese Art und Weise, seinen Verhandlungspartner auf den Weg der Kooperation zu bringen.

Wir bestreiten nicht, daß es Fälle gibt, in denen es notwendig ist, aus allen Rohren zu feuern und „verbrannte Erde“ zu hinterlassen. Aber diese Fälle sind seltener, als wir gemeinhin glauben. Und hier beginnt die Schwierigkeit mit den kompetitiven Typen vom Schlage des Dr. von Streidt:

Diese sehen im Regelfall die Situation so, daß es nur eine Lösung gibt und diese Lösung heißt:

Ich gewinne, Du verlierst.

In die juristische Denkweise übersetzt heißt das:

Ich habe einen Anspruch, und Du hast keinen.

Diese „Lösung“ sieht, wie wir alle wissen, so aus, daß der spätere Sieger seinen Anspruch erfolgreich begründet und die gesamte Kriegsbeute nach Hause trägt, während der Verlierer, also derjenige, der seinen Anspruch nicht begründen konnte, alles verliert. Notwendigerweise sind für die Herren von Streidt alle Interessenkonflikte Nullsummenspiele.

Wir werden jedoch überwiegend mit Lebenssachverhalten konfrontiert, bei denen es nicht **nur** um Geld oder andere materielle Güter geht. Im Regelfall geht es um **Beziehungen** zwischen Menschen. Gute Beziehungen führen letztlich zu dauerhafteren materiellen Erfolgen als die Sieger/Verlierer-Methode. Das übersehen die kompetitiven Verhandler meistens.

Der Irrtum der „Dres. von Streidt“ liegt darin, daß sie **glauben, das Leben sei vor allem ein juristisches Problem.** Es ist aber, das lehrt die Erfahrung, im wesentlichen ein **Beziehungsproblem.** Ungelöste Beziehungsprobleme ziehen allerdings in der Regel juristische Probleme nach. Wenn wir also Beziehungsprobleme in den Griff bekommen, dann werden juristische Probleme Mangelware. Das ist auch der Grund, warum Dr. Cooper vermeidet, ohne Not gleich mit Feuer und Schwert über die andere Partei herzufallen. Denn er weiß nie, ob er auf der brandgeschädigten Erde nicht bald wieder Ackerbau betreiben muß.

Es gibt viel mehr Riffe auf dieser Welt als wir glauben. Man muß sie nur sehen können. Man muß sie nur sehen wollen:

„Nicht können ist der Vorwand. Nicht wollen der Grund“ (Seneca).

Es ist allerdings nicht immer so leicht, einem harten Verhandler klarzumachen, daß er mit uns in einem Riff lebt, denn kompetitives Verhalten hat die Eigenart, daß es sich im Regelfall selbst verstärkt.

Aus seiner Sicht ist der kompetitive Verhandler im Regelfall erfolgreich, da er es versteht, mangelnde Erfolge seines Verhandelns einfach auszublenden oder gar nicht erst wahrzunehmen.

Diese „Selbstverstärkung durch Ausblendung" funktioniert so, wie es der englische Philosoph Francis Bacon (1561 – 1618) in seinem Werk „Novum Organon" sehr anschaulich dargestellt hat:

> *„Der menschliche Verstand zwingt sich, sobald ein beliebiger Satz einmal feststeht, alles andere, neue Gründe und Bestärkungen zu diesem Satz zu liefern. Selbst wenn ausreichende und zwingende Gegengründe bestehen, übersieht oder mißachtet er sie oder entledigt sich ihrer lieber durch irgendeine Einschränkung mit Hilfe gewaltsamer und verletzender Voreingenommenheit, als daß er die Geltung seiner ersten Schlüsse opfern würde.*
> *Der Mann, dem in einem Tempel die aufgehängten Votivtafeln von Leuten gezeigt wurden, die den Gefahren des Schiffbruchs entgangen waren, und auf den man eindrang, ob er nun bereit sei, die Macht der Götter anzuerkennen, antwortete richtig:*
> *„Aber wo sind die Tafeln derer, die trotz ihrer Gelübde umgekommen sind?"*

Übrigens: Auch Francis Bacon hat sich seine Sporen als Rechtsanwalt verdient!

Trifft der kompetitive Verhandler auf einen kooperativen Verhandler, so wird sich dieser mit der Zeit gegen das kompetitive Verhalten zur Wehr setzen müssen, wenn er nicht selber untergehen will. Der kompetitive Verhandler, der nun auf diesen kooperativen Verhandler stößt und merkt, daß dieser sich mit kompetitiven Mitteln zur Wehr setzt, wird sich bestätigt fühlen, daß eben alles in der Welt Kampf sei und daß man nur im Kampf gewinnen könne.

Erst recht verstärkt sich im kompetitiven Verhandler dieser Eindruck, wenn er seinerseits auf einen „Kollegen", nämlich einen kompetitiven Verhandler, stößt.

Etwas anderes könnte allerdings dann passieren, wenn es ein kooperativer Verhandler versteht, dem kompetitiven Verhandler klar zu machen, wohin es führt, wenn man sich um den großen Büffel balgt, während hinter dem Rücken der beiden Streithähne eine ganze Büffelherde vorbeizieht. In solchen Glücksstunden mag es gelingen, den harten Verhandler vom Kampf um den einzelnen Büffel abzubringen und sich mit ihm gemeinsam auf die Beute zu stürzen, die **alle** nährt: Die Büffelherde!

4.2 Die Abwehr kompetitiven Verhaltens: Legen Sie die Pistole auf den Tisch!

Erfahrene kooperative Verhandler sind es gewohnt, kompetitiven Verhandlern zu zeigen, daß sie keinesfalls bereit sind, ein Verlierer/Sieger-Spiel zu spielen. Sie haben die Fähigkeit, **„die Pistole auf den Tisch zu legen“,** sich also, wie wir es nennen, **bedingt kooperativ** zu verhalten und so dem anderen zu verstehen geben, daß Sie auch „anders“ können.

Was meinen wir, wenn wir sagen: „Legen Sie die Pistole auf den Tisch!“?

Stellen Sie sich vor, es sitzt Ihnen jemand gegenüber, der mit Ihnen über etwas verhandeln will und Ihnen dabei ständig mit der Pistole vor der Nase herum fuchtelt. Unter diesen Bedingungen hat es keinen Sinn, mit dem anderen zu verhandeln. Das Beste ist es, bei dieser Gelegenheit ruhig in den eigenen Halfter zu greifen, die eigene Pistole herauszuholen und sie demonstrativ auf den Tisch zu legen, um dem anderen zu zeigen, daß man auch schießen kann, wenn es notwendig ist. Meist führt das dazu, daß sich die andere Partei besinnt und ihrerseits beginnt, kooperativ zu verhandeln.

Dieses Verhalten beruht auf der Beobachtung, daß wir meistens nur Menschen ernst nehmen, vor denen wir Respekt haben. Respekt haben wir wiederum nur vor Menschen, die wir als gleich, gleichrangig oder höhergestellt anerkennen: Da es in unserer Welt aber leider noch zu viele kompetitive Aktionisten gibt, die nur die Sprache der Waffe verstehen, ist es wichtig, daß Sie diese notfalls unmißverständlich auf den Tisch legen, um zu zeigen: „Ich kann auch anders!“ oder: „Ich kann auch so wie Du!“

In einer Auseinandersetzung, in der ein von mir vertretener ehemaliger leitender Angestellter eines großen Unternehmens verklagt wurde, bat ich den Personalleiter des Unternehmens darum, in die Personalakten des ehemaligen Angestellten Einblick nehmen zu dürfen, da sich hieraus möglicherweise wichtige Anhaltspunkte für die Rechtfertigung seines Verhaltens ergeben konnten.

Der Personalleiter lehnte diese Bitte schroff ab und sagte, man sei in keiner Weise bereit, meinem Mandanten in irgendeiner Weise entgegenzukommen.

Daraufhin beantragte ich unverzüglich den Erlaß einer einstweiligen Verfügung. Erstaunlicherweise erließ das Gericht die beantragte Verfügung, obwohl der Antrag aus rechtlichen Gründen auch hätte abgewiesen werden können. Ich ließ daraufhin, nicht ohne Sinn für Dramatik, per Fax den Vorstandsvorsitzenden des Unternehmens wissen, daß ihm am nächsten Tag um 8:30 Uhr eine einstweilige Verfügung zugestellt würde, die mir Einsicht in die Personalakten gestatte. Punkt 8.30 Uhr betrat dann der Gerichtsvollzieher das Gebäude des Unternehmens und überreichte dem Vorstand die angekündigte Verfügung. Offensichtlich war dies seit langem der erste Gerichtsvollzieher, der sich dem Vorstand des Unternehmens präsentiert hat. Dieser Auftritt blieb ganz offensichtlich nicht ohne Wirkung. Zwar legte die Gegenseite gegen die einstweilige Verfügung Widerspruch ein, doch ich hatte den Eindruck, daß der Auftritt des Gerichtsvollziehers der anderen Seite gezeigt hatte, daß wir in dieser Sache durch kompetitives Verhalten nicht weiter kommen würden. Es bereitete kein Problem, im Rahmen der Gerichtsverhandlung dann eine einvernehmliche Regelung über die Akteneinsicht zu treffen. Daraufhin zog ich meinerseits meinen Antrag zurück, und die Einsicht erfolgte dann aufgrund einer einvernehmlichen Regelung. Nichts anderes hatte ich gewollt.

Vielleicht wird es Sie noch interessieren, wie das Hauptsacheverfahren ausgegangen ist:

Wir handelten sehr schnell einen fairen Vergleich zwischen beiden Seiten aus, von Anwalt zu Anwalt und ohne Mitwirkung des Gerichtes. Das Gericht hatte nur noch die Aufgabe, den Vergleich zu protokollieren. Ich habe große Zweifel, ob es dazu gekommen wäre, wenn ich am Anfang dem barschen Verhalten der Gegenseite nachgegeben hätte.

Als kooperativer Verhandler darf man keinesfalls Druck nachgeben oder auf kompetitives Verhalten weich reagieren. Denn Haie, die gefüttert werden, werden nur noch gefräßiger!

4.3 Streit oder Kooperation – wer bestimmt den Stil der anwaltlichen Verhandlung?

Gefahren für den richtigen Verhandlungsstil erwachsen auch aus unterschiedlichen Interessen von Anwalt und Mandant.

Nicht gerade selten kommt es vor, daß sich der Mandant ein anderes Vorgehen wünscht als der Anwalt. Gelingt es dem Anwalt nicht rechtzeitig, diesen Interessenkonflikt zu entdecken und klarzulegen, so kann es während oder nach der Verhandlung zu unliebsamen Auseinandersetzungen zwischen Anwalt und Mandant kommen.

Ich erinnere mich noch sehr gut an einen Fall, der mich selbst dazu brachte, intensiv über das Verhältnis zwischen Anwalt und Mandant nachzudenken und die Frage für mich zu klären, wann der Punkt denn gekommen sei, daß ich ein Mandat ablehnen oder niederlegen sollte, weil ein Mandant partout anders will als ich.

Eine Mandantin hatte ein Unternehmen in Form einer Gesellschaft bürgerlichen Rechts mit einem anderen Gesellschafter gegründet, dessen Aktivitäten nicht sonderlich gut verlaufen waren. Eine Analyse der wirtschaftlichen Chancen und der Charaktere der Beteiligten ergab, daß die einzig vernünftige Lösung die Trennung dieser beiden Gesellschafter war. Insoweit stimmte ich mit meiner Mandantin überein. Das Prekäre war, daß die Geschäfte der Gesellschaft im wesentlichen von dem anderen Gesellschafter geführt worden waren, meine Mandantin aber für die Schulden der Gesellschaft bei der Bank eine Bürgschaft übernommen hatte. Im Rahmen der Abwicklung der Gesellschaft drohte eine Inanspruchnahme meiner Mandantin aus dieser Bankbürgschaft. Der andere Gesellschafter hatte durchblicken lassen, daß mit einer Realisierung von Regreßforderungen aus der Inanspruchnahme meiner Mandantin bei ihm praktisch kaum zu rechnen sei.

In langen Verhandlungen mit der Bank erreichte ich das hervorragende Ergebnis, daß meine Mandantin aus dem gesamten Engagement gegen Zahlung einer geringfügigen Summe an die Bank freikommen sollte. Stolz verkündete ich meiner Mandantin dieses Ergebnis und fiel aus allen Wolken, als sie daraufhin außerordentlich zornig reagierte.

Diese Reaktion war für mich völlig unverständlich: Ich hatte erreicht, daß sie aus der Gesellschaft mit dem ungeliebten Partner ausscheiden konnte und ihr wirtschaftliches Risiko auf ein Minimum reduziert wurde!

Ich hatte natürlich erwartet, daß sie mich zu diesem Ergebnis beglückwünscht. Und nun sah ich, daß sie sich außerordentlich gereizt verhielt. Ich habe lange an diesem Vorfall gekaut, bis mir eines klar wurde: Die Mandantin wollte gar keine „günstige" Regelung, sie wollte Krieg mit dem Mitgesellschafter. Das finanzielle Ergebnis war zweitrangig. Sie wollte, daß ich ihren ungeliebten Partner „fertigmache", um sie für die erlittene Schmach während der vorangegangenen Gesellschafterzeiten zu rächen. Ich aber hatte das Ziel verfolgt, ein besonders günstiges materielles Ergebnis zu erzielen.

Hier zeigt sich ein klassisches Verhandlungsdilemma des Anwalts, nämlich, daß Anwalt und Mandant unterschiedliche Ziele verfolgen: Der Anwalt will eine Lösung erreichen, die das Leben auf dem Riff weiter ermöglicht, während der Mandant am liebsten das Riff in die Luft sprengen möchte.

Um dieses Dilemma zu vermeiden, ist die wichtigste Frage, die sich ein Anwalt **vor** der Verhandlung stellen muß:

Was will der Mandant wirklich?

Wie wir bereits dargestellt haben, werden Anwälte von Mandanten oft als Söldner gesehen, die man für sich in die Schlacht schicken kann. In dieser Schlacht sollen sie dann – stellvertretend für den Mandanten – Kriege führen und möglichst siegreich heimkehren.

Die Frage: **Legionär oder Unterhändler?** muß zwischen Anwalt und Mandant **vor** der Verhandlung mit der anderen Partei geklärt werden, **keinesfalls während** oder – besonders uneffektiv – **nach** der Verhandlung.

Will der Anwalt erfolgreich verhandeln, so sollte er zunächst einmal die Verhandlungssituation analysieren und sich dann folgende Fragen stellen:

1. Wenn es sich um eine **Sieger/Verlierer-Situation** handelt und der Mandant nach einem entschiedenen Kompetitor ruft:

   „Bin ich bereit, für meinen Mandanten in den Krieg zu ziehen? Ist sich mein Mandant bewußt, daß der Krieg vor der Türe steht? Will er wirklich verbrannte Erde hinter sich zurücklassen?"

2. Wenn es sich um eine **Gewinner/Gewinner-Situation** handelt, bei der alle Seiten durch kooperatives Verhalten langfristigen Gewinn erzielen können:

   „Bin ich bereit, für meinen Mandanten als Unterhändler tätig zu sein? Will mein Mandant wirklich kooperieren und einen Unterhändler anheuern?"

Die Entscheidung ist leicht,

- im **1. Fall,** wenn Sie gerne in den Krieg ziehen und Ihr Mandant dies möchte. Ist dies so, graben Sie unverzüglich das Kriegsbeil aus!

- im **2. Fall,** wenn Sie ein Dr. Cooper-Typ sind und feststellen, daß ihr Mandant mit kooperativem Verhandeln einverstanden ist: Wunderbar!

Was aber, wenn Sie im ersten Fall kein Legionär sein wollen oder im zweiten Fall der Mandant von Ihnen verlangt, daß Sie der anderen Seite mal so richtig eins „überbraten“? Zunächst wird es für das Verhältnis zwischen Ihnen und Ihrem Mandanten das Wichtigste sein, diesen Dissens offen anzusprechen. Vielleicht können Sie Ihren Mandanten überzeugen, es einmal anders zu versuchen.

Bleibt er aber hart, dann müssen Sie sich fragen:

Ist es unbedingt erforderlich, daß ich dieses Mandat übernehme? Dafür könnten beispielsweise ernsthafte materielle Erwägungen oder die Wichtigkeit des Mandates sprechen. Ist dies aber nicht der Fall, dann verweisen Sie den Mandanten entweder an den „Spezialisten“ in Ihrer Kanzlei oder an die „Kanzlei gegenüber“. Dort schleift Dr. Seltsam, der Anwalt mit dem Zucken im Gesicht, bereits die Machete.

Teil 4

Die Vorbereitungsphase: Die Verhandlung mit dem Mandanten

1. Verhandeln Sie die Vorgehensweise: Sagen Sie, wie Sie zum Ziel kommen wollen!

Es ist warm in Bad Friedlingen an diesem Sonntagnachmittag im Mai. August Sacksberger sitzt im Besprechungszimmer von Dr. Austin Cooper und schwitzt.
Sacksberger ist ein rundlicher Mann von etwa 45 Jahren. Er ist sicherlich 110 kg schwer, hat sich dabei aber die Behendigkeit eines Eishockeyspielers bewahrt. Er wirkt sehr zupackend, erdverbunden und bäuerlich, obwohl er Ingenieur-Agronom ETH ist. Auf die akademische Herkunft deutet einzig die MIT-Mütze hin, die er seit seinen postgraduate studies am Massachusetts Institute of Technology in Cambridge gerne trägt. Sacksberger beschäftigt sich seit Jahren mit dem Züchten von neuen Pflanzensorten und hat damit unterschiedlichen Erfolg.

„Dr. Cooper, ich brauche Ihre Hilfe. Dieser Mehltau, das geht einfach nicht mehr. Da muß etwas geschehen!"

Dr. Cooper nickt und schreibt „Sacksberger vs Mehltau" auf ein neues, noch unbeschriebenes Blatt. Schwungvoll unterstreicht er den Titel und schaut dann von seinem Schreibtisch auf.

„Herr Sacksberger, ich weiß noch nicht, ob ich ihnen helfen kann. Ich weiß nicht, ob wir ein Mandatsverhältnis eingehen werden. Bevor wir das entscheiden, sollten wir vorab einige Fragen klären."

„Gerne, Herr Dr. Cooper. Welche Fragen sollten wir klären?"

„Zuerst interessiert mich natürlich der Sachverhalt. Wer ist Mehltau? In welcher Geschäftsverbindung stehen Sie zu ihm? Was ist bis jetzt geschehen? Was werfen Sie ihm vor? Was wirft er Ihnen vor? Fragen eben, die ein Jurist genau beantwortet haben möchte, bevor er loslegen kann. Darüber hinaus möchte ich aber mehr wissen. Insbesondere interessieren mich Ihre wirklichen Ziele. Ich werde ihnen, um das herauszufinden, einige eigenartige Fragen stellen. Sie sollten auch wissen, daß ich ein Freund der Methode des kooperativen Verhandelns bin, daß ich das juristische Säbelrasseln vor Gericht nach Möglichkeit vermeiden will. Viel lieber erspare ich mir solche Kämpfe, bei denen am Schluß eh beide Parteien als Verlierer dastehen. Ich suche primär Lösungen, d. h. Lösungen, bei denen beide Parteien durch eine friedliche Auseinandersetzung mehr gewinnen als durch das Streiten. Ist das auch in Ihrem Sinne?"

„Durchaus, durchaus, Herr Doktor. Aber dem Mehltau sollten wir echt einen reinbremsen!"

„Sicher, Herr Sacksberger. Wenn es durchaus sein muß und es Ihren langfristigen Zielen dient, bin ich sehr wohl bereit, mit Mehltau respektive dessen Anwalt die Klingen zu kreuzen. Vorher möchte ich aber alle Mittel einer friedlichen Konfliktregelung ausschöpfen. Ich bin einfach der Meinung, daß kooperatives Verhandeln erfolgreicher ist als Streiten. Wie stehen Sie dazu, Herr Sacksberger?"

„Ja, wenn Sie es so formulieren, bin ich durchaus mit ihnen einverstanden."

„Okay. Sie werden mich also in den Sachverhalt einführen, ich werde nachfragen, Sie werden ergänzen, und dabei stellen wir dann fest, ob die Chemie zwischen uns stimmt. Wenn wir glauben, daß wir zusammenpassen und wir uns über die Vorgehensweise einig sind, bin ich gerne bereit, Ihr Anwalt zu sein. Ich werde Sie dann bitten, meine Vollmacht zu unterschreiben. Meine Dienste kosten natürlich Geld. Mein Salär richtet sich nach dem lokalen Anwaltstarif. Kommen wir nicht überein oder können wir uns aneinander nicht erwärmen, dann habe ich sicherlich zwei interessante und lehrreiche Stunden mit ihnen verbracht und vielleicht kann ich Ihnen dann auch noch einen Kollegen empfehlen, der Ihnen weiterhelfen kann. Meine Dienste würden dann außer einem Bier nichts kosten. Sind Sie mit dieser Vorgehensweise einverstanden?"

„Aber sicher, Herr Doktor. Natürlich zahle ich Ihnen noch lieber ein Bier, wenn Sie mein Anwalt sind."

„Schön, darauf komme ich vielleicht zurück. Aber erzählen Sie mir doch nun bitte, was genau der Mehltau ausgefressen hat!"

Stop. Unterbrechen wir hier zum erstenmal.

Was genau hat Cooper hier gemacht? Ganz einfach: Er hat Sacksberger die Spielregeln der ersten Runde erklärt. Er hat ihm gesagt, daß er, bevor er sich entscheidet, ob er den Fall annehmen kann, wissen muß, was er ***genau*** will. Dazu sollte er den Sachverhalt kennen. Das ist normal. Ungewöhnlich ist nun aber, daß er seinem zukünftigen Mandanten von Anfang an erklärt, daß er nicht streiten möchte, sondern eine kooperative Lösung sucht. Wir halten diese Deklaration der eigenen Absichten für sehr wichtig, denn sie erspart uns Ärger und dem Klienten Frust aus unerfüllten Hoffnungen.

Soviel als Einleitung. Und nun zur Sache selbst.

2. Bauen Sie Vertrauen auf: Schaffen Sie eine gute Beziehung zum Mandanten!

2.1 Zuhören und zusammenfassen

„Vor einigen Jahren," beginnt August Sacksberger seine Schilderung, „habe ich mich mit Johann-Jakob Mehltau zusammengetan und die Firma „Pflanzenzucht SackMehl GmbH, Bad Friedlingen" gegründet. Mehltau ist Lebensmitteltechnologe und Müller. Er führte die „Bad Friedlinger-Mühlen AG" in der vierten Generation. Wir hatten uns vor Jahren bei der Besichtigung eines Bergwerkes in Thetford Mines, Quebec, Kanada, näher kennengelernt und uns darüber gewundert, daß zwei Friedlinger bis ins ferne Kanada reisen mußten, um sich mehr als „Guten Tag!" zu sagen."

Dr. Cooper hört aufmerksam zu und macht sich Notizen.

„Mehltau fand Interesse an meinen Zuchtversuchen und schlug mir vor, eine gemeinsame Gesellschaft zu gründen, mit deren Hilfe ich meine Experimente finanzieren und dann auch vermarkten konnte. Ich steckte damals in argen Geldnöten und nahm das Angebot an. Die „SackMehl GmbH", an der wir beide zu 50% beteiligt sind, wurde gegründet und beschäftigte sich intensiv mit dem Züchten von neuen Pflanzensorten. Mehltau „lieferte" großzügig Betriebskredite. Bald schon hatte die Firma Erfolg: Der SacStar-Weizen wurde vor allem in Argentinien zum Renner, ließ die Kassen der Firma klingeln und erlaubte es, daß großzügig Dividenden ausgeschüttet werden konnten. Kurz: Das Schiff lief auf Erfolgskurs. Das ist aber schon einige Jahre her, und in der Zwischenzeit stagniert das Geschäft."

„Wenn ich Sie richtig verstanden habe, Herr Sacksberger, haben Sie vor Jahren in **Thetford Mines, Quebec, Kanada, Herrn Johann-Jakob**

Mehltau näher kennengelernt und mit ihm die Firma SackMehl gegründet, an der Sie **beide zu 50% beteiligt** sind. Die Firma beschäftigt sich mit **dem Züchten von neuen Pflanzensorten** und konnte vor einigen Jahren mit dem Produkt **SacStar-Weizen** einen **Renner** produzieren, der Ihr **Schiff auf Erfolgskurs** brachte. Seit einiger Zeit **stagniert das Geschäft**. Stimmt das?"

„Jawohl, Herr Anwalt, genau so ist es. Daran ist aber nur dieser Mehltau, dieser Rappenspalter schuld!"

„Sie sind also der Meinung, daß die momentane Stagnation vor allem durch Mehltau verursacht wurde, **stimmt das?**"

„Aber sicher!"

„Könnten Sie mir vielleicht erklären, wie es dazu gekommen ist?"

„Das ist eine längere Geschichte, aber ich kann es auch kurz machen!"

„Nein, nein, Herr Sacksberger, erzählen Sie nur in voller Länge. Vielleicht ist es aber besser, wenn Sie mir die Geschichte nicht hier im Büro erzählen, sondern während eines kleinen **Spaziergangs im Stadtpark?"**

„Das ist eine gute Idee. Ich bin eh lieber draußen und kann Ihnen dann auch im Park einige Pflanzensorten zeigen, die wir dort mit Unterstützung des Herrn Bürgermeisters dem Publikum präsentieren!"

„Toll, dann warten wir nicht mehr länger, sondern steigen gleich in medias res. Vergessen Sie bitte ihre Mütze nicht. **Ich glaube, ich nehme meine Harvard-Kappe auch mit;** es ist ja schon recht heiß draußen. **Wie hat es Ihnen übrigens in Cambridge gefallen?"**

Lassen Sie uns hier das Gespräch für einen Moment unterbrechen und schauen wir einmal, wie Dr. Cooper nun weiter vorgegangen ist.

Wie hat er das Gespräch geführt? All die uns wichtig erscheinenden Stellen haben wir, wie Sie sicherlich gemerkt haben, **fett** gedruckt:

Zuerst einmal hat der Anwalt seinen Klienten reden lassen und hat nichts anderes getan als zugehört. Dann, als dieser die Vorgeschichte beendet hat, hat der Anwalt kurz zusammengefaßt, was der Klient bis jetzt gesagt hat: **„Wenn ich Sie richtig verstanden habe, . . ."**

Diese Zusammenfassung hat er nicht mit seinen eigenen Worten gemacht, sondern hat die Worte gebraucht, die auch Sacksberger gebraucht hat:

Die Kunst des genauen Zuhörens

„Thetford Mines, Quebec, Kanada, Züchtung von Pflanzensorten, Renner produzieren, Schiff auf Erfolgskurs, etc."

Sacksberger stellt Mehltau als den Schuldigen dar, und Cooper trägt auch das zurück: **„Sie sind also der Meinung, daß . . ."**

Der Klient möchte gerne die ganze Geschichte erzählen, und Cooper fordert ihn auf, dies zu tun: **„Nein, nein. Erzählen Sie nur in voller Länge."**

Cooper schlägt vor, im Stadtpark spazieren zu gehen, weil er ahnt, daß Sacksberger als studierter Bauer gerne draußen ist. Zudem ist er dort in seinem Revier und kann ihm einige Züchtungen zeigen.

Schlußendlich nimmt er die eigene **Harvard-Kappe** aus dem Schrank, setzt sie auf und fragt, wie es in **Cambridge** gewesen ist. Cooper weiß, daß sowohl das MIT als auch Harvard in dieser Stadt westlich von Boston angesiedelt sind.

Warum tut er dies alles? Warum wiederholt er, was eh schon klar ist? Warum benutzt er zudem die gleichen Worte wie Sacksberger? Warum fordert er Sacksberger ausdrücklich auf, alles **in voller Länge** zu erzählen, obwohl er doch gelernt haben sollte, sich auf die **juristisch relevanten Sachverhalte** zu beschränken? Warum schlägt er vor, mit ihm in den Stadtpark spazieren zu gehen, und warum setzt er sich die gleiche dämliche Kappe auf und verwickelt ihn in ein Gespräch über einen Ort, wo sie beide studiert haben?

Wäre es nicht viel sinnvoller, wenn er gleich auf den Punkt käme und ihn nach seinen Ansprüchen fragte und wie er diese zu begründen gedenke?

Verschwendet er mit dieser scheinbar albernen Gesprächsführung nicht Unmengen seiner kostbaren Zeit, die er zudem nicht einmal verrechnen kann, wenn er sich entscheidet, das Mandat nicht anzunehmen?

Mitnichten. Dr. Cooper weiß genau, was er tut. Mit diesen scheinbaren Nebensächlichkeiten **baut er nämlich Vertrauen oder Rapport auf**.

Lassen Sie uns darüber mehr erzählen:

2.2 Vertrauen durch Synchronisieren

Vielleicht sind Sie auch schon einmal mit einer anderen Person über Land gegangen. Stundenlang. Vielleicht haben sie interessante Gespräche geführt, haben sich beraten lassen und sind sich dabei immer näher gekommen. Haben sich nach einer Stunde vielleicht Dinge erzählt, die Sie nach einer halben Stunde noch nicht erzählt hätten, und nach zwei Stunden haben Sie vielleicht von ihrem Gesprächspartner Geheimnisse erfahren, die er noch niemandem außer Ihnen erzählt hat. Zwischen Ihnen ist Vertrauen entstanden. Sie wissen nicht, wie es geschehen ist, aber plötzlich war es einfach da.

Wie ist es nun entstanden, was Sie als „Vertrauen“ erlebt haben?

Ein Beobachter, der den gleichen Weg wie Sie gegangen wäre, etwa 100 Meter hinter ihnen, hätte vielleicht folgendes beobachtet:

Am Anfang gingen sie noch beide sehr asynchron. Beide machten sie Schritte und Bewegungen, die nichts miteinander zu tun hatten.

Mit der Zeit aber, vielleicht nach 10 Minuten, vielleicht nach 20 Minuten, fingen ihre Bewegungen und Schritte an, sich, wie von einer unbekannten Macht gesteuert, anzugleichen. Zuerst vielleicht nur die Schritte, dann auch die Armbewegungen und nach einiger Zeit hätte der Beobachter festgestellt, daß sie fast zu einer einzigen Bewegung geworden waren:

Beide gingen sie zur selben Zeit und beide blieben sie zur selben Zeit stehen. Beide linken Beine gingen zur selben Zeit einen Schritt weiter nach vorne und beide rechten Beine zirkelten zur selben Zeit Kreise in den Boden. Ihre beiden Körper hatten sich synchronisiert. Als Resultat ist das beidseitige Gefühl von Vertrauen entstanden.

Diese Synchronisationsprozesse sind seit langem bekannt.

Die Physik beschreibt dieses Phänomen in einem ihrer Axiome: Zwei unterschiedliche Systeme, die Raum und Zeit teilen, haben die Tendenz, sich einander anzugleichen: das ist uns allen für flüssige und gasförmige Stoffe bekannt. Nebel und Abgase vermischen sich zu Smog und Inn, Donau und Ilz fließen ab Passau als **ein** Fluß dem Schwarzen Meer zu. Was aber wenige Menschen wissen, ist, daß das Phänomen auch für festere Konsistenzen, wie beispielsweise Menschen, die bekanntlich nur zu 90% aus Wasser bestehen, gilt. Wie viele Männer sprechen nach dem Militärdienst die gleiche martialische Sprache und wie viele Ehepaare sehen sich nach 20, 30 Ehejahren ziemlich ähnlich?

Obwohl das Phänomen der gegenseitigen Angleichung bekannt war, ist es erst durch Richard Bandler und John Grinder instrumentalisiert und auf den Bereich der Kommunikation angewandt worden (vgl. dazu näher

Bandler/Grinder und Grinder/Bandler). Die beiden Autoren haben Anfang der 70er Jahre die Arbeitsweise großer Kommunikatoren wie Gregory Bateson, Fritz Perls, Milton Erickson u.a. untersucht und herausgefunden, daß diese Großmeister der Gesprächsführung alle ihre Bewegungen von Anfang an mit dem Gegenüber synchronisierten.

Sie saßen in gleicher Haltung wie ihr Gesprächspartner, schauten in die gleiche Richtung, übernahmen deren Bewegungen und sogar deren Atemfrequenz. Alle Klienten der Großmeister, die man daraufhin befragt hat, haben einstimmig bekundet, daß sie innerhalb kürzester Zeit ein großes Vertrauen zu ihrem Gegenüber empfunden hätten.

Bandler und Grinder haben dann experimentell nachgewiesen, daß bewußte Synchronisation von Bewegung, Sprache, Kleidung usw. tatsächlich in ganz kurzer Zeit Vertrauen aufbauen kann. Diese Technik ist unter dem Begriff **Rapport aufbauen** oder **Pacing** zu einem festen Bestandteil jeder modernen Kommunikationsschulung geworden. Zum besseren Verständnis verwenden wir den vor allem im Französischen und Spanischen gebräuchlichen Ausdruck **„Synchronisieren“.**

Was kann man nun synchronisieren? Schauen wir doch einmal, was Dr. Cooper alles synchronisiert hat:

Den **Inhalt des Gespräches** dadurch, daß er zusammengefaßt und wiederholt hat: „Wenn ich Sie richtig verstanden habe . . .“

Den **Wortgebrauch von Herrn Sacksberger** dadurch, daß er die persönlich gefärbten Worte zurückgetragen hat: „Renner produzieren, Schiff auf Erfolgskurs, . . .“

Die **Bedürfnisse von Herrn Sacksberger,** indem er ihn ermuntert hat, die Geschichte in voller Länge zu erzählen.

Die **Kleidung,** indem er sich ebenfalls eine Kopfbedeckung geholt hat.

Die **Zugehörigkeit,** indem er sich für eine Universitätskappe entschieden hat, die von einer anderen Universität aus dem gleichen Ort stammt wie die Kappe des Klienten.

Die **persönliche Geschichte,** indem er nachgefragt hat, wie er Cambridge erlebt habe.

Aber warum hat Dr. Cooper vorgeschlagen, daß ihm Sacksberger die ganze Geschichte **beim Spazierengehen** erzählt? Ganz einfach, weil er dabei viel besser die Schrittfolge seines Gesprächspartners abnehmen und sich damit mit ihm synchronisieren kann. Zudem schauen beim Gehen beide in die gleiche Richtung und gehen auf das gleiche Ziel zu. Dies fördert die Synchronisierung abermals, und dadurch entsteht Vertrauen.

Hören wir nun zu, wie das Gespräch weiter verläuft:

3. Trennen Sie Absicht von Verhalten: Finden Sie heraus, was Ihr Mandant wirklich will!

3.1 Die Ziele des Mandanten herausfinden

Dr. Cooper und Herr Sacksberger verlassen die Kanzlei. Im Vorbeigehen öffnet der Anwalt die Türe zum Kühlschrank und fragt:

„Nehmen Sie ein Bud oder ein Budweiser, ein Dr. Peppers, ein Rootbeer, oder mögen Sie ein Eis, Herr Sacksberger?"

„Kein Bud bitte, ich mag lieber echtes Bier. Wissen Sie, was ein Bud und ein Kanu gemeinsam haben?"

„Nein?"

„Beide sind sie verdammt nah am Wasser!"

Cooper lacht, fischt eine Flasche tschechisches Budweiser aus dem Getränkefach, greift sich selbst ein Hägen Dasz (man muß sich nicht in allen Belangen anpassen!) und begleitet Herrn Sacksberger in den nahen Stadtpark. Die wenigen hundert Meter, bis sie dort sind, knabbert er an seinem Eis und läßt sich vorschwärmen, wie toll es am MIT gewesen ist. Während August Sacksberger erzählt, hört Cooper sehr interessiert zu, nickt, pflichtet bei, fragt nach, erzählt hier und da eigene Erfahrungen aus Cambridge und macht vor allem eins:

Er nimmt die Schrittfolge von Sacksberger an, versucht seinen Körperrhythmus zu übernehmen und synchronisiert sich so mit ihm.

Als sie im Park angekommen sind, hat Sacksberger seine Bierflasche halb leer getrunken und Cooper sein Eis ganz aufgegessen.

„So, Herr Sacksberger, erzählen Sie mir nun, wie sich ihre Zusammenarbeit mit Herrn Johann-Jakob Mehltau entwickelt hat."

„Also, nach dem großen Erfolg des SacStar-Weizen kamen mir Zweifel, ob die Zukunft unserer Branche tatsächlich in der Produktion weiterer Getreidesorten liegt. Statt dessen begann ich mich für Industriepflanzen zu interessieren. Sie wissen nicht, was Industriepflanzen sind? Lassen Sie mich hier etwas ausführlicher werden:
Spätestens seit der Erdölkrise in den 70er Jahren wissen wir, wie abhängig wir vom Erdöl sind. Nicht nur Treibstoffe wie Benzin und Kerosin werden bekanntlich aus dem schwarzen Gold gewonnen, nein, aus Öl macht man auch Kunststoffe, Plastik, ja sogar Lippenstift. Diese Abhängigkeit hat natürlich viele erfinderische Geister auf den Plan gelockt. Eine Gruppe von Wissenschaftlern kam dabei auf die Idee, daß man das fossile Öl auch durch pflanzliche Öle ersetzen könne. Die Idee ist übrigens gar nicht so neu. Im Ersten Weltkrieg wurden viele Motoren mit Rizinusöl geschmiert. In den letzten Jahren ist die Erzeugung von nachwachsenden Rohstoffen, zusätzlich angeheizt durch die Umweltdiskussion, zu einem zunehmend auch finanziell interessanten Betätigungsfeld geworden. Es ist heute möglich, aus Mais, Kartoffeln, Zuckerrüben oder Zichorie Rohstoffe für Arzneimittel, Pflanzenschutzmittel, Waschmittel oder Kosmetika zu erzeugen. Als besonders interessant hat sich dabei der Raps erwiesen, aus dem man Biodiesel erzeugen kann. Die Pioniere auf diesem Gebiet sind natürlich die Amerikaner, und ich habe mich über meine MIT-Kontakte mit einer amerikanischen Forschergruppe in Verbindung gesetzt, habe sie besucht, mich mit ihnen angefreundet und viel von ihnen gelernt. Dann habe ich mit eigenen Zuchtversuchen begonnen."

„Was hat Ihr Partner Mehltau dazu gesagt?"

„Ich erzählte ihm von Anfang an von den Möglichkeiten, die das Züchten von Non-Food-Pflanzen bietet, aber er war nicht zu begeistern. Als Müller interessiert er sich nur für Pflanzen, die sich mahlen lassen, und ölhaltige Pflanzen wie Raps lassen sich nun mal nicht mahlen."

„Was der Müller nicht mahlt, das mag er nicht! – oder wie heißt dieses Sprichwort?"

Herr Sacksberger lacht und führt dann fort:

„In der Folge stemmte er sich gegen alle neuen Versuche mit dem Industrieraps. Ich ließ mich aber nicht kleinkriegen und machte meine Versuche privat weiter. Ich bezahlte die Forschungen und auch die Studienreisen aus meiner eigenen Tasche.

Daneben betrieb ich natürlich all die Zuchtversuche mit Weizen und anderen Getreidesorten weiter. Nur wollte sich einfach kein neuer Erfolg wie der SacStar-Weizen mehr einstellen.

Ganz anders ging es mir mit meinem Industrieraps: Ich arbeitete mit den von meinen amerikanischen Kollegen gezüchteten Sorten, kreuzte sie mit europäischen Sorten, machte ausgedehnte Reisen um die Welt, auf denen ich alte Kultursorten suchte und fand, kreuzte diese erneut, und schließlich hatte ich eine Pflanze gezüchtet, die 100% mehr Öl enthielt als alle bisher auf dem Markt bekannten Sorten. Hinzu kommt, daß die Pflanze durch die Kreuzung mit einer alten, heute nicht mehr bekannten Kultursorte sehr widerstandsfähig ist. Ich nannte mein Produkt Yellow Gold und stellte es vor einem Jahr der Fachwelt vor. Yellow Gold wurde begeistert aufgenommen, und wie es ausschaut, wird meine Pflanze das Rennen bei der Auswahl der Sorte machen, mit der ein großer Erdölkonzern mit Sitz in London zukünftig seinen Bio-Diesel herstellen will. Zudem stehe ich in Verhandlungen mit der Regierung der Ukraine, die ebenfalls groß ins Geschäft mit Bio-Diesel einsteigen will.

„Toll, Herr Sacksberger, aber **wo ist denn da das Problem?**"

„Der Mehltau ist das Problem!"

„Inwiefern?"

„Als ich ihm von meinen Erfolgen erzählte, antwortete er, daß ich „meine" durch „unsere" Erfolge ersetzen sollte! Als ich ihn fragte, wie er das genau meinte, antwortete er: „Es ist doch klar, daß der Yellow Gold-Raps ein Produkt unserer SackMehl GmbH ist!" Mir hat es fast die Sprache verschlagen. Der Kerl behauptet heute, nachdem er mir sämtliche Kredite für die Entwicklung meiner Industriepflanzen gestrichen hat und ich alles selbst finanzieren mußte, daß der Yellow Gold-Raps zu 50% ihm gehöre."

„Und was haben Sie darauf geantwortet?"

„Das möchte ich an dieser Stelle nicht wiederholen, weil es mit Sicherheit nicht jugendfrei ist."

„Sinngemäß?"

„Sinngemäß habe ich ihm gesagt, daß er mich mal kreuzweise könne und daß ich jetzt zu Dr. Cooper ginge, der ihm dann schon zeigen werde, was von seiner idiotischen Meinung zu halten sei."

„Was hat er darauf geantwortet?“

„Ich solle nur machen. Dr. von Streidt würde Ihnen dann schon den Marsch blasen!“

„So, so. Dr. Attila von Streidt vertritt ihren Kompagnon. Das wird ja sehr interessant. **Darf ich noch einmal zusammenfassen, was ich bis jetzt weiß?“**

„Aber gerne, Dr. Cooper!“

„Nach Ihrem großen Erfolg mit der Zucht des SacStar-Weizens haben Sie sich der Produktion von Industriepflanzen zugewandt. Industriepflanzen werden heute immer wichtiger, weil sie eine Alternative zum begrenzten Vorrat an fossilen Brennstoffen darstellen. Ihr Partner Mehltau war gegen dieses neue Forschungsfeld und hat ihnen die Entwicklungskredite verweigert. Daraufhin haben Sie auf eigene Kosten geforscht, sind in Amerika gewesen, haben dort Wissen und Pflanzen erworben, diese mit anderen Sorten gekreuzt und schließlich die Sorte Yellow Gold gezüchtet, an der heute sowohl ein großer Erdölkonzern als auch die Regierung der Ukraine großes Interesse für die Produktion von Bio-Diesel zeigen. Mit Ihrem Partner Mehltau sind Sie über die Frage, wem die Rechte an der Pflanze gehören und wie die zu erwartenden großen Gewinne zu teilen sind, in Streit geraten. Stimmt das?“

„Haargenau, Herr Cooper, Sie sind ein guter Zuhörer!“

„Vielen Dank. **Was ist Ihr Ziel, Herr Sacksberger?“**

„Ich will nicht, daß der Mehltau sich am Gewinn des Yellow Gold-Raps, den ich alleine entwickelt habe, beteiligt und Geld für etwas kriegt, das er nicht nur nie wollte, sondern für das er mir sogar noch die Entwicklungskredite gestrichen hat.“

„Schön, jetzt haben Sie mir erzählt, was Sie **nicht** wollen. Sie wollen **nicht,** daß der Mehltau Geld aus der Vermarktung des Yellow Gold-Rapses erhält. Das ist okay. Aber ich glaube nicht, daß es das ist, was Sie wirklich wollen. **Was wollen Sie statt dessen, daß Sie dem Mehltau kein Geld geben wollen?“**

„Ich will die Kohle alleine haben!“

„Alle Kohle?“

„Nein, nur die aus dem Yellow Gold-Raps. Ganz einfach: Ich will, daß der Yellow Gold-Raps mir gehört, und ich will ihn alleine vermarkten. Punkt.“

„Jetzt gefällt mir die Formulierung schon besser. **Sie wollen also alleiniger Eigentümer der Rechte am Yellow Gold-Raps sein, ihn alleine vermarkten und sämtlichen Gewinn alleine einstecken. Ist es das, was Sie wollen?"**

„Ja und Nein. Der Mehltau kann schon was davon haben. Die Zusammenarbeit hat ja bis jetzt sehr gut geklappt, und natürlich habe ich bei der Entwicklung auch von den Einrichtungen unserer GmbH profitiert. Sein Anteil daran macht aber niemals 50% aus. Das wäre höchst unfair. Sagen wir es einmal so: Ich will den Gewinn, den ich aus der Vermarktung meines Yellow Gold-Raps ziehe, in einem **fairen** Verhältnis mit Mehltau teilen. Ein faires Verhältnis ist ein Verhältnis, das einerseits in Rechnung stellt, daß Mehltau und ich jahrelang eine gute Partnerschaft geführt haben, aber andererseits auch berücksichtigt, daß ich es allein war, der, gegen seinen Willen, das Projekt gefördert und bezahlt hat. Sind Sie damit zufrieden?"

„Ja, sehr gut formuliert. **Wenn ich zusammenfassen darf,** ist Ihr Ziel also nicht, den Mehltau los zu werden, sondern mit ihm eine **faire** Verteilung des Gewinns aus dem Vertrieb der neuen Sorte auszuhandeln, die einerseits die gute Zusammenarbeit der letzten Jahre und andererseits Ihre pionierhafte Haltung bei der Entwicklung des Produktes berücksichtigt. Ist es das, was Sie wollen, Herr Sacksberger?"

„Genau, Herr Doktor, das will ich!"

„Das hört sich doch schon anders an als ‚Den Mehltau will ich loswerden', oder?"

„Eins zu Null für Sie, Herr Doktor."

„Gut, lassen Sie uns hier nun einmal Pause machen. Da vorne sehe ich Ihr Demonstrationsglashaus. Wie wäre es mit einer kleinen Führung?"

„Sehr gerne, Dr. Cooper. Zuerst möchte ich Ihnen meinen Liebling, den Yellow Gold-Raps zeigen. Darf ich bitten?"

Soweit, so gut. Lassen Sie uns an dieser Stelle ebenfalls eine Pause machen, und betrachten wir einmal, was Dr. Cooper gemacht hat:

Zuerst hat er sich den Sachverhalt erklären lassen. Er hat erfahren, daß Sacksberger eine neue Pflanzensorte praktisch alleine und gegen den ausdrücklichen Wunsch und Willen seines Partners Mehltau entwickelt hat. Diese Sorte, der Yellow Gold-Raps, hat sich als großer Erfolg erwiesen, und es macht den Anschein, als sei damit viel Geld zu verdienen.

Sacksberger möchte nun, was irgendwie verständlich ist, den Gewinn nicht zu gleichen Teilen mit Mehltau teilen, da dieser gegen das Produkt war und es auch nicht gefördert hat.

Cooper hat alles, was er erfahren hat, wiederholt. Damit hat er sich weiter synchronisiert und des aufgebaute Vertrauen weiter vertieft.

Was würde an dieser Stelle ein junger, kämpferischer, in der juristischen Methode gedrillter Anwalt tun? Richtig. Er würde prüfen, welche Ansprüche Mehltau und Sacksberger haben, wie diese zu begründen respektive zu entkräften sind und die Frage stellen:

WER KANN WAS VON WEM AUS WELCHEM RECHTSGRUND VERLANGEN?

Sacksbergers Anwalt würde wohl als erstes die Eigentumsverhältnisse an der Pflanze überprüfen. Können neue Pflanzen wie Erfindungen patentiert werden? Wenn ja, auf wen ist der Yellow Gold-Raps einzutragen? Weiter würde er sich die Frage stellen, in welchem Anstellungsverhältnis Sacksberger für die GmbH gearbeitet hatte, er würde wissen wollen, ob er die Sorte in seiner Freizeit oder während der Arbeitszeit entwickelt habe, ob er dazu die Räume, Zuchtflächen und Geräte der GmbH benutzt habe. Schließlich würde er auch den Gesellschaftsvertrag prüfen.

Was aber tut nun Cooper? Er kümmert sich vorerst um nichts von alledem, sondern er will wissen, was die **Ziele** von Sacksberger sind. Er will nicht wissen, welche Rechte er hat, sondern er will wissen, wohin die Reise gehen soll, getreu seiner Grundüberzeugung:

„Was mich interessiert, ist nicht, wo die Dinge herkommen, sondern wohin sie gehen." (Seneca)

Damit hat er die vergangenheits-, fehler- und mikrokosmosorientierte Vorgehensweise der juristischen Methode verlassen und ist in den Bereich des kooperativen Verhandelns vorgedrungen.

3.2 Proaktive Ziele setzen

Mit dem Fragen nach den Zielen ist es aber noch nicht getan. Wonach hat Cooper genau gefragt? Er hat gefragt, was Sacksberger will, und nicht, was er nicht will. Damit hat er nach dem **proaktiven Ziel** von Sacksberger gefragt.

Was ist ein proaktives Ziel? Lassen Sie uns das genauer erklären:

Man kann auf drei verschiedene Arten handeln: Man kann aktiv handeln, man kann reaktiv handeln, und man kann proaktiv handeln.

Was meinen wir in diesem Zusammenhang mit **aktiv**?

Aktiv ist Handeln, das kein Ziel kennt. Einfach etwas tun, damit etwas getan ist.
Etwa so, wenn der Kapitän den 1. Offizier anschreit:
„Volle Kraft voraus!"
„Wohin, mein Kapitän?"
„Egal wohin! Volle Kraft voraus!"

Aktives Handeln, auch Aktionismus genannt, macht im juristischen Umfeld nicht viel Sinn. Wer kann schon einem Klienten viel Freude abgewinnen, der sich vor drei Tagen scheiden lassen wollte, vorgestern sich in seine Frau neu verliebt hat und Sie gestern beauftragt hat, die Schenkung seines gesamten Vermögens in die Wege zu leiten. Nachdem er heute einen großen Krach gehabt hat, will er seine Frau nunmehr enterben.
Was wird morgen sein? Vielleicht will er sich wieder von ihr scheiden lassen, nur um sie nun zu adoptieren?

Wichtig: **Bringen Sie Ihren Klienten dazu, daß er weiß, was er will!**

Was ist gemeint mit **reaktiv?**

Reaktiv handelt man, wenn man **von etwas weg will.** Etwa so wie Sacksberger, der Mehltau loswerden wollte. Reaktiv ist nicht die Denkart, die Lösungen bringt. Sie fördert das Problembewußtsein und nicht das Lösungsbewußtsein. Wer so denkt, konzentriert sich auf das, was er nicht will, anstatt auf das, was er will!

Ist es wirklich das Ziel von endgültig verkrachten Ehepaaren, sich vom Partner zu scheiden?

Ist es wirklich das Ziel von verfeindeten Gesellschaftern, sich zu trennen?

Ist es wirklich das Ziel des geprellten Darlehensgebers, dem Darlehensnehmer eins auszuwischen?

Die Art, zu denken und zu handeln, die dahin führt, wohin man wirklich will, ist die **proaktive Vorgehensweise**. Sie ist der Weg, der zum Ziel führt. Nicht weg von etwas, sondern **hin zu etwas.**

Wir behaupten, daß sich die verkrachten Eheleute nur als ersten Schritt scheiden lassen wollen. Ihr wirkliches Ziel ist die Neuarrangierung des privaten Lebens alleine oder mit einem anderen Partner.

Wir behaupten, daß es nicht das vorrangige Ziel der Gesellschafter ist, sich voneinander zu trennen. Was sie wirklich wollen, ist eine Neuorganisierung ihrer Firma in einer Art und Weise, die ihren Interessen besser entspricht als die momentane Regelung. Das kann mit den jetzigen Partnern sein oder mit anderen.

Wir behaupten, daß auch der geprellte Darlehensgeber seinem Schuldner nicht in erster Linie eins auswischen will. Was er möchte, ist eine Absicherung seiner finanziellen Außenstände. Er möchte sicher sein, daß er sein Geld plus Zinsen irgendwie und irgendwann wieder sieht.

Reaktives und proaktives Denken unterscheiden sich fundamental:

- Reaktives Denken wirkt kurzzeitig, proaktives Denken langzeitig.
- Reaktives Denken wirkt taktisch, proaktives Denken strategisch.
- Reaktives Denken ist kleinlich und wirkt kleinräumig, proaktives Denken großzügig und breitflächig.
- **Reaktives Denken ist problemorientiert, proaktives Denken lösungsorientiert.**

Mit seinem proaktiven Ansatz hat Cooper Sacksberger helfen können herauszufinden, was er wirklich wollte:

Es geht Sacksberger gar nicht darum, Mehltau loszuwerden (reaktiv, weg von), sondern darum, eine faire Gewinnverteilung zu erreichen (proaktiv, hin zu).

Mancher Kollege wäre schon hier gescheitert. Ein wenig daneben ist eben auch daneben!

3.3 Die Landkarte des Mandanten erfragen!

Kehren wir zurück zu Dr. Cooper, der mit seinem Klienten im Stadtpark von Bad Friedlingen unterwegs ist. Während wir uns über den Unterschied von reaktiven und proaktiven Zielen unterhalten haben, hat Dipl. Ing. Agr. ETH August Sacksberger Dr. jur. Austin Cooper seine verschiedenen Pflanzenzüchtungen gezeigt. Dr. Cooper ist beeindruckt und hat nun eine größere Ahnung davon, was der berufliche Lebensinhalt von Herrn Sacksberger ist.

„Okay, gehen wir zu unserem Fall zurück. Ihr Ziel ist es also, den voraussichtlichen Gewinn aus Ihrer Züchtung Yellow-Gold Raps auf eine **faire** Art und Weise mit Mehltau zu teilen, stimmt das?“

„Jawohl, das stimmt."

„Was heißt für Sie **fair?"**

„Fair bedeutet für mich, daß ich mich **gut fühle** und meine **pionierhaften Aufwendungen angemessen entlohnt** werden."

„Und wann fühlen Sie sich gut und glauben, daß Ihre pionierhaften Aufwendungen angemessen entlohnt sind?"

„Sagen wir mal, wenn ich 90% des Gewinnes kriege und Mehltau 10%."

„Ihr Vorschlag ist also eine Gewinnverteilung von 9 zu 1, stimmt das?

„Das stimmt."

Was hat Dr. Cooper hier genau gemacht?

Einerseits hat er alles, was er gehört hat, wiederholt. Der Fachjargon nennt dies **Backtracking**. Damit hat er die Synchronisierung, die er bis dahin aufgebaut hat, weiter gefestigt.

Andererseits hat er sehr präzise nachgefragt. Er wollte wissen, was für Herrn Sacksberger „fair" oder „angemessen" genau bedeuten. Er versucht damit, wie bei einem Puzzle, Teil um Teil Einsicht in die Landkarte seines Gegenübers zu gewinnen. Er will wissen, wie er denkt, wie er den Fall sieht, **wie seine Welt ausschaut**.

Cooper hätte auch sagen können:

„Okay, fair heißt etwa 60:40. Das sind gute Zahlen. Schlagen wir ihm das vor."

Damit hätte er aber seinem Klienten **seine** Meinung, seine Landkarte, aufgezwungen und wäre, das kommt weiter hinzu, ziemlich weit von der Vorstellung von Sacksberger bezüglich einer „fairen Regelung" entfernt gewesen. Zudem hätte dieser Vorschlag wohl das sorgfältig aufgebaute Vertrauensverhältnis ziemlich rasch wieder zerstört.

Für das Hinterfragen der Landkarte benutzt er eine bestimmte Fragetechnik: Das von Bandler und Grinder entwickelte **Meta-Modell.** Wer mehr darüber wissen will, dem sei die ausgezeichnete Darstellung des Modells bei Cameron-Bandler empfohlen.

Nun aber zurück zu den beiden:

3.4 Die Dinge mit den Augen des anderen sehen

„Okay, Herr Sacksberger. Fair heißt für Sie 9 zu 1, das ist richtig so?"

„Absolut!"

„Stellen Sie sich nun einmal vor, Sie wären Mehltau und bekämen dieses Angebot: die Aufteilung des Gewinnes aus dem Yellow Gold-Raps im Verhältnis 9 zu 1. Neun für Sacksberger, 1 für mich. Was würden Sie als Mehltau darauf antworten?"

Sacksberger runzelt die Stirne, nimmt einen großen Schluck aus seiner Bierflasche und antwortet dann:

„Ich würde den Sacksberger fragen, ob er noch alle Tassen im Schrank hat!"

„Was meint Mehltau damit?"

„Der Mehltau wird das nie annehmen!"

„Was glauben Sie, warum er das nie annehmen wird?"

„Weil er es für völlig unfair hält!"

„Ist es das in ihren Augen, Herr Sacksberger?"

„Wenn ich es aus der Position von Mehltau sehe, ja. Aus meiner eigenen Position gesehen, ja vielleicht. Aber der Kerl hat mich nur gebremst. Wenn es nach ihm gegangen wäre, hätte ich den Yellow Gold nie entwickelt und ich hätte jetzt auch nicht diese phantastischen Gewinnaussichten. Und davon soll ich ihm mehr als 10% abliefern? 10% von etwas, das er mit allen Mitteln bekämpft hat. 10% von etwas, an das er nie geglaubt hat. Ich glaube mittlerweile, schon 10% sind zuviel!"

„Und wie wird Mehltau argumentieren?"

„Er wird sagen, daß er mir vor 15 Jahren die Kohle gegeben hat, damit wir unser Unternehmen aufbauen konnten. Er wird sagen, daß ich ohne ihn nie mit dem SacStar Erfolg gehabt hätte und daß ich ohne ihn nie in der Welt herum gekommen wäre und dort draußen den neuen Raps gefunden hätte. Er wird sagen, daß ich ohne ihn ein verstaubter Professor an irgendeiner komischen Universität geworden wäre, der Pflanzen für Lehrbücher anstatt für den Weltmarkt produziert."

Sich in die Position des anderen einfühlen

„Stimmt das?“

„Irgendwie hat er schon recht. Gut, er kriegt 20%, aber mehr nicht.“

Unterbrechen wir hier das Gespräch abermals.

Was ist geschehen? Cooper hat wiederum, wie in der ganzen Gesprächsführung vorher, keine Ratschläge gegeben, sondern sich einen Punkt nach dem anderen erklären lassen. Dann hat er viele Präzisierungsfragen gestellt. Neu hinzugekommen ist, daß er Sacksberger aufgefordert hat, die **Wahrnehmungs-Positionen** zu tauschen:

Was würde Ihr Kompagnon zu diesem Vorschlag sagen?

Mit diesem Kunstgriff hat er den Horizont von Sacksberger enorm erweitert. Dieser hat gesehen, daß er mit seiner Vorstellung von Fairneß bei Mehltau auf pures Unverständnis stoßen würde. 9 zu 1? Niemals! Die Fähigkeit, etwas mit den Augen des anderen zu sehen, ist in Verhandlungen enorm wichtig.

Ja, wir behaupten sogar, daß diese Fähigkeit eine der Kernfähigkeiten jedes guten Verhandlers ist: Die eigene begrenzte Landkarte verlassen und sich in die Position des anderen einfühlen. Die Welt mit seinen Augen sehen. Einige Schritte in seinen Mokassins gehen.

Das ist es, was kooperative Verhandler können und was kompetitive Verhandler nicht können!

Sicherlich erinnern Sie sich noch daran, daß es sich hierbei um die erste Grundüberzeugung von Dr. Cooper handelte: Die Landkarte ist nicht das Gebiet.

Roger Fisher erzählt zu diesem Thema in seinen Vorlesungen über Verhandeln in Harvard folgende wunderbare Geschichte:

> *Im Jom Kippur Krieg war es den Israelis gelungen, die ägyptische Sinai-Halbinsel zu erobern. Präsident Carter versuchte zwischen den verfeindeten Parteien Friedensverhandlungen einzuleiten, die aber von den Ägyptern anfangs kategorisch abgelehnt wurden. Fisher hat in einem Gespräch mit Anwar El Sadat die Hintergründe dieser ablehnenden Haltung herauszufinden versucht. Sadat verlangte von Israel, daß es, bevor Ägypten sich auch nur einen Meter auf den Verhandlungstisch zu bewegen würde, die Sinai-Halbinsel bedingungslos räumen und an Ägypten zurückgeben müsse.*

Fisher faßte zusammen: „Herr Präsident, wenn ich Sie richtig verstanden habe, verlangen Sie also, daß Frau Golda Meir vor die Knesset tritt und verkündet, daß sie, um die Friedensverhandlungen in Gang zu bringen, Ägypten zugesichert habe, daß Israel die Sinai-Halbinsel bedingungslos räumen werde. Ist es das, was Sie verlangen?“

„Sicher, Herr Professor!“

„Herr Präsident, stellen Sie sich bitte einmal vor, Sie wären Golda Meir und Sie würden jetzt vor die Knesset treten und würden den bedingungslosen Abzug der israelischen Truppen aus dem Sinai verkünden. Was würde dann geschehen?“

Fisher erzählte dann, wie Sadat zuerst die Stirn gerunzelt habe, dann die Augen geschlossen und schließlich gesagt habe:

„Wenn Frau Meir dies wirklich verkündete, hätte sie aber sehr große Probleme“!

Dieser kurze Moment der ***Ein-Sicht*** *habe Sadat, wie Fisher berichtete, dazu bewegt, auf seine Forderung nach bedingungslosem Abzug zu verzichten und sich mit den Israelis in Camp David an den runden Tisch zu setzen, um die Verhandlungen zu beginnen, die schließlich zum „Frieden von Camp David“ führten.*

Fordern Sie Ihre Klienten wirklich einmal auf, sich in die Position ihrer Verhandlungspartner zu begeben. Wenn Ihnen dies gelingt – und wir wissen, daß es nicht einfach ist –, werden Sie erleben, wie komplexe, oft mit Händen und Füßen verteidigte Argumentationsketten plötzlich zusammenbrechen, weil Ihr Klient erkannt hat, daß er seine radikale Forderung nicht durchsetzen kann. Daß sein Gegenüber schlicht niemals einwilligen wird, weil er vielleicht sein Gesicht verlieren würde oder die Forderung für ihn unakzeptabel ist. Diese Einsichten sind in der Regel jedem Außenstehenden von Anfang an klar, nicht aber den Forderungsstellern. Wenn es Ihnen gelingt, Ihren Mandanten zu einem Wechsel der Wahrnehmungsposition zu bewegen, haben Sie schon sehr viel gewonnen.

Lassen Sie uns an dieser Stelle etwas näher auf die Wahrnehmungspositionen eingehen:

3.5 Die vier Wahrnehmungspositionen

Nach DeLozier/Grinder gibt es grundsätzlich drei Wahrnehmungspositionen:

1. **Position: Ich sehe die Welt mit meinen eigenen Augen.**
2. **Position: Ich sehe die Welt und mich selbst mit den Augen eines anderen.**
3. **Position: Ich sehe die Welt, mich selbst und die andere Person aus der Position eines Beobachters.**

Für das Verhandeln ist es wichtig, eine weitere Position einzuführen:

4. **Position: Ich sehe mich, den anderen, den Beobachter und das ganze System, in dem wir uns bewegen, von außerhalb.**

Die erste und die zweite Position nennt man **assoziierte** Positionen, weil man mit sich selbst oder jemand anderem verbunden ist, also die Personen von innen sieht. Die dritte und vierte Position sind Betrachter-Positionen. Man sieht sich und andere von außen. Sie heißen **dissoziierte** Positionen.

Lassen Sie uns diese vier Positionen an einem kleinen Beispiel erklären:

Nehmen wir einmal an, Sie sitzen in Ibiza vor dem Cafe Montesol und trinken Ihren Morgenkaffee. Sie fühlen sich wohl und betrachten die Welt mit ihren Augen **(1. Position, assoziiert).**

Nach einigen Minuten fährt die Strandschöne, der Sie gestern abend in der Disco begegnet sind, im Cabriolet vorbei und lächelt Ihnen zu. Sie lächeln zurück und stellen sich vor, wie es sich anfühlen würde, wenn Sie die junge Dame sein könnten. Sie fühlen, wie Ihr Haar im Wind weht und wie Sie die anerkennenden Blicke der Männer genießen. In dem Moment haben Sie die **2. Position (assoziiert)** eingenommen. Sie haben sich in jemand anderen eingefühlt.

Nun verlassen Sie die Wahrnehmungsposition der Dame wieder und betrachten die Situation wie ein Beobachter von außen. Sie sehen sich selbst, wie Sie der jungen Dame zulächeln, die in einem offenen Wagen vorbeifährt, und Sie sehen auch die Schöne, wie sie zurücklächelt. Wenn Sie sich beide so von außen sehen können, haben Sie die **3. Position** eingenommen. Sie sind dabei **dissoziiert**.

Nun können Sie sich noch einen Schritt weiter weg bewegen, sich noch mehr dissoziieren, und sich auf die weiße Wolke setzen, die über der gan-

Die 4 Wahrnehmungspositionen

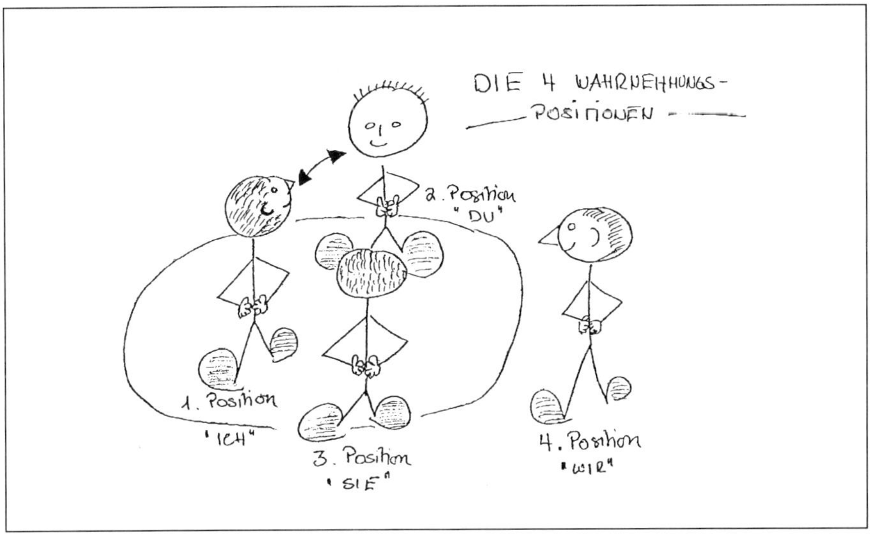

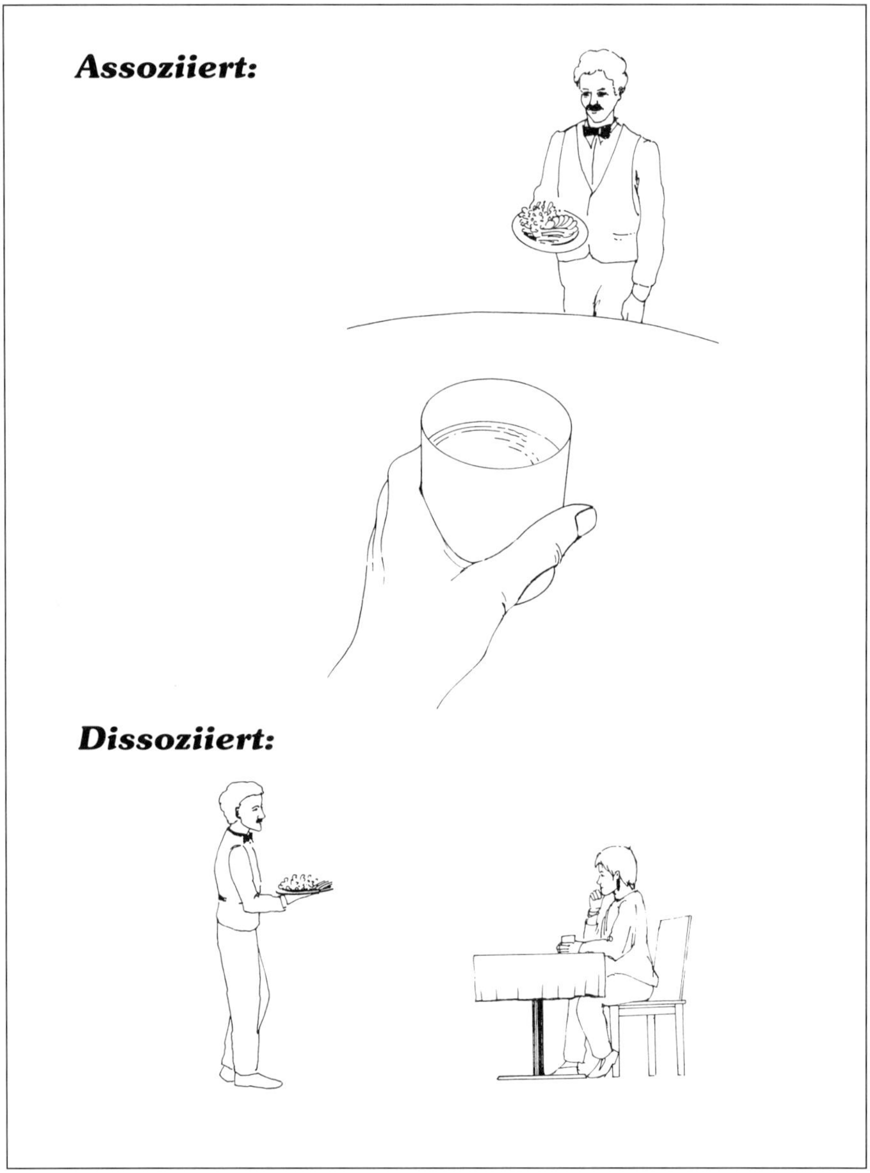

Quelle: Von Nagel, Clint, u. a. Megateaching. Neurolinguistisches Programmieren in Unterricht und Erziehung, Freiburg, VAK Verlag für Angewandte Kinesiologie, 1989

zen Szene an Himmel steht. Dann sehen Sie sich, den erfolgreichen Anwalt, der sich gerade beobachtet, wie er im Strandcafé einer vorbeifahrenden Schönen im Cabrio zulächelt. Auf der Wolke sind Sie in der **4. Wahrnehmungsposition. Sie betrachten das ganze System der Beziehungen von außen, sind also dissoziiert.**

Normalerweise nehmen wir die Welt aus der **1. Position** wahr. Wir sind wir selbst und sehen die anderen mit unseren Augen. In der Retrospektive, in der Erinnerung, gelingt es uns oft, uns aus der **3. Position** zu sehen. Wir sehen, wie wir gehandelt haben, was wir gut gemacht haben und wo wir uns noch verbessern können.

Die meisten Frauen, sehr gute Chefs, Spitzenberater und gute Verhandler haben eins gemeinsam: Sie haben die Fähigkeit entwickelt, in die Schuhe eines anderen zu steigen und die Welt aus dessen Augen, somit aus der **2. Position,** zu sehen. Im normalen Sprachgebrauch spricht man davon, daß solche Menschen „einfühlsam" sind.

Wer diese Fähigkeit hat, kann nicht verstehen, wie jemand, der diese Fähigkeit nicht hat, die Welt immer nur so eindimensional betrachten kann.

Wenn ich diese Fähigkeit nicht habe, fällt es mir schwer zu glauben, daß jemand, der im Moment gerade neben mir steht, die Szene mit meinen Augen sieht. Und doch ist es so:

Gute Verhandler können eine Situation auch mit den Augen ihres Gesprächspartners sehen. Sie wechseln spielerisch zwischen den Wahrnehmungspositionen.

Schlechte Verhandler hingegen sehen die Welt nur mit ihren eigenen Augen und erfinden tausend und mehr Argumente, die das Gegenüber davon überzeugen sollen, daß ihre Sichtweise die einzig wahre ist. Sie erwarten vom Gegenüber, daß er die Welt genauso sieht, wie sie sie sehen.

Da können sie meistens sehr, sehr lange warten, denn, wie wir schon mehrfach gehört haben:

Die Landkarte ist nicht das Gebiet!

Mit genau dieser Erweiterung der Wahrnehmungspositionen hat Dr. Cooper gespielt, als er Sacksberger aufgefordert hat, sich einmal anzuhören, wie es klänge, wenn er als Mehltau den Vorschlag „9 zu 1" von Sacksberger hörte.

„Der Mehltau wird das nie annehmen!" war die Antwort.

Wie viele völlig unsinnige Forderungen, die vor Gericht täglich gestellt werden, würden wohl verschwinden, wenn nur 1% der Kläger die Fähigkeit entwickelten, einen Tag lang in den „Mokassins des Beklagten“ zu gehen, wie die Indianer sagen?

Die beiden haben mittlerweile, während Cooper die verschiedenen Wahrnehmungspositionen erklärt hat, das obere Ende des Stadtparks erreicht, wo ein kleiner Hügel an den Park anschließt.

„Wollen wir bis zum Aussichtspunkt hoch laufen, Dr. Cooper?“ fragt Herr Sacksberger.

„Gerne. Von da hat man ja einen schönen Blick über den Friedlinger See. Solche Aussichtspunkte haben den Vorteil, daß man von da besser dissoziieren und in die 3. und 4. Position gehen kann.“

„Gut. Fahren wir fort. Wo waren wir stehen geblieben?“

„Bei der Festlegung Ihres Vorschlages für eine Teilung des Gewinnes. Sie haben sich entschlossen, Mehltau den Vorschlag zu machen, ihm 20% des Yellow Gold-Gewinnes zuzugestehen.
Verlassen Sie nun einmal Ihre Rolle als Verhandlungspartner und gehen Sie in die 3. Position. Was meinen Sie, was würde ein unbeteiligter Beobachter sagen, der hier oben auf dem Hügel stünde und hörte, wie Sie dieses Angebot machen?“

„Der Beobachter würde sagen: „Ich bin aber großzügig!“

„Vielleicht, nur glaube ich nicht, daß Sie wirklich in der Position des Beobachter waren. Dann hätten Sie nämlich nicht „ **Ich** bin aber großzügig!“ gesagt, sondern „**Er** ist aber großzügig“. Sie haben Ihre erste Position nicht verlassen. Der Wechsel der Wahrnehmungspositionen hört sich einfach an, ist aber mental schwieriger durchzuführen, als die meisten glauben. Ein bißchen Üben hilft aber meistens weiter. Schließen Sie bitte einmal die Augen und stellen Sie sich vor, Sie wären ein Beobachter, der gerade hört, wie Herr Sacksberger das Angebot macht.“

Herr Sacksberger rollt ein wenig die Augen, schließt sie dann, hält den Atem an und sagt:

„Der Sacksberger ist ein Geizhals.“

„Ist er das wirklich?“

„Vielleicht. Vielleicht auch nicht.“

„Geht's dem Sacksberger wirklich nur ums Geld?"

„Nein, es geht ihm um etwas anderes."

„Worum geht es ihm denn wirklich?"

„Er will von Mehltau mehr respektiert werden."

3.6 Die Absicht hinter dem Verhalten herausfinden

Die beiden Spaziergänger sind nun oben auf dem Hügel angekommen. Unter ihnen liegt Bad Friedlingen. Im Vordergrund, lieblich in den Hügeln der Umgebung eingebettet, der Friedlinger See. Weiter hinten kann man das Schwäbische Meer und die Alpen erahnen. Es ist recht klar heute, an diesem 13. Mai.

„Wenn ich Sie richtig verstanden habe, Herr Sacksberger, geht es Ihnen also weniger ums Geld als um Respekt. Kann es sein, daß Ihre Forderung nach 80% der Gewinne nur ein Mittel darstellt, mit der Sie sich Respekt verschaffen wollen?"

„Kann sein. Aber es ist Tatsache, daß der Kerl meine richtungsweisende Beschäftigung mit den nachwachsenden Rohstoffen nicht akzeptiert hat. Tatsache ist weiter, daß er sie sogar sabotiert hat, indem er mir die dazu notwendigen Kredite gestrichen hat. Ich war gezwungen, die Projekte mit meinem Privatvermögen zu finanzieren. Und jetzt kommt er einfach und will den großen Reibach machen. Das laß ich nicht zu. Niemals."

„Sie fühlten sich also, wenn ich Sie richtig verstanden habe, von Mehltau jahrelang nicht respektiert, und es ist ihnen jetzt, wo Sie die Möglichkeit dazu sehen, ein Anliegen, sich diesen Respekt zu verschaffen?"

„Allerdings, jetzt oder nie!"

„Und ein Mittel, sich diesen Respekt zu verschaffen und Mehltau für seine Ignoranz der letzten Jahre büßen zu lassen, sehen Sie darin, ihm vom Gewinn nur 10-20% zu geben, stimmt das?"

„Das könnte man so sehen. Aber bin ich heute bei meinem Anwalt oder bin ich beim Seelenklempner? Die Hintergründe sind mir egal. Ich gebe ihm einfach nicht mehr als 20%. Soll er den Rest doch einklagen."

„Sie können beruhigt sein, Herr Sacksberger. Ich bin Anwalt. Aber manchmal ist es von Vorteil, daß man auch als Anwalt über ein klein wenig seelenklempnerische Kenntnisse verfügt. Was meinen Sie dazu?"

„Sie könnten recht haben. Aber wie geht es jetzt weiter? Soll ich mich therapieren lassen und dem Mehltau anschließend frohen Mutes die Dollars kistenweise ins Haus schaffen?"

„Ich glaube nicht, daß es jemals so weit kommen wird. Aber darf ich einmal zusammenfassen, was wir über den Fall bis jetzt wissen?"

„Gerne."

„Also: Sie haben sich von Mehltau jahrelang schlecht behandelt gefühlt, weil er nicht einsehen wollte, daß die Zukunft der Firma nicht in der Produktion von weiteren Weizensorten, sondern in der Zucht von Industriepflanzen liegt. Jetzt, wo Sie Erfolg haben mit dem Yellow Gold-Raps, sehen Sie die Zeit gekommen, sich den Respekt zu holen, den Sie jahrelang nicht gehabt haben. Eine Möglichkeit sehen Sie darin, daß Sie 80-90% des zukünftigen Gewinnes für sich beanspruchen.

Ihr Verhalten ist also: Geldhahn für Mehltau zu. 9:1 oder 8:2 für mich.
Ihre Absicht dahinter ist: Mehr Respekt und Anerkennung für mich.

„Zwei zu Null für Sie, Herr Doktor."

Hier sind wir nun an der zentralen Stelle des Prozesses angelangt, dem Herausschälen der eigentlichen Absichten, die sich hinter dem Verhalten und den Positionen verbergen. Das Verfahren basiert auf den im ersten Teil des Buches vorgestellten logischen Ebenen von Gregory Bateson und Robert Dilts in Verbindung mit der Erkenntnis von Albert Einstein, daß ein Problem nie auf der gleichen Ebene gelöst werden kann, auf der es entstanden ist. Sehen wir uns noch einmal die logischen Ebenen an (vergleichen Sie dazu bitte die grafische Darstellung auf S. 28):

Zuoberst haben wir die **Zugehörigkeit**. Sie definiert unsere Heimat. Zugehörigkeit ist die Antwort auf die Frage: **Mit wem** und **für wen** tue ich etwas?

Dann kommt die **Identität**. Die Identität beeinflußt die Mission, unsere Lebensaufgabe. Sie beantwortet die Frage: **Wer** bin ich?

Die **Grundüberzeugungen und Werte** kommen als nächstes. Sie beeinflussen unsere Ziele und unsere Motivation, diese Ziele zu erreichen. Sie resultieren aus der Frage: **Warum** tue ich etwas?

Die **Fähigkeiten** beeinflussen unsere Pläne und Strategien. Die dazu gehörende Frage lautet: **Wie** mache ich es?

Anschließend kommt das **Verhalten**. Es bestimmt unsere Aktionen und Reaktionen. Die passende Frage ist: **Was** tue ich?

Die unterste Ebene ist der **Kontext, die Umgebung**. Damit werden unsere Möglichkeiten bestimmt. Die Frage nach der Umgebung lautet: **Wann** oder **wo** tue ich etwas?

Wenn Sacksberger nun eine Teilung der Gewinne im Verhältnis von 8 zu 2 verlangt und Mehltau antwortet: „Ich will aber 50:50", auf welcher der Ebenen manifestiert sich dann das Problem?

Richtig. Auf der Verhaltensebene. Die direkte Frage zu diesem Problem ist nicht: ZU WEM GEHÖREN die beiden? Oder: WER SIND die beiden? Oder: WARUM GLAUBEN sie das? Oder: WIE KÖNNEN sie ihre Forderungen eintreiben? Oder: WO und WANN wollen sie die Forderungen eintreiben?

Sondern:

WAS TUN die beiden? Sie stellen unterschiedliche Forderungen.

WAS genau wollen sie voneinander? Der eine will im Verhältnis 1 zu 1 teilen. Das ist eine Aktion. Der andere will im Verhältnis 8 zu 2 teilen. Das ist eine Reaktion.

Das Problem manifestiert sich also auf der **Verhaltensebene.**

Juristische Forderungen wie z. B.: „Ich will, daß die Gegenpartei etwas tut oder unterläßt", manifestieren sich auf der Verhaltensebene.

Alleine aus dieser kleinen Darstellung sehen wir, daß Einstein recht hatte, als er feststellte, daß sich ein Problem nicht auf der gleichen Ebene lösen lasse, auf der es entstanden sei:

Mehltau wird vielleicht irgendwann einmal 55:45 sagen, aber Sacksberger wird es nicht annehmen. Er wird auf höchstens 70:30 beharren. Dann geht's vor Gericht. Der Richter spricht dann vielleicht 60:40 zu. Aber ist damit das Problem gelöst?

Mitnichten. Was gelöst wird, ist die Gewinnverteilung bezüglich des Yellow Gold-Rapses.

Was aber bleibt, ist der Streit zwischen den beiden, und der wird sich mit sehr großer Wahrscheinlichkeit in einem andern Kontext fortsetzen.

Folgendes Szenario wäre möglich:

Sacksberger, der Patenonkel einer Tochter von Mehltau ist, wird sich dieser Patenschaft verweigern, und Mehltau wird das gemeinsame Ferienhaus, das die beiden in Patagonien erworben haben, unbedingt verkaufen wollen. Sacksberger wird sich wie ein Berseker dagegen wehren, weil es der einzige Ort auf der Welt ist, wo er noch Frieden finden kann. Die argentinischen Gerichte werden sich dieser Sache annehmen müssen. Nächster Zankapfel wird die Versteuerung der Gewinne aus dem SacStar-Geschäft sein: Sacksberger hat dem Fiskus die Nachricht zukommen lassen, daß ein Großteil der Einnahmen Mehltaus über eine Steueroasenkonstruktion auf den niederländischen Antillen läuft. Ob das wohl im Einklang mit den nationalen Steuergesetzen stehe? Mehltau seinerseits . . .

Wo sind wir hier angelangt? Jawohl, genau dort, wo die Herren von Streidt mit an Sicherheit grenzender Wahrscheinlichkeit immer wieder hinkommen: Im Zustand des totalen Krieges! Wollen wir das?

Vielleicht wollen das einige tatsächlich (weil es die einzige Art und Weise ist, die sie kennen, ihr Leben **intensiv** zu gestalten), und denen sei es unbenommen, sich bis auf das Knochenmark zu bekriegen. Denen aber, denen solche Resultate abhold sind, möchten wir hier ein anderes Gedankengebäude zur Verfügung stellen, ein Gedankengebäude, das allerdings einiges an geistiger Flexibilität voraussetzt und auf den ersten Blick nicht sehr einfach zu verstehen ist; das aber, wenn es stringent angewendet wird, Frieden in die umkämpften Positionen und darüber hinaus für beide Seiten Gewinn bringen kann.

Wir haben bisher festgestellt, daß wir auf der Ebene des Verhaltens keine Lösungen finden können, die uns auf Dauer zufriedenstellen. Wenn wir Lösungen finden wollen, müssen wir diese auf einer anderen Ebene suchen.

Schauen wir uns nun einmal an, wie Dr. Cooper vorgegangen ist. Was genau hat er gemacht, als er gefragt hat, **warum** Sacksberger auf einer Teilung im Verhältnis 8:2 beharre?

Richtig: Er hat die Ebene des Verhaltens (Positionen) verlassen und ist auf die Ebene der Grundüberzeugungen und Werte aufgestiegen. Diese Ebene liefert die Motivation unseres Verhaltens. Sie gibt Aufschluß über unsere Interessen und unsere Absichten, die hinter (eigentlich: über) dem Verhalten liegen.

Und was hat er herausgefunden?

Sacksberger will die von ihm vorgeschlagene Teilung, weil er sich damit **Anerkennung verschaffen** will. Das motiviert ihn. Es geht ihm gar nicht so sehr um mehr Geld, sondern eher um mehr Respekt. Sacksberger fühlte sich durch das Verhalten von Mehltau zu wenig anerkannt, und das will er ändern. Die einzige Möglichkeit, die er im Moment sieht, sich diesen Respekt zu verschaffen, besteht darin, von Mehltau mehr Geld zu fordern.

Die Lösung, die wir vorschlagen, besteht nun darin, Sacksberger aufzuzeigen oder herausfinden zu lassen, welche anderen Möglichkeiten er sonst noch hat, sich mehr Respekt und Anerkennung für seine Forschungsarbeit zu verschaffen. Wie diese Lösung genau aussieht, wollen wir im nächsten Kapitel zeigen.

Sacksberger erhält damit mehr Wahlmöglichkeiten. Er wird flexibler und auf lange Sicht überlebensfähiger. Denn aus der Kybernetik wissen wir, daß auf lange Sicht ein System von demjenigen Element beherrscht wird, das am flexibelsten ist.

Nun noch einige Worte zu den häufigsten Absichten, die sich hinter dem Verhalten verbergen:

Im Laufe von mehreren Jahren Arbeit mit dem hier vorgestellten Modell haben wir festgestellt, daß es im Regelfall nur einige wenige Werte sind, die unser Verhalten steuern. Es sind dies, neben dem bereits erwähnten Wert der **Anerkennung** (mehr Respekt), folgende Werte:

Freiheit	**Intensität**
Sicherheit	**Harmonie**
Macht	**Neugier**

Dazu kommen zwei Begriffe, die zu den darüberliegenden Ebenen gehören:

Persönliche Integrität (Identität) und der Wunsch nach **Zugehörigkeit**.

Im Denken vieler Menschen nimmt der Wert **Sicherheit** eine große Bedeutung ein. Sie haben sich deshalb für den Beruf des Beamten entschieden, fahren einen Volvo und haben Ihr Haus mit einer Überwachungsanlage ausgerüstet.

Andere messen dem Wert **Freiheit** eine große Bedeutung bei. Sie gehen einer selbständigen Tätigkeit nach, haben nie geheiratet und machen jedes Jahr Abenteuerurlaub.

Wiederum andere lieben die **Harmonie**: Sie lieben eine friedfertige Frau oder einen friedfertigen Mann, züchten Rosen und haben ihr Landhaus im Laura-Ashley-Stil eingerichtet.

Hier scheinen die Zusammenhänge zwischen dem Wert und dem durch diesen Wert gesteuerten Verhalten klar zu sein.

Was sagen Sie aber zu folgenden Beispielen:

Vielen Eltern ist die **Sicherheit** ihrer Kinder sehr wichtig, und deshalb geben sie ihrem Kind eine Ohrfeige, wenn es bei rot über die Straße geht.

Oder:

Viele Anwälte lieben ein **intensives** Leben und bekriegen sich deshalb vor Gericht bis auf's Messer!

Oder:

Wie viele gute Menschen sind im ersten Weltkrieg in den Tod gegangen, weil die **Sicherheit** ihres Staates und ihrer Lieben gefährdet schien?

Soviel für den Moment zu den Werten. Nun noch ein wichtiger Punkt:

Macht es ihnen Mühe, sich mit dieser doch sehr therapeutischen Vorgehensweise von Dr. Cooper zu identifizieren? Denken Sie nicht auch wie Herr Sacksberger, daß Sie Anwalt sind und nicht Therapeut? Vielleicht. Trotzdem sind wir der Meinung, daß jede gute anwaltliche Beratung auch ein Stück Klärung im weitesten Sinne ist. Dazu brauchen Sie keine Couch und keine Entspannungsübungen. Alles, was Sie brauchen, ist die Fähigkeit, zuzuhören, zu beobachten, sich in andere Personen einzufühlen und geschickt nachzufragen. Dazu brauchen Sie weiter den Willen, anderen Menschen entsprechend ihrem Weltbild helfen zu wollen, um die richtigen Wege auf ihrer Landkarte zu finden, statt ihnen Ihr Weltbild, Ihre Landkarten, Ihre Lösungen aufzuzwingen. Alles, was Sie brauchen, ist die Fähigkeit, zwischen unterschiedlichen Wahrnehmungspositionen zu vermitteln, also letztendlich kooperativ zu verhandeln.

Vielleicht ist es interessant, hier eine Entwicklung aufzuzeigen: Vor vielen Jahren sagten manche Anwälte: „Steuerrecht interessiert mich nicht. Ich halte mich lieber an das, was ich an der Uni gelernt habe". So ist das Steuerrecht zur Domäne der Wirtschaftsprüfer und Steuerberater geworden, die daneben auch Testamente erstellen, Gesellschaftsverträge entwerfen, Umwandlungsverträge verfassen . . .

Viele Anwälte sagen heute: „Kooperatives Verhandeln, Mediation und all diese Sachen bringen nichts und sind nichts für mich. Dafür gibt es Gerichte, und dort reiche ich jetzt eine Klage ein". Und schon beginnen „Mediatoren" aus anderen Berufsgruppen ihre Dienste anzubieten . . .

Nun aber zurück zu Dr. Cooper und Ingenieur Sacksberger, die immer noch im Stadtpark von Bad Friedlingen spazieren gehen.

Wie flexibel ist Herr Sacksberger bereits, und wie flexibel wird er noch werden?

Intensität

HÄGARs
schrecklichste Taten
WIR HABEN'S GESCHAFFT! WIR SIND GERADE NOCH ENTWISCHT! ABER!!!
B 272
BULLS
...WIR HABEN DIE GANZE BEUTE VERLOREN!
ACH NAJA... DAS WAR DEN SPASS WERT!

4. Finden Sie mehrere Möglichkeiten, Ihre Absichten zu verwirklichen: Welche Möglichkeiten gibt es innerhalb und außerhalb des Verhandlungskontextes?

4.1 Innerhalb des Verhandlungskontextes: Welche anderen Möglichkeiten, Ihre Absichten zu verwirklichen, gibt es als diejenigen, die Sie bisher angewandt haben?

„So, Herr Sacksberger, worum es Ihnen eigentlich geht, ist also Respekt. Sie möchten, daß Herr Mehltau Ihre zweifelsohne bemerkenswerten Zuchtleistungen besser anerkennt. Stimmt das?"

„Ja, hab ich doch vorhin schon gesagt. Aber wie soll es nun weiter gehen? Ich kann ja nicht von ihm verlangen, daß er mir tagtäglich die Füße küßt. Das wäre wohl doch ein bißchen zu viel, oder?"

„Das glaub ich auch. Zudem glaube ich nicht, daß Sie sich durch diesen Akt der Demütigung tatsächlich besser respektiert fühlen. Können Sie mir einige realistische Vorschläge nennen?"

„Er müßte mir einfach 80% des Gewinnes auszahlen, dann wäre die Sache gelaufen."

„Gut, das wissen wir. Was könnte daneben noch geschehen?"

„Er sollte mir mal sagen, wie toll ich die Dinge hingekriegt habe und wie blöd er gewesen ist!"

„Das ist heikel und bezieht sich zudem auf die Vergangenheit. Wie könnten Sie die gemeinsame **Zukunft** so gestalten, daß Sie sich mehr respektiert fühlten?"

„Wie schon gesagt: ich will 80%!"

„Was daneben würde Ihnen auch noch zeigen, daß Sie respektiert werden? **Schauen Sie sich beide einmal von außen an. Gehen Sie in die 3. Position!"**

Herr Sacksberger sieht nach Bad Friedlingen hinunter und es macht den Eindruck, als würde er sich und Mehltau von da oben zusehen, wie sie da unten in der Sortenzucht am Tisch sitzen:

„Wenn er einwilligen würde, daß das neue Produkt nach Sacksbergers Tochter Tanit benannt würde. Yellow Gold ist ja eigentlich ein blöder Name. Es gibt ja auch keinen weißen Schimmel!“

„Schön. Die Sorte würde also nicht Yellow Gold-Raps heißen, sondern ihr Name wäre Tanit-Raps. Stimmt das?“

„Ja.“

„Was weiter würde Herrn Sacksberger das Gefühl geben, daß Mehltau ihn respektiert?“

„Wenn Mehltau einwilligte, daß sie den Raps über die Vertriebsgesellschaft ausliefern, die Wendelin Sacksberger gerade aufbaut.“

„Sehr schön. Was weiter?“

„Wenn Sacksberger Aktien der „Friedlinger Mühlen AG“ kaufen könnte.“

„Sehr schön, weiter.“

„Wenn er Sacksberger das gemeinsame Ferienhaus in Patagonien vollständig überlassen würde.“

„Sehr schön! Sie sind aber recht kreativ heute!“

„War ich immer schon, Herr Doktor!“Dann fährt er fort:

„Wenn er schlicht mehr Interesse an Sacksbergers Forschungsarbeiten zeigte!“

„Wie könnte er das tun?“

„Wenn er ihn auf seiner nächsten Reise in die USA, in die Ukraine oder nach London begleiten könnte.“

„Sehr gut. Weiter.“

„Wenn er sich an Sacksbergers Buchprojekt über Pflanzenzucht beteiligte. Er könnte einige Kapitel aus der Sicht des Lebensmitteltechnologen schreiben.“

„Wunderbar. Noch mehr?“

„Ich glaube, das reicht für den Moment.“

„Und glauben Sie, daß Ihnen alle diese Möglichkeiten mehr Respekt einbrächten?“

„Auf jeden Fall!“

„Gut, dann bitte ich Sie, die Möglichkeiten, die Sie nun gefunden haben, aufzulisten. Ich gebe Ihnen dazu Papier und Bleistift. Es ist mir wichtig, daß Sie dies tun und nicht ich. Die neuen Möglichkeiten bleiben Ihnen dann besser in Erinnerung."

„Wenn Sie meinen."

Ingenieur Sacksberger greift sich den Notizzettel und notierte sich folgende Stichworte:

1. Tanit-Raps
2. Wendelins Vertriebsgesellschaft
3. Friedlinger Mühlen Aktien
4. Patagonien
5. Ukraine/USA/London
6. Buchprojekt

Nachdem er sich alles notiert hat, nimmt er einen letzten großen Schluck aus der Budweiser-Bierflasche, wirft die leere Flasche in einer eleganten ballistischen Flugbahn in den Abfallkorb, der sich 10-15 m von den beiden entfernt und zudem auf der anderen Seite des Weges befindet, und drückt Dr. Cooper den Zettel in die Hand.

Dieser schaut die einzelnen Punkte aufmerksam durch, sieht dann zu Herrn Sacksberger und fragt:

„Und wie fühlen Sie sich jetzt?"

„Drei zu Null für Sie, Herr Doktor"

Was hat Cooper hier gemacht?

Er hat Herrn Sacksberger gebeten, sich zu überlegen, welche zusätzlichen Möglichkeiten es gibt, im Rahmen einer Verhandlung seine Absichten zu verwirklichen. Er hat Herrn Sacksberger somit den **Verhandlungskontext bereichern lassen**. Er hat ihn erleben lassen, daß es noch andere Möglichkeiten gibt, von Herrn Mehltau anerkannt und respektiert zu werden als durch die Höhe einer Gewinnausschüttung. Dies gibt ihm sehr viel mehr Wahlmöglichkeiten und erweitert seinen Horizont enorm.

Und, wie wir gesehen haben, macht es geradezu übermütig!

4.2 Außerhalb des Verhandlungskontextes: Welche anderen Möglichkeiten sehen Sie, Ihre Absichten zu verwirklichen?

„Wie ich sehe, hat dieses kleine Brainstorming in Ihnen viele Energien geweckt."

„Da haben Sie allerdings recht."

„Was genau hat es weiter bewirkt?"

„Ich sehe jetzt, daß wir uns nicht unbedingt vor Gericht um einige läppische Prozente streiten müssen. Ich habe bemerkt, daß ich sehr wohl bei den Prozenten nachgeben kann, wenn ich dafür Anerkennung erhalte. Diese Einsicht tat mir gut."

„Sehr schön. Dann sind Sie ja jetzt wieder gut drauf, und wir können einen schwierigen Punkt genauer betrachten."

„Aber sicher. Mich kann nichts mehr abschrecken!"

„Gut. Bitte beantworten Sie mir folgende Frage: Wie können Sie Ihren Wunsch nach Respekt sonst noch verwirklichen, wenn die Verhandlungen mit Mehltau scheitern?"

„Die scheitern nicht. Das ist unmöglich!"

„Nehmen wir einmal an, sie würden tatsächlich scheitern und Sie würden vom Gericht verurteilt werden, 50/50 abzurechnen. Was könnten Sie dann tun, um Ihre Interessen Respekt/Anerkennung trotzdem zu verwirklichen? **Schauen Sie sich Mehltau und die ganze Situation einmal von ganz außerhalb an. Gehen Sie in die 4. Position."**

Herr Sacksberger schaut wieder nach Bad Friedlingen hinunter, rollt wieder ein wenig die Augen und sagt dann:

„Wenn Sacksberger das Buch fertig geschrieben hat, würde er viel Anerkennung erhalten. Dann ist er nicht mehr auf Mehltaus Schulterklopfen angewiesen."

„Schön. Andere Ideen?"

„Der Tanit-Raps ist ja nicht das einzige Produkt, das er entwickelt hat. Es gibt auch noch Schwesterpflanzen, die noch nicht angemeldet oder eingetragen sind. Er könnte eine eigene Firma gründen und diese Pflanzen über die neue Firma laufen lassen."

„Andere Ideen?“

„Sacksberger setzt hier in Europa einen Geschäftsführer ein und zieht dann nach Argentinien oder in die USA, wo er eine eigene Firma gründet. Auch wenn er nur 50% erhält, sollte das allemal reichen.“

„Noch andere Ideen?“

„Vielleicht läßt er den ganzen Wirtschaftskram und sucht sich tatsächlich einen Forschungsauftrag an einer Uni. Forschen hat ihm schon immer Spaß gemacht.“

„Weiter!“

„Ich glaube, das reicht für den Moment.“

„Was bringen Ihnen diese neuen Erkenntnisse? Wie fühlen Sie sich jetzt?“

„Ich bin von Mehltau viel weniger abhängig, als ich gedacht habe.“

„Das heißt, es würde auch ein Leben geben nach einem kompletten Scheitern der Verhandlungen?“

„Ja. Und das wäre nicht mal so schlecht!“

„Was ist Ihnen lieber: Daß die Verhandlungen gelingen oder daß sie scheitern?“

„Daß sie gelingen! Warum sollte ich wegen einiger läppischer Prozente eine Beziehung aufs Spiel setzen, die ja fast 20 Jahre gut gehalten hat!“

„Darauf sollten wir aber nun einen trinken, denn mittlerweile habe ich auch Durst!“

Gesagt. Getan.

Während die beiden im Parkrestaurant mit 2 Stangen „Friedlinger Roggenbräu“ auf die bis jetzt erreichte Klarheit im Fall Sacksberger vs Mehltau anstoßen, **wollen wir uns wieder anschauen, was Dr. Cooper genau gemacht hat.**

Cooper hat Sacksberger gefragt, welche Alternativen zu einer ausgehandelten Übereinkunft er sonst noch hat. Darauf hat Sacksberger, da er durch die Kontextbereicherung die Sache schon nicht mehr so eng gesehen hat, recht schnell Alternativen gefunden.

Oft werden Klienten durch diese Frage geschockt, weil sie glauben, es gebe nur eins: Verhandlungserfolg oder Tod. In 99,99% der Fälle ist es aber nicht so. Leider sehen dies aber die meisten der Klienten nicht auf Anhieb, und man braucht viel Fingerspitzengefühl, diese Frage zu stellen.

Fisher nennt diese **Kontextverschiebung** (In welchem anderen Kontext außer dem gegenwärtigen wäre es Ihnen möglich, Ihre Anliegen zu erfüllen?) **B**est **A**lternative **T**o **a** **N**egotiated **A**greement, kurz **BATNA** (Fisher/Ury/Patton S. 143 ff.). Auf deutsch heißt dies etwa soviel wie „Beste Alternative zu einer ausgehandelten Vereinbarung".

Eine Kontextverschiebung nimmt meistens sehr viel heiße Luft aus der Verhandlungsatmosphäre. Der Klient sieht nun ein, daß er nicht um jeden Preis ein Verhandlungsergebnis haben muß. Das gibt Gelassenheit und damit Verhandlungsstärke.

Kehren wir zu unseren Verhandlern zurück, die im Biergarten des Stadtparks von Bad Friedlingen sitzen, Friedlinger-Roggenbräu trinken und einen weiteren wichtigen Punkt besprechen.

5. Versuchen Sie, die Absicht hinter dem Verhalten der anderen Seite herauszufinden: Was will die andere Seite wirklich?

„So Herr Sacksberger, die Welt sieht doch jetzt schon ziemlich anders aus, oder?"

„Mit Sicherheit, Herr Doktor!"

„Nun zu einer anderen zentralen Frage: Worum geht es Mehltau wirklich? Will er einfach 50% des Gewinnes, weil es immer schon so war, oder steht hinter diesem Wunsch vielleicht ein anderes Anliegen. Was meinen Sie, Herr Sacksberger?"

„Eine schwierige Frage. Wie können wir sie beantworten?"

„Ich schlage Ihnen folgendes vor: Wir haben vorhin über Wahrnehmungspositionen gesprochen. Sie haben sich bereits einmal in Herrn Mehltau hineinversetzt und dann festgestellt, daß er Ihren Vorschlag, 80:20 zu teilen, als unannehmbar empfunden hat. Versuchen Sie jetzt noch einmal, sich vorzustellen, Sie seien Mehltau, und versuchen Sie, herauszufinden, worum es ihm wirklich geht. Okay?"

Außerhalb des Verhandlungskontextes: Welche anderen Möglichkeiten sehen Sie, Ihre Absichten zu verwirklichen?

„Einverstanden."

Herr Sacksberger stellt sich abermals vor, er sei Mehltau. Dr. Cooper fragt ihn dann:

„Herr Mehltau, geht es Ihnen ebenfalls um Anerkennung? Oder geht es Ihnen um Macht? Um Harmonie? Um Abwechslung? Um Freiheit? Um persönliche Integrität? Um Zugehörigkeit? Um Sicherheit?"

„Um Sicherheit! Natürlich! Daß mir das nicht schon lange aufgegangen ist. Mehltau geht es um Sicherheit! Um nichts sonst. Der braucht die Kohle, weil er seine Geschwister auszahlen muß! Die Geschwister Mehltau haben vor einigen Monaten endlich ihre Erbengemeinschaft aufgelöst. Johann-Jakob hat natürlich die Mühle übernommen, und das kostet Geld. Mit dem zu erwartenden hohen Gewinn aus dem Raps kann er einer sicheren Zukunft entgegen sehen und einige überteuerte Darlehen sofort zurückzahlen. Bekommt er weniger Geld, sieht er einer gefährdeten Zukunft entgegen. Es geht ihm also um Sicherheit."

„Was bringt Ihnen diese Einsicht, Herr Sacksberger?"

„Ich kriege plötzlich Verständnis für seine Lage!"

Unterbrechen wir hier abermals. Was ist geschehen?

Zuerst hat Dr. Cooper seinem Mandanten in den ersten Schritten des Prozesses des kooperativen Verhandelns geholfen, **seine Absichten hinter seinem eigenen Verhalten** zu entdecken **(Anerkennung);** dann hat er ihm dazu verholfen, zu erahnen, was die **Absicht hinter dem Verhalten von Mehltau** ist: **Sicherheit**.

Im nun folgenden Prozeß wird es darum gehen, Möglichkeiten des Verhaltens zu finden, die sowohl dem Wunsch Sacksbergers nach Anerkennung als auch dem Wunsch Mehltaus nach Sicherheit entsprechen.

Beim kooperativen Verhandeln gilt, im Gegensatz zum kompetitiven Verhandeln, wo das Prinzip des Entweder-Oder herrscht, das Prinzip: sowohl als auch.

Deshalb ein Beispiel aus der Praxis. Ein Beispiel, das wiederum Roger Fisher in seiner Vorlesung erzählt hat:

> *Nachdem sich Ägypten und Israel in Camp David an den runden Tisch gesetzt hatten, durften beide Parteien ihre Forderungen stellen. Ägypten verlangte natürlich kategorisch die Sinai-Halbinsel zurück. Israel hingegen weigerte sich, diese zurück zu geben. Auf der Ebene des Verhaltens*

war somit keine Einigung zu erzielen. Was tun? Richtig: Die Ebenen wechseln! Man fragte also Ägypten, was sein Interesse an der Sinai-Halbinsel wäre. Die Ägypter antworteten: „Es geht uns um unsere nationale Souveränität. Die Sinai-Halbinsel hat seit tausenden von Jahren zu Ägypten gehört, und das soll immer so bleiben." Ägypten ging es also um die ***Integrität*** *ihrer Nation.*
Was aber war das Interesse hinter der Position Israels? „Uns geht es um Sicherheit! Was geschieht, wenn die Ägypter die Halbinsel wieder haben? Dann stehen ihre Tanks vor unserer Haustüre. Das können wir nicht zulassen."
Das Anliegen von Israel war somit ***Sicherheit****.*

Der Prozeß des Verhandelns bestand nun darin, wie Fisher erzählte, eine Lösung zu finden, die sowohl dem Bedürfnis nach nationaler Souveränität der Ägypter, als auch dem Bedürfnis nach Sicherheit der Israelis nachkam. Und diese Lösung wurde schließlich gefunden: Es war die Lösung, die den Krieg beendete: Die Sinai-Halbinsel fiel zurück an Ägypten und wurde zur entmilitarisierten Zone erklärt. Damit war die nationale Souveränität Ägyptens wieder hergestellt, und Israel fühlte sich sicher. Kein fremder Panzer stand mehr an seiner Westgrenze!

6. Finden Sie Möglichkeiten, die Absichten beider Seiten zu verwirklichen: Wie kann man alle beteiligten Interessen realisieren?

Die beiden Spaziergänger im Stadtpark von Bad Friedlingen haben inzwischen herausgefunden, was die wahren Interessen der beiden streitenden Parteien sind: Herrn Sacksberger geht es um **Anerkennung** und Herrn Mehltau um **Sicherheit**. Der nächste Schritt wird nun darin bestehen, daß Herr Sacksberger Ideen entwickelt, die sowohl seinem legitimen Bedürfnis nach Anerkennung als auch dem ebenso legitimen Bedürfnis von Herrn Mehltau nach Sicherheit entsprechen. Cooper hat seinem Klienten für dieses kleine Brainstorming einen Bleistift und ein Blatt Papier in die Hand gedrückt und ihn gebeten, sich 10 Minuten Zeit zu nehmen, um einige Ideen zu Papier zu bringen. Er werde diese Zeit benutzen, um einmal kurz die Parktoilette aufzusuchen. Sacksberger nickt, und nach einer Viertelstunde trifft man sich im Schatten des Gewächshauses wieder.

Sacksberger hat folgendes notiert:

1. Wir teilen 70 : 30, und ich gebe Mehltau ein Darlehen zu Vorzugskonditionen.
2. Wir staffeln die Gewinnverteilung: im ersten Jahr 50:50, im folgenden Jahr 60:40, dann Jahresschritte bis 90:10. Damit bin ich zufrieden, und Mehltau kann seine Darlehen ablösen.
3. Wir teilen die ersten Jahre 50:50, wandeln einen Teil seines Gewinnes aber in ein zinsloses Darlehen um, das er mir später zurückzahlt.

„Herr Sacksberger, wie fühlen Sie sich mit diesen Lösungen?"

„Sehr gut, ich kann damit leben. Wenn Mehltau von mir ein Darlehen annimmt, ehrt mich das sehr."

Was hat Dr. Cooper hier gemacht? Er hat Sacksberger einfach Möglichkeiten entwickeln lassen, die beiden Interessen entsprechen.

7. Suchen Sie eine gemeinsame Vision für die Parteien: Gibt es ein übergeordnetes Ziel für die Absichten beider Parteien?

„Gut. Nun noch eine etwas verwegene Idee: Könnte es irgend etwas geben, irgendein Projekt, in welchem Sie beide Ihre Interessen nach Anerkennung und Sicherheit verwirklichen könnten, das aber darüber hinaus geht? Gibt es irgend ein Interesse neben Anerkennung und Sicherheit, das Sie beide haben? Quasi ein übergeordnetes Interesse, dessen Verwirklichung Ihnen beiden am Herzen liegt und dessen Verfolgung Sie beide wieder näher zusammenbringen würde?"

„Wir lieben beide den Genuß!"

„Gibt es etwas, das Sie beide gerne genießen?"

„Bad Friedlinger Roggenbier, beispielsweise!"

„Sehr gut. Kennen Sie auch den Frank Süßbier, den Bierbrauer?"

„Wer kennt den nicht?"

„Könnten Sie sich eine Zusammenarbeit zwischen der Mehltauschen Mühle, dem Friedlinger Roggenbier und der SackMehl GmbH vorstellen?"

„Ja, in Zürich habe ich vor kurzem ein „Back-und-Brau-Restaurant“ gesehen. Es ist eine Gaststätte, die um eine Kleinbrauerei herum aufgebaut ist. Die brauen wöchentlich neues Bier und backen mit der Hefe Brezeln und andere einfache Köstlichkeiten. Vielleicht könnten wir ja so etwas auch in Bad Friedlingen hochziehen?“

„Würde das dem Mehltau gefallen?“

„Sicher. Immer, wenn es etwas zu Essen und zu Trinken gibt, ist er dabei. Wir treffen uns eh meistens in Gaststätten.“

„Gut. Könnten Sie den Süßbier schon mal darauf ansprechen?“

„Ich sehe ihn morgen!“

„Wunderbar!“

Mit der Frage nach einem gemeinsamen Interesse hat Dr. Cooper weiter eine schon bestehende, funktionierende Zugehörigkeit (beide trinken sie mit Leib und Seele das Friedlinger Roggenbier) entdeckt und diese für eine bessere Kooperation aktiviert. Er ist damit auf der Skala der logischen Ebenen noch über die Ebene der Grundüberzeugungen/Werte gestiegen. Damit hat er die Bahn frei gemacht für noch mehr Kooperation. Die Wahrscheinlichkeit, daß die Verhandlungen scheitern, ist abermals gesunken.

Vielleicht noch einmal schematisch:

	Zugehörigkeit: Beide sind Genußmenschen und mit Leib und Seele Bad Friedlinger Roggenbier-Trinker.	
Identität: August Sacksberger		**Identität:** Johann J. Mehltau
Werte: Anerkennung		**Werte:** vermutlich Sicherheit
Fähigkeiten: Kann Pflanzensorten züchten		**Fähigkeiten:** Kann mahlen und konnte finanzieren
Verhalten: Will Gewinn 80:20 teilen	**Konflikt**	**Verhalten:** Will Gewinn 50:50 teilen

Und nun der letzte Schritt:

8. Legen Sie die erforderlichen Schritte zur Vorbereitung der Verhandlung fest: Klären Sie, wer wann was tut!

„So, Herr Sacksberger, und was machen wir nun?"

„Ich schlage Mehltau vor, daß ich ihm ein Darlehen gewähren kann, wenn er möchte, und daß wir uns mit den Prozenten irgendwo zwischen 50 und 90 schon treffen werden. Zudem mache ich ihm den Vorschlag mit der Namensgebung, frage ihn, ob er einverstanden ist, daß der neue Raps von Wendelin vertrieben wird, und lade ihn ein, im Juli mit mir in die USA zu kommen. Wenn ich morgen Süßbier treffe, erzähle ich ihm vom ‚Back-und-Brau-Konzept'."

„Schön. Wäre es nicht vorher noch nötig, sich über die Darlehensvergabe Gedanken zu machen?"

„Da haben Sie recht. Ich muß mit meiner Bank sprechen und auch noch mit der Erdölgesellschaft und dem Vertreter der ukrainischen Landwirtschaftsbehörde. Ich will die Verhandlungen vorantreiben, damit ich in der Verhandlung mit Mehltau mit konkreten Zahlen aufwarten kann. Es gibt viel zu tun, Herr Dr. Cooper. Packen wir es an!"

Bei diesem Schritt ist es nun wichtig, daß man sehr konkret wird. Was **genau** ist noch zu tun, damit die Vorschläge zur Kooperation nicht einfach Luftschlösser bleiben?

Bis zu welchem Betrag kann Sacksberger seinem Partner tatsächlich ein Darlehen geben? Dazu ist ein Gespräch mit der Bank notwendig.

Wie hoch ist die jährliche Gewinnerwartung aus dem neuen Raps? Dazu müssen die Verhandlungen mit den Käufern vorangetrieben werden. Vielleicht muß Herr Sacksberger sogar noch einmal nach London oder Kiew fliegen.

Kann und will Wendelin Sacksberger den Vertrieb des Saatgutes tatsächlich übernehmen? Dazu sind auch noch einige Gespräche nötig.

Hat Süßbier Interesse am Bau einer neuen Gaststätte in Bad Friedlingen? Das wird Herr Sacksberger morgen in Erfahrung bringen können.

Kooperatives Verhandeln im Vergleich zum kompetitiven Streiten heißt nicht, daß der kooperative Verhandler mit milder Miene die Hände in den Schoß legt und den Dingen ihren Lauf läßt. Der kooperative Verhandler ist

Klären Sie, wer wann was tut!

genau so dynamisch und initiativ wie der Streiter, nur ist die Richtung seines Denkens und Tuns eine andere:

- Er stochert nicht in der Vergangenheit herum, sondern denkt in die Zukunft.
- Er sucht nicht nach Problemen, sondern findet Lösungen.
- Er fragt nicht danach, wer wem aus welchem Rechtsgrunde etwas schuldet, sondern hilft, Vorschläge für eine gemeinsame Zukunft zu finden.

Dabei ist es völlig normal, daß dieses lösungsorientierte Denken auf den Klienten überspringt, genau so, wie es normal ist, daß das problemorientierte Denken des kompetitiven Streiters auf seinen Klienten abfärbt:
Wie man in den Wald hinein ruft, so schallt es heraus!

„So, Herr Sacksberger, sind bis hierher noch Fragen?"

„Nö, alles klar, Herr Kommissar."

„Gut. Sie sprechen morgen mit Süßbier, dann mit dem Bankier und Ihren potentiellen Käufern und was dann?"

„Dann sollten wir uns mit Mehltau treffen."

„Gut. Weiß von Streidt schon von seinem Glück?"

„Keine Ahnung."

„Ich werde ihn morgen anrufen, um die Termine mit ihm zu besprechen. Lassen Sie uns dies formfrei machen: Wenn wir alle vier Zeit haben, treffen wir uns einfach. Ich würde es begrüßen, wenn die Verhandlung bei mir stattfinden könnte, weil ich meinen Verhandlungsraum so eingerichtet habe, daß es gar nicht erst zum Streit kommen kann."

„Da bin ich aber gespannt!"

„Alles klar?"

„Alles klar!"

„Noch was: Es freut mich übrigens sehr, daß ich Sie als Anwalt beraten darf. Wenn Sie nichts dagegen haben, lasse ich Ihnen morgen meine Vollmacht zukommen, die Sie mir bitte unterschrieben zurückschicken! Einverstanden?"

„Einverstanden!"

„Fräulein, die Rechnung bitte!"

„Nein, Herr Dr. Cooper. Diese Biere bezahle ich meinem Anwalt!"

Alles klar?

Teil 5

Die Verhandlungsphase: Sieben Schritte auf dem Weg zu einer kooperativen Lösung

1. Was wissen wir bis jetzt?

Dr. Austin Cooper hat sich, wie wir im letzten Kapitel gesehen haben, mit seinem Klienten Sacksberger sehr intensiv und zielgerichtet auf das bevorstehende Treffen mit Mehltau und Dr. Attila von Streidt vorbereitet:
Er weiß, was Sacksberger will, und er ist bereit, seinen Klienten bei der Erreichung seines Zieles zu unterstützen. Er wird ihm helfen, eine Form der Vermarktung des Industrierapses zu finden, bei welcher sein Mandant sich mehr respektiert fühlt. Diese Zielklarheit, dieses Wissen, worum es eigentlich geht, diese Kenntnis um die versteckte Absicht hinter den vordergründigen Forderungen sind von unschätzbarem Wert:

Sie geben Sacksberger die Möglichkeit, seinen Zielrahmen so offen wie möglich zu gestalten. Dadurch ist er sehr flexibel geworden und hat mit Hilfe des Brainstormings auch andere Möglichkeiten entdeckt, sich besser respektiert zu fühlen als dadurch, daß er einfach mehr Geld von Mehltau fordert:

Besser respektiert zu werden, könnte sich auch darin äußern, daß Mehltau ein Darlehen von ihm annimmt, daß er den Raps nach einer seiner Töchter benennt oder daß sein Sohn Wendelin den Vertrieb übernimmt.

Weiter, und das ist nach unseren Erfahrungen noch viel wichtiger, hat er sich im Vorgespräch auch in die Position von Mehltau versetzen können und so herausgefunden, was dessen positive Absicht sein könnte. Er hat dessen Sicherheitsbedürfnis erkannt und konnte dies entsprechend würdigen. Damit hat er einen ganz entscheidenden Schritt in Richtung einer kooperativen Lösung getan:

Er hat das Feindbild, das er von Mehltau aufgebaut hatte, aufgegeben! Damit hat er die Position des Rächers verlassen. Er wird in der bevorstehen-

Die Verhandlungsphase

den Verhandlung viel weniger aggressiv und destruktiv auftreten. Dadurch, daß er sich zudem bereits vorbereitend überlegt hat, welche Lösungsmöglichkeiten er Mehltau vorschlagen könnte, hat er sich weiter innerlich mit seinem Partner ausgesöhnt. Daß er zudem herausgefunden hat, daß es etwas geben könnte, an dessen Entwicklung sie beide Freude hätten, nämlich das Betreiben einer eigenen Brauerei-Gaststätte, hat ihn fast allen Kummer, den er mit Mehltau hatte, vergessen lassen. Er geht deshalb lokker, entspannt und mit freudiger Erwartung in die Verhandlung.

Können Sie sich vorstellen, daß eine solche Verhandlung einen anderen Ausgang nehmen wird als eine, in die er mit aufgeklapptem Messer in der Aktentasche gegangen wäre?

Eine Verhandlung etwa, zu der er als Vorbereitung Beweisstücke zusammengetragen hätte für seine Behauptung, daß der Industrieraps seine private Entwicklung ist. Eine Verhandlung, die er auch dadurch vorbereitet hätte, daß er die neue Sorte bereits auf sich oder eine neue Gesellschaft eingetragen hätte? Eine Verhandlung, die von beiden Anwälten dadurch „vorgespurt" worden wäre, daß sie in formvollendeter juristischer Kunstfertigkeit die „Schuldfrage" („Wer schuldet wem was aus welchem Rechtsgrund?") zweifach „endgültig" geklärt hätten?

Nichts von alledem hat Dr. Cooper getan, und trotzdem kann er sehr gelassen in die Verhandlung gehen. Warum? Weil er weiß, was sein Klient will, und weil er weiß, daß sein Klient mit seiner kooperativen Vorgehensweise einverstanden ist. Beide wollen sie das gleiche, und das ist, wie Sie sicher selbst wissen, schon sehr, sehr viel.

Sehen wir nun einmal, wie Dr. Cooper die Verhandlung führt. Er wird sich dabei abermals an die Schritte halten, denen er schon in der Vorbereitungsphase gefolgt ist:

2. Erster Schritt: Verhandeln Sie die Vorgehensweise: Vereinbaren Sie Gegenstand und Ablauf der Verhandlung!

Der erste wichtige Schritt zu einer erfolgreichen Verhandlungsführung besteht darin, daß sich die Parteien über den Gegenstand und das Procedere der Verhandlung einigen und festlegen, was sie jeweils in der Verhandlung erreichen möchten. Dr. Cooper hat deshalb im Einverständnis mit

Herrn Sacksberger mit Dr. von Streidt Kontakt aufgenommen und hat mit ihm einen Termin ausgemacht. Da Dr. Cooper noch nicht sehr lange in Bad Friedlingen praktiziert und bisher noch nie mit seinem Kollegen Dr. von Streidt zu tun gehabt hat, hat er ihn in seine Kanzlei eingeladen. Dr. von Streidt hat freudig angenommen und die Möglichkeit begrüßt, ihn, von dem er schon sehr viel Gutes gehört hat, endlich einmal persönlich kennenzulernen. Er hat aber auch gleich betont, daß die Ausgangslage sehr ernst sei. Mehltau sei sehr, sehr wütend. Er fühle sich von Sacksberger ausgenommen und möchte die Geschäftsverbindung am liebsten beenden. Dies sei keine sehr schöne Ausgangslage.

„Ich verstehe. Ihr Klient ist also sehr wütend, fühlt sich von Herrn Sacksberger ausgenommen und möchte die Geschäftsverbindung am liebsten beenden. Bei dieser Ausgangslage ist es meines Erachtens sinnvoll, wenn wir in den Verhandlungen nicht noch mehr Öl in die Flammen gießen und den Unmut weiter schüren. Wir sollten uns von Anfang an überlegen, was die eigentlichen Ziele unserer Mandanten sind, um zu versuchen, Mittel und Wege zu finden, daß beide ihre Ziele verwirklichen können. Was meinen Sie dazu, Herr Kollege?"

„Einverstanden, einverstanden, Herr Kollege. Was das Ziel meines Mandanten ist, kann ich Ihnen schon jetzt verraten: Er will seinen Anspruch auf 50% am Ertrag des Yellow Gold-Industrierapses verwirklicht sehen, das ist alles. Er verlangt ganz einfach vertragsgemäßes Handeln Ihrer Klientschaft. Pacta sunt servanda. Das ist alles."

„Wenn ich Sie richtig verstanden habe, Herr Kollege, verlangt Herr Mehltau, daß der Ertrag des Yellow Gold-Industrierapses im Verhältnis 1:1 geteilt wird. Ist das richtig?"

„Natürlich, das gebe ich Ihnen auch gerne schriftlich. Eine Aufteilung des Ertrages in einem anderen Verhältnis kommt für meinen Klienten nicht in Frage. Die Vorstellungen Ihrer Klientschaft, die Erträge im Verhältnis 9:1 zu teilen, entbehren jeder Rechtsgrundlage. Man soll dem Kaiser geben, was des Kaisers ist. Mehr verlangt mein Mandant nicht."

„Diese Art der Austragung des Streites auf der Ebene der Forderungen ist eine Möglichkeit des Vorgehens. Sie hat sicher Vorteile. Eine andere Vorgehensweise ist es beispielsweise, sich einmal zu überlegen, welches eigentlich die Ziele unserer Mandanten sind.

Ich habe darüber sehr eingehend mit meinem Klienten gesprochen und festgestellt, daß es ihm eigentlich gar nicht so sehr ums Geld als vielmehr um die Tatsache geht, daß er für seine erfinderischen Leistungen mehr Anerkennung haben möchte. Eine Möglichkeit, sich diese Anerkennung zu verschaffen, kann beispielsweise darin bestehen, mehr Geld für seine Leistung einzufordern. So hat er sich gegenüber Ihrem Mandanten geäußert. Wir haben dann sehr eingehend darüber gesprochen, und Herr Sacksberger hat andere Möglichkeiten entdeckt, bei deren Verwirklichung er sich ebenfalls besser akzeptiert fühlen würde. Eine andere Form der Anerkennung bestünde beispielsweise darin, daß der Vertrieb des neuen Industrierapses über die Firma des Sohnes meines Klienten organisiert werden könnte oder daß Ihr Klient einwilligt, die neue Sorte nach seiner Tochter zu nennen."

„Das klingt sehr interessant, Herr Kollege. Heißt das, daß Ihr Klient also von der absurden Behauptung, 90% des Ertrages für sich zu beanspruchen, abgekommen ist?"

„Dies könnte es vielleicht heißen. Aber es heißt nicht nur das. Es heißt vor allem, daß meinem Klienten an einer weiteren Zusammenarbeit mit Herrn Mehltau sehr gelegen ist. Wichtig ist ihm dabei, daß die Zusammenarbeit in ihrer Gesamtheit neu gewürdigt und den heutigen Verhältnissen angepaßt wird. Deshalb auch mein Vorschlag: Lassen Sie unsere Klienten ihre persönlichen Ziele finden und austauschen. Daraus lassen sich vielleicht neue Wege der Zusammenarbeit finden, die noch vorteilhafter sind als diejenigen, die heute schon beschritten werden.

Denn wie sagte Seneca, unser großer römischer Kollege: Mich interessiert nicht, woher die Dinge kommen, sondern wohin sie gehen!"

„Seneca, ja Seneca schätze ich sehr. Diesen Spruch kenne ich allerdings noch nicht. Wie haben Sie gesagt? Mich interessiert nicht, woher die Dinge kommen, sondern wie sie begründet sind? Sehr interessant. Das werde ich mir gleich notieren."

„. . . sondern wohin sie gehen", korrigiert Dr. Cooper: „Eine schöne Variante dieser Idee hat auch Churchill einmal formuliert: Wenn die Gegenwart mit der Vergangenheit streitet, werden wir die Zukunft verlieren."

„Sie sind aber ein Sprücheklopfer, Herr Kollege! Das finde ich gut. Ihre Ideen gefallen mir, obwohl sie mir im Moment noch ein bißchen fremd vorkommen. Wie schlagen Sie also vor, daß wir die Verhandlungen führen?"

„Nach meiner Erfahrung hat sich folgende Vorgehensweise bewährt:

1. Wir lassen die Klienten zuerst einmal die bestehende Zusammenarbeit würdigen. Dabei ist es wichtig, daß wir hauptsächlich das betonen, was gut an der Zusammenarbeit ist.

2. In einem zweiten Schritt sagt dann jeder, welches seine persönlichen Interessen sind, die hinter seinen Forderungen stehen.
3. Der dritte Schritt besteht darin, aufzuzeigen, worin gemeinsame Interessen bestehen könnten.
4. In einem vierten Schritt suchen dann beide Parteien nach Möglichkeiten, wie sie ihre persönlichen Interessen und die gemeinsamen Interessen verwirklichen können.
5. Im letzten Schritt werden die Ergebnisse festgehalten und die Schritte zur Verwirklichung bestimmt.

Wichtig bei dieser Vorgehensweise ist, daß alles, was gesagt wird, bloße Vorschläge sind, die erst rechtlich verbindlich werden, wenn beide ihnen zugestimmt haben.

Könnten Sie sich mit dieser Vorgehensweise einverstanden erklären?"

„Sie ist mir zwar sehr fremd, aber ich habe nichts dagegen einzuwenden. Würden Sie es aber nicht als hilfreich ansehen, wenn wir beide in einem kleinen Schriftwechsel die Forderungen unserer Mandanten festhalten und austauschen würden? Dann wüßten wir gleich von Anfang an, auf welchem Schlachtfeld wir kämpfen werden."

„Dies ist eine Möglichkeit, die oft praktiziert wird. Eine andere Möglichkeit des Vorgehens besteht darin, nach den Interessen hinter den Forderungen zu fragen und Lösungen von dieser Ebene aus zu finden. Ich ziehe in diesem Falle die zweite Möglichkeit vor."

„Wenn Sie meinen, gut. Ich freue mich auf jeden Fall sehr, Sie am 7. Juni endlich kennenzulernen. Auf Wiederhören, Dr. Cooper!"

„Bis am 7. Juni, 9:00h bei mir. Auf Wiederhören."

Soviel zum Gespräch zwischen den beiden Kollegen.

Wenn Sie in der Kunst des kooperativen Verhandelns erfolgreich sein wollen, ist es von elementarer Bedeutung, die Verhandlung klar zu strukturieren.

Der Erfolg unserer Vorgehensweise liegt darin, daß Sie durch eine klar strukturierte Methode des Vorgehens (Roger Fisher nennt seinen „Getting-to-Yes"-Prozeß nicht umsonst „structured thinking") vermeiden, überhaupt in das gegenseitige Stellen und Begründen von Forderungen zu verfallen, das letztendlich immer vor dem Richter endet, der entscheidet, wer gewinnt und wer verliert.

Ich kann mich noch sehr gut daran erinnern, daß ich vor Jahren einen Scheidungsfall übernahm. Nach einem längeren Gespräch mit meinem Mandanten waren wir uns einig, daß wir die Scheidung kooperativ über die Bühne bringen wollten. Deshalb wollte ich als erstes mit dem Anwalt der Gegenseite Kontakt aufnehmen, um ihm das Angebot einer kooperativen Scheidung zu unterbreiten. Als am nächsten Tag das erste „böse" Schreiben der Gegenseite ins Haus flatterte, hielt ich den Zeitpunkt für gekommen. Ich rief meinen Kollegen an, dankte ihm für seinen Brief und teilte ihm mit, daß es nun genau zwei Möglichkeiten des Vorgehens geben würde:

- *Ich könnte seinen Brief mit meinem Mandanten besprechen und selbstverständlich alle Behauptungen, die er im Namen seiner Partei aufgestellt hatte, entkräften, meinerseits Behauptungen aufstellen, das Verhalten seiner Mandantin rügen und mit verschiedenen Maßnahmen drohen. Er seinerseits könnte dann meinen Brief wieder beantworten und mit größerem Geschütz zurück schießen. So könnten wir in kürzester Zeit den Streit eskalieren.*
- *Andererseits könnten wir aber auch das Hin- und Her-Schreiben von Briefen lassen, uns und unsere Klienten mäßigen und uns aufs Wesentliche konzentrieren. Das Wesentliche in diesem Fall sei wohl, da die Ehe nicht mehr zu retten sei, sie so elegant wie möglich aufzulösen. Ich würde zur zweiten Alternative tendieren, weil sie Lösungen suche, statt Probleme zu schaffen.*

Mein Kollege zögerte etwas, dankte mir dann für die Offenheit und versicherte mir, daß er diese Vorgehensweise ebenfalls vorziehe. Wir haben dann den Fall tatsächlich sehr elegant lösen können, und beide Parteien begrüßten am Schluß nicht nur die erzielte Lösung, sondern auch die moderaten Honorarnoten. Dies wiederum zahlte sich dadurch aus, daß uns beide Parteien neue Klienten ins Haus brachten.

Kooperation lohnt sich, man muß nur den Mut haben, sie vorzuschlagen.

Das ist einfach, wenn beide Anwälte mit der Methode vertraut sind. Schwieriger wird es aber, wenn der Gegenanwalt streng nach der juristischen Methode vorgehen will und gleich die Forderungen seiner Klientschaft präsentiert. Etwa so, wie es Attila von Streidt getan hat.

Wie hat Dr. Cooper darauf reagiert? Lassen Sie uns einmal sein Vorgehen beschreiben:

1. Der erste Schritt eines „lehrbuchmäßigen" Vorgehens besteht darin, daß die **bisherige Zusammenarbeit gewürdigt** wird. Aus irgend einem Grund, den wir hier nicht weiter verfolgen wollen, hat Dr. Cooper an dieser Stelle darauf verzichtet. Und das ist gut so, denn im Leben läuft eben vieles anders ab, als es im Lehrbuch steht.

   Nun aber zurück zum „Idealablauf":

   Dadurch, daß wir unserem Gegenüber mitteilen, welche Punkte der Zusammenarbeit gut **(nicht: schlecht!)** laufen oder gelaufen sind, fordern wir unser Gegenüber auf, es uns gleichzutun und den Blick von der Schattenseite der Ereignisse auf die Sonnenseite zu lenken.

   Was tun Sie aber, wenn keiner der Klienten irgend etwas an der Zusammenarbeit gut findet? Dann können Sie beispielsweise ziemlich provozierend fragen:

   „Wenn ich Sie richtig verstanden habe, gibt es überhaupt nichts Gutes an der bisherigen Zusammenarbeit. Alles, jede Sekunde, jeder Schritt, jedes Produkt, das sie zusammen produziert oder entwickelt haben, ist einfach schlecht. Stimmt das?"

   Eine solche überspitzte Behauptung kann natürlich keine der Parteien gelten lassen, und diese beginnen dann, ihre Zusammenarbeit gegen Ihren massiven Angriff zu verteidigen.
   Der Problemrahmen weicht und macht langsam dem Lösungsrahmen Platz.

2. Dr. Cooper hat, als Dr. von Streidt die Ausgangslage präsentiert hat, **sehr genau zugehört und versucht, sich in die Sichtweise des Gegenanwaltes, seine „Landkarte", einzuhören,** und hat ihm dann das, was er verstanden hat, zurückgetragen:

   „Ich verstehe. Ihr Klient ist also sehr wütend, fühlt sich von Herrn Sacksberger ausgenommen und möchte die Geschäftsverbindung am liebsten beenden."

   Dieses „Backtracking" hat er mehrere Male gemacht. Wie wirkt das? Dr. von Streidt hört einen anderen Menschen genau das sagen, woran er selbst glaubt. Dadurch fühlt er sich verstanden und beginnt, seinem Kollegen zu vertrauen.

3. Dr. Cooper **verläßt die Ebene der Forderungen und geht auf die Ebene der Interessen**. Er trennt Absicht von Verhalten (oder wie Fisher/Ury/Patton es nennen: Position von Interesse) und folgt damit

dem schon mehrfach erwähnten Satz Einsteins, daß ein Problem nie auf der gleichen Ebene gelöst werden könne, auf der es entstanden ist:

„Bei dieser Ausgangslage ist es meines Erachtens sinnvoll, wenn wir nicht noch mehr Öl in die Flammen gießen und den Unmut weiter schüren, sondern uns von Anfang an überlegen, was die eigentlichen Ziele unserer Mandanten sind. . ."

4. Dr. von Streidt kennt den **Unterschied zwischen Absicht und Verhalten** noch nicht. In seinem juristischen Weltmodell ist es selbstverständlich, daß die eigentliche Absicht seines Klienten in der Durchsetzung des Anspruchs liegt.

   „Was das Ziel meines Mandanten ist, kann ich Ihnen schon jetzt verraten: Er will seinen Anspruch auf 50% am Ertrag des Yellow Gold-Industrierapses verwirklicht sehen."

   Hier muß nun Dr. Cooper sehr behutsam sein, wenn er Dr. von Streidt auf den „kooperativen Weg" bringen will. Vor allem darf er nicht belehrend sein (denn einem Lehrer wird garantiert widersprochen), sondern muß das aufgebaute Vertrauen weiter festigen, um so Dr. von Streidt langsam zum neuen Lösungsansatz hinüberzuführen.

   Dies tut Dr. Cooper meisterhaft, **indem er wiederholt, was sein Kollege fordert, und dann auf die Meta-Ebene wechselt,** d. h. auf die Art und Weise der Verhandlungsführung zu sprechen kommt. Dabei würdigt er durchaus die juristische Methode und stellt seine Methode ganz einfach gleichberechtigt daneben. Auch hier widerspricht er nicht, sondern erweitert einfach die Möglichkeiten des Vorgehens:

   „Diese Art der Austragung des Streites auf der Ebene der Forderungen **ist eine Möglichkeit** des Vorgehens. **Sie hat sicher Vorteile. Eine andere Vorgehensweise wäre etwa . . ."**

5. Nun folgt die **Darstellung der Ziele.** Dr. Cooper entscheidet sich, **diesen Punkt von Anfang an ganz offen zu diskutieren.** Er teilt seinem Kollegen mit, daß es seinem Klienten darum geht, mehr Anerkennung für seine Leistungen zu erhalten, und läßt ihn wissen, welch andere Möglichkeiten sein Mandant noch sehen würde, wie Anerkennung sonst noch verwirklicht werden könnte:

   „. . .Vertrieb über Sohn . . . Benennung nach Tochter . . ."

   Soll man tatsächlich von Anfang an sagen, worum es einem wirklich geht?

Wir sind der festen Überzeugung, daß es sich lohnt; ja, daß es nur diesen Weg gibt. Spielen wir Verstecken, haben wir nämlich unbewußt immer noch das Gewinner/Verlierer-Spiel im Kopf und denken:

„Ich sag ihm jetzt nicht, worum es meinem Mandanten wirklich geht. Damit bewahre ich mir einen Joker, den ich dann bei Bedarf ausspielen kann . . ."

Es gibt auch Verhandler, die meinen, es sei besonders wichtig, die andere Seite im unklaren darüber zu lassen, was man eigentlich will. Wovor haben sie eigentlich Angst? Etwa davor, der andere könnte so sein, wie man selbst ist? Weil man befürchtet, der andere könnte einem auch nicht sagen, was er will? Diese Verhandler erinnern uns ein wenig an die Menschen, die immer (auch bei Sonnenschein) mit einem Regenschirm herumlaufen, denn es könnte ja einmal regnen. . .

Den erfolgreichen kooperativen Verhandler erkennt man daran, daß er von Anfang an Klartext spricht. Klartext sprechen heißt aber nicht, daß man restlos alles sagt. Das Angebot, der Gegenpartei ein Darlehen zu gewähren, behält Dr. Cooper für sich. Warum? Weil Herr Sacksberger ja bloß vermutet, daß Mehltau billiges Geld brauchen könnte. Auch wenn er diese Information dadurch erhalten hat, daß er sich in Mehltau hineinversetzt hat, bleibt es eine **Vermutung**. Es ist der Versuch, die Landkarte von Mehltau abzubilden. Wie findet man aber heraus, ob die Abbildung stimmt? Ganz einfach: indem man fragt! Diese Frage will er sich aber für die Verhandlung selbst vorbehalten.

6. Nun kommt Dr. Cooper auf die eigentliche Verhandlungsführung zu sprechen. Dieser Punkt ist in der Praxis extrem wichtig. Wenn die Agenda nicht klar festgelegt wird, kommt ganz einfach das heraus, was in solchen Fällen herauskommt:

   Der eine Anwalt proklamiert die Forderungen seines Mandanten, und der andere antwortet mit den Forderungen seines Klienten. Die Stellungen sind bezogen. Dann werden die Klingen in Form von Begründungen gekreuzt. Das geht dann meist stundenlang, und das einzige, was man danach weiß, ist, daß der Fall kompliziert, mit Sicherheit nicht einfach zu lösen ist und sicher für beide Parteien sehr teuer wird.

   Vielleicht kommt es etwa so heraus, wie bei den beiden Parteien, die sich tagelang mit ihren Anwälten um die Hinterlassenschaft des verstorbenen Vaters gestritten hatten und dann ganz stolz eine erste Teileinigung bekannt gaben: Man habe sich darauf geeinigt, den Herzschrittmacher des Toten dem Roten Kreuz zu spenden.

Was lernen wir daraus? **Gar nicht erst einsteigen in diese Denkweise!**

Das ist die beste Lösung!

Der Lösungsrahmen wird weiter verstärkt, wenn Sie die Verhandlung nach dem Modell führen, das Dr. Cooper vorgeschlagen hat. Lassen Sie uns dies noch einmal zusammenfassen:

Z usammenarbeit würdigen
I ndividuelle Interessen herausfinden
E ntdecken der gemeinsamen Interessen
L ösungsmöglichlichkeiten finden, die individuelle und gemeinsame Interessen decken
E rgebnisse festlegen

ZIELE heißt also das Zauberwort!

Ziele statt Ansprüche!
Ziele statt Probleme!

Damit ist fürs erste die Verhandlung ausreichend vorbereitet worden. Nach unseren Erfahrungen müssen aber während der Verhandlung selbst weitere Steuerungsmechanismen eingebaut werden, um zu erreichen, daß die Verhandlung auf dem Lösungsweg bleibt und nicht zu einer Verhinderung von Lösungen wird. Dazu später mehr.

Leiten wir unsere Aufmerksamkeit jetzt wieder hinüber auf das Zusammentreffen der durch ihre Anwälte verstärkten Parteien Mehltau und Sacksberger in der Kanzlei von Dr. Austin Cooper.

3. Zweiter Schritt: Bauen Sie Vertrauen auf: Schaffen Sie eine gute Beziehung zum Verhandlungspartner!

3.1 Die Einstimmung

Es ist Donnerstag, halb neun. Herr Sacksberger klingelt, und Dr. Cooper öffnet ihm persönlich. Cooper trägt einen feinen Anzug „Ermenegildo Zegna“, und auch Sacksberger gibt sich gediegen. Welch ein Unterschied,

Die Einstimmung

die beiden Herren nun in ihren Anzügen zu sehen, wenn man vergleicht, wie sie sich noch bei ihrer ersten Besprechung gegenüberstanden. Warum diese Verwandlung? Ganz einfach, um Vertrauen aufzubauen. Um zu zeigen, daß sie vom gleichen Stamm sind wie die beiden Gäste, die sie in dreißig Minuten erwarten.

Cooper hatte Sacksberger vor einigen Tagen angerufen, um noch einige Fragen zu klären. Unter anderem wollte er auch wissen, wie Mehltau und von Streidt aufzutreten pflegen.

„Immer piekfein!" meinte Sacksberger. „Gut, dann werden wir uns synchronisieren, Herr Sacksberger! Anzugspflicht: Nur das Beste ist gut genug!"

Weiter erfuhr er im Gespräch auch, daß Sacksberger mit Süßbier Kontakt aufgenommen und da schon ein bißchen vorsondiert hatte. Er erzählte ihm auch, daß er von Süßbier einen Harras des neuen, alkoholfreien Bad Friedlinger Biers, das nächsten Monat in Produktion gehen und „Friedlinger Friedenstrunk" heißen soll, erhalten hatte.

„Wunderbar", meinte Cooper, bringen Sie doch einige Flaschen mit, dann machen wir zu Beginn der Verhandlung eine Bierprobe. Das kann nicht schaden. Die Indianer rauchen zu Beginn der Verhandlungen die Friedenspfeife, Araber machen eine Tee-Zeremonie, und wir trinken den „Friedenstrunk". Das gefällt mir."

Unterbrechen wir hier einmal. Ist es nicht Anbiederung, wenn man sich so auf eine Verhandlung vorbereitet? Ist es nicht unwürdig? Sollte man nicht viel lieber „ehrlich und schnörkellos" auf den Punkt kommen und dem anderen von Anfang an gleich zeigen, was Sache ist? Wir meinen nicht. Wir sind der Meinung, daß jeder Schritt, der in einer schwierigen Verhandlung zur Versöhnung der Parteien führen kann, getan werden sollte.

Ich erinnere mich noch sehr gut an eine langwierige Auseinandersetzung in einer gesellschaftsrechtlichen Angelegenheit, bei der die Gegenseite von einem Rechtsanwalt vertreten wurde, der uns zunächst sehr zugeknöpft und traditionell juristisch, also anspruchsorientiert denkend, erschien. Nachdem wir, wie bei gesellschaftsrechtlichen Streitigkeiten üblich, sechs Verfahren einschließlich strafrechtlicher Anzeigen eingeleitet hatten, verabredeten wir uns für den Versuch eines Vergleichsgespräches, das wir ohne unsere Parteien durchführen wollten, in seiner Kanzlei. Das Erstaunliche geschah: Der Kollege offenbarte sich mir als ein versierter Kenner klassischer Musik und erzählte mir, daß er einen großen Teil seiner Arbeit beim Klang von Streichquartetten erledige. Wir unterhielten uns nun lange über das Wesen der Mahler'-schen Symphonien und tranken dazu grünen Tee. Dabei entspannte sich die Situation immer mehr.

Wir begannen Sympathie füreinander zu entwickeln.

Beflügelt durch das gute Gespräch am Anfang unseres Zusammentreffens vereinbarten wir, daß wir uns gegeneinander nicht als Legionäre einsetzen lassen würden. Das heißt, wir würden selbstverständlich in der Sache selbst jegliche zulässige Härte anwenden, nicht aber im Hinblick auf die Person des anderen. Seit diesem Tag verbindet mich mit diesem Kollegen, den ich zugegebenermaßen völlig falsch eingeschätzt hatte, große Sympathie und das Bedauern, daß wir bisher nicht mehr schwierige Fälle miteinander lösen konnten.

Soviel zu der Einstimmung auf die Verhandlung.

3.2 Der Besprechungsort

Erinnern wir uns an dieser Stelle noch einmal an die Tatsache, daß der Erfolg oder Mißerfolg eines Gespräches zwischen zwei Menschen nur zu 8% von dem bestimmt wird, WAS wir sagen, aber zu 92% von dem, WIE wir es sagen. Das WIE, die Form, ist also mindestens 10mal wichtiger als das WAS, die Sache.

Zum WIE und somit zur nonverbalen Kommunikation gehört ebenfalls die Sitzordnung, die Art und Weise, wie sich die „Gegner" gegenüber sitzen. Welche Art der „Schlachtaufstellung" ist heute üblich?

Meistens sieht es etwa so aus:

Die Verhandlung findet im sogenannten Besprechungszimmer statt, das Anwälte oft mit Kunst an der Wand und einem massiven, schweren Verhandlungstisch geschmückt haben. Dieser Tisch ist oft riesig, rechteckig und eichen. An den beiden Längsseiten stehen dann drei oder vier Designerstühle, auf denen die Parteien, Auge in Auge mit dem Gegner, Platz nehmen und gleich als Zeichen ihrer Macht schwere Aktenkoffer parallel zur Tischkante plazieren, schwungvoll aufschnappen lassen, extrem wichtige Unterlagen herausholen und diese vor sich auftürmen. Hinter diesem Schutzwall sichtbarer Kompetenz gehen dann alle in Stellung, zücken den Montblanc-Füller, und die „Verhandlung" kann los gehen.

Ich habe sicher hunderte solcher „Schlachtaufstellungen" miterlebt, bis mir vor Jahren einmal bewußt wurde, was wir da eigentlich tun:

Wir tun nichts anderes, als die Haltung von Menschen einzunehmen, die miteinander kämpfen wollen! Wir stehen uns wie Schwertkämpfer gegenüber, präsentieren wie Duellanten unsere Waffen und konzentrieren uns wie Boxer auf das Weiße in den Augen unseres „Gegners". Diese Stellung ist nichts anderes als die Stellung, die Menschen immer einnehmen, wenn sie nicht mehr verhandeln, sondern kämpfen wollen. Auge um Auge, Zahn um Zahn.

Diese Kampfstellung löst biochemisch die Vorgänge aus, die im Kampfgetümmel von entscheidender Bedeutung sind:

- Die Nebennieren schütten Adrenalin aus.
- Die Muskeln spannen sich an und werden beim kleinsten gegnerischen Angriffssignal den Körper in Richtung Angriff oder Flucht steuern.
- Das Blut verschwindet aus dem Kopf und pulsiert in die Muskeln, wo es zum Führen des Schwertes besser gebraucht wird als im Kopf zum Denken.

Unter diesen biochemischen Bedingungen wird dann verhandelt, und man wundert sich anschließend, warum auch heute wieder nichts Konstruktives dabei herausgeschaut hat.

Wenn die verhandlungswilligen Parteien in Schlachtreihen Stellung beziehen, braucht sich daher niemand zu wundern, wenn die Verhandlung tatsächlich in einem Gemetzel endet. Vertrauen läßt sich damit jedenfalls nicht aufbauen. Wie könnte eine „Verhandlungsaufstellung" aber anders aussehen?

Lassen wir dies doch Dr. Cooper erklären:

„So, Herr Sacksberger, nun möchte ich Ihnen einmal mein Verhandlungszimmer zeigen. Bitte kommen Sie mit."

Cooper führt Sacksberger in einen großen, fast leeren Raum, in dem sich, zu seiner großen Verwunderung, kein massiveichener Prunktisch befindet, sondern in einer Ecke eine Sitzgruppe aus verschiedenen drehbaren Ledersesseln, daneben ein runder Tisch. An einer Wandseite stehen Flipcharts und Meta-Plan-Wände. An der anderen Wandseite hängt ein großes White-Board. Das Besprechungszimmer vermittelt den Eindruck, daß hier mit vielen sinnvollen Utensilien kreativ gearbeitet werden soll.

„Hier in der Sitzgruppe werden wir mit der Besprechung, d. h. mit der Bierprobe beginnen. Die Sitzgruppe ist bewußt halbkreisförmig angeordnet. So hat niemand ein direktes Gegenüber und die in Verhandlungen oft übliche Schlachthaltung kommt gar nicht erst auf. Wenn wir dann die Aufwärmrunde beendet haben, würde ich es vorziehen, daß wir an den runden Tisch gehen und da mit der Verhandlung beginnen. Noch viel lieber wäre es mir, wenn wir gleich alle zu den Flipcharts gehen und unsere Vorstellungen über die zukünftige Zusammenarbeit dort visualisieren könnten. Dies hat den Vorteil, daß wir stehen, immer in Bewegung sind und somit nicht erstarren können. Wo keine körperliche Erstarrung möglich ist, ist auch eine geistige Erstarrung nicht wahrscheinlich. Auf jeden Fall ist es sinnvoll, die Flipcharts im Laufe der Besprechung zu benutzen. Ist das in Ihrem Sinne, Herr Sacksberger?"

„Aber, sicher."

„Gut, dann lassen Sie mich noch einmal sagen, worauf es bei der kooperativen Verhandlung ankommt:
Das Wichtigste ist, daß wir die **Ebene der Forderungen verlassen und auf der Ebene der Interessen** interagieren. Dazu bitte ich Sie, daß Sie Ihre Interessen offen darlegen. Vorher ist es wichtig, daß Sie die schönen Seiten Ihrer bisherigen Zusammenarbeit hervorstreichen. Damit stimmen Sie sich selbst und Herrn Mehltau positiv. Dann präsentieren Sie Ihre Ziele und die gemeinsamen Interessen. Aus diesen heraus werden wir dann Lösungen generieren. Ist das in Ordnung?"

„No problem!"

„Okay, dann kann es ja losgehen!"

3.3 Die Eröffnungsphase

Kaum hat Dr. Cooper den Satz zu Ende gesprochen, ertönt auch schon die Glocke.

„Gehen wir unsere Gäste holen", meint Cooper und geht mit seinem Klienten zur Tür.

„Guten Tag, Herr Mehltau, guten Tag, Herr Kollege! Es freut mich sehr, daß ich Sie heute in meinen Räumen begrüßen darf."

„Guten Tag, Herr Kollege, guten Tag, Herr Sacksberger! Die Freude ist ganz meinerseits, allerdings wäre sie noch größer, wenn wir ein anderes Tagesthema hätten."

„Guten Tag Herr Doktor, guten Tag Johann-Jakob. Ich würde das Ganze nicht so pessimistisch sehen, vielleicht ist dies ja der Beginn einer wunderbaren Freundschaft", erwidert Sacksberger.

„Sie gehen zuviel ins Kino, Herr Sacksberger!" erwidert von Streidt.

Nachdem noch einige Minuten weiter Small-Talk ausgetauscht wurde, führt Dr. Cooper die beiden Gäste in sein Besprechungszimmer.

„Bevor wir mit den Verhandlungen beginnen, habe ich noch eine kleine Überraschung: Herr Sacksberger hat gestern von Herrn Süßbier einige Proben „Friedenstrunk" erhalten, der offiziell erst nächsten Monat in Produktion geht. Wir haben die Flaschen kalt gestellt, und ich schlage vor, daß wir die Verhandlung mit einer kleinen Bierprobe beginnen."

„Herr Kollege, welch prächtige Idee: Bad Friedlinger Friedenstrunk! Auf welche Ideen die Leute immer wieder kommen. Das war sicher der Seelig mit seiner Werbeagentur. Ich bin ja gespannt, wie es schmeckt. Ist es ein Pils, ein Weißbier, ein Schwarzbier?"

„Jawohl, es war der Dr. Seelig," antwortet Sacksberger. „Der Friedenstrunk ist ein alkoholfreies Schwarzbier, das nach einem neuen Brauverfahren gebraut wird, so ähnlich wie der große Verkaufshit der letzten Jahre, das Clausthaler. Aber lassen Sie uns nicht länger bloß darüber sprechen, lassen Sie uns einschenken und auf gute Verhandlungsergebnisse anstoßen!"

Bald schäumt das Bier in den Gläsern, man prostet sich zu und fachsimpelt über gute Biere, ausgezeichnete Biere und das beste aller Biere, das Bad Friedlinger Bier.

Lassen wir die Männer trinken, lehnen wir uns einmal zurück und überlegen wir uns noch einmal, was da gerade geschieht:

Wir haben immer wieder betont, wie wichtig **Synchronisation,** das **Herstellen von Rapport,** bei einem Gespräch ist. Wenn Dr. Cooper beim Spazieren im Stadtpark den Schritt von Herrn Sacksberger annimmt oder wenn er die Argumentation seines Kollegen zusammenfaßt, dann synchronisiert er seine Welt mit der Welt seines Gegenübers. Es entsteht Gleichklang. Was zwischen zwei Gesprächspartnern angewendet werden kann, wirkt auch bei mehreren Verhandlungspartnern. Die eindrücklichste Form einer solchen Synchronisation habe ich einmal bei japanischen Geschäftsleuten erlebt, die vor der Verhandlung eine Viertelstunde lang im gleichen Rhythmus geatmet haben. Diese Form der mechanischen Synchronisierung ist bei uns im Geschäftsleben unüblich. Wir kennen einzig die visuelle Synchronisierung, wie etwa den Krawattenzwang in den Chefetagen, die Richterroben und Anwaltstalare in den Gerichtssälen oder die Uniformen des Verkaufspersonals, wie etwa bei McDonalds oder Palmers. Direkte mechanische Synchronisierung kennen wir höchstens vom Militär, wenn wir beim Exerzieren im Gleichschritt marschieren, im Fußballstadion, wenn die Welle kommt, oder in der Jazzband, wenn wir mit anderen Musikern im selben Rhythmus grooven. Dazu kommen noch unsere Lehrer in der Grundschule, die uns vor jeder Unterrichtsstunde drei Lieder singen ließen.

Sollen wir also vor jeder Verhandlung ein Lied singen? Beschwingend wäre das sicher, aber wir glauben, wir würden vor allem Unverständnis ernten. Wenn Synchronisierung wichtig ist, wie synchronisieren wir uns dann, ohne daß es unnatürlich wirkt?

Eine einfache Möglichkeit ist die, daß wir **vor der Verhandlung gemeinsame Interessen teilen** und etwa über das vergangene Fußballwochenende sprechen. Oder, wenn wir wissen, daß die Gegenpartei schnelle Wagen liebt, können wir vom neusten Jaguar XK8 schwärmen. Liebt die Gegenpartei Schokolade, servieren wir Lindt und Sprüngli-Pralinen. Oder, wenn wir wissen, daß sie Bierkenner sind, servieren wir die neuesten Bierprodukte. So einfach ist das.

Überlegen Sie sich doch einmal, wie Sie sich mit ihrem nächsten Verhandlungspartner synchronisieren können!

Eine simple und doch hoch raffinierte Methode habe ich bei einem Kollegen immer wieder bewundert: Er hat vor jeder Verhandlung gnadenlos einige Witze zum besten gegeben, und dies so lange, bis auch der Letzte gelacht hat. Lachen ist Synchronisation par excellence.

Fassen wir also die verschiedenen Teilschritte dieses zweiten Schrittes zusammen:

1. Stimmen Sie sich mit Ihrem Mandanten unmittelbar vor der Verhandlung auf das Kommende ein!
2. Sorgen Sie für einen Besprechungsort, der kooperatives Verhandeln ermöglicht!
3. Sychronisieren Sie sich mit Ihrem Verhandlungspartner!

Doch nun zurück zu unseren Verhandlern, die sich in der Aufwärmrunde schon sehr gut aufeinander eingestimmt haben.

4. Dritter Schritt: Trennen Sie Absicht von Verhalten: Nennen Sie Ihre eigenen Ziele, und entdecken Sie die Ziele der anderen Seite!

„So, Herr Cooper, der Begrüßungstrunk hat ja hervorragend gemundet. Aber lassen Sie uns jetzt in medias res gehen. Sie haben mir am Telefon ein Fünf-Punkte-Programm vorgeschlagen, das ich mit Herrn Mehltau besprochen habe, und wir sind, und das kann ich ihnen an dieser Stelle versichern, grundsätzlich damit einverstanden. Wir möchten aber, bevor wir in die Verhandlung gehen, klar und unmißverständlich unsere Position darlegen, damit Sie wissen, was unsere Anliegen sind. Ich nehme an, diese Bitte können Sie mir nicht abschlagen?"

„Selbstverständlich nicht, Herr Kollege. Darf ich meinerseits ans White-Board gehen und notieren, was Sie sagen?"

„Natürlich!"

Dr. Cooper verläßt den Sesselhalbkreis, greift sich einen Marker, geht an das White-Board, das seitlich an der Wand hängt, und bittet Dr. von Streidt, die Position seines Mandanten darzustellen:

„Also. Vor wenigen Wochen hat Ihr Mandant meinen Klienten aufgesucht und ihm zwei Botschaften übermittelt. Eine gute, wie wir meinen, und eine schlechte. Die gute bestand darin, daß Herr Ingenieur Sacksberger meinem Mandanten mitgeteilt hat, daß die im gemeinsamen Unternehmen gezüchtete Sorte Yellow Gold-Industrieraps von der Deutschen Forschungsanstalt für Sortenzucht mit dem großen Förderpreis ausgezeichnet worden ist und als Folge davon zu der Sorte bestimmt wurde, aus der in den nächsten Jahren in Deutschland Biodiesel-Treibstoff hergestellt werden soll. Zudem teilte er ihm mit, daß ein großes Konsortium, das sich mit dem Anbau von Industriepflanzen in der Ukraine beschäftigt, auf ihn zugekommen sei und der Firma SackMehl langfristige Entwicklungs- und Lieferverträge angeboten hat. Die gleichen Interessen soll eine große Erdölgesellschaft angemeldet haben. Das freute meinen Mandanten sehr, hatte er doch jahrelang die Zucht der Industriepflanzen mit besonderem Interesse und großen finanziellen Opfern gefördert. Um so erstaunter, wenn nicht geradezu entsetzt, war er deshalb, als ihm Ihr Mandant eröffnete, daß die ganze Zucht der Industriepflanzen, die er in den letzten Jahren betrieben habe, nicht über die gemeinsame Firma gelaufen, sondern eine rein private

Beschäftigung gewesen sei. Er sei dieser Zuchttätigkeit immer in der Freizeit und in den Ferien nachgegangen. Aus diesen Gründen sehe er sich außerstande, den Gewinn nach dem bisherigen Modus 50/50 abzurechnen. Er sei aber, entgegenkommenderweise und ohne Anerkennung einer Rechtspflicht, bereit, meinem Mandanten 5-10% des Gewinnes auszuzahlen.

Ich möchte an dieser Stelle mit Nachdruck festhalten, daß wir diese Art der Kaltstellung meines Mandanten aufs Schärfste mißbilligen, genauso, wie wir seine Ansicht über das geistige Eigentum an den Rechten und die daraus abgeleitete Gewinnverteilung ablehnen.

Erwiesen und belegt ist vielmehr, daß die SackMehl GmbH im Jahre 1980 mit dem erklärten Ziel gegründet wurde, neue Pflanzensorten zu züchten und zu vermarkten. Mein Mandant trat dabei als „Lieferant" des Betriebskapitals auf, Ihr Mandant steuerte das nötige Know-how bei. Nach anfänglichen Schwierigkeiten erreichte die Firma schließlich schwarze Zahlen und wurde vor wenigen Jahren, wie wir alle wissen, mit der Entwicklung des SacStar-Weizens hoch rentabel. Wenn wir die Buchhaltung der vergangenen Jahre anschauen, stellen wir fest, daß der Unternehmensgewinn ohne Ausnahme im Verhältnis 1:1 auf die beiden Anteilseigner ausbezahlt wurde. Ein anderer Modus der Gewinnverteilung ist nirgends ersichtlich.

Nun zur Behauptung, die Zucht des Yellow Gold-Rapses sei ein privates Hobby Ihres Mandanten gewesen. Diese Behauptung ist widersinnig und kann ganz leicht widerlegt werden, denn

a) sämtliche Industriepflanzen, darunter natürlich auch der Industrieraps Yellow Gold, wurden auf dem firmeneigenen Gelände angebaut;

b) die Pflanzen wurden von den Angestellten der Firma SackMehl ausgesät, betreut, geerntet und wissenschaftlich ausgewertet;

c) die Arbeit mit den Pflanzen erfolgte mit firmeneigenen Instrumenten;

d) der für das Wachstum nötige Dünger wurde aus Beständen der Firma bezogen

und last but not least:

Mein Mandant und Ihr Klient haben sich zum ausdrücklichen Zweck der Entwicklung und Aufzucht von neuen Pflanzensorten zusammengefunden. Wenn nun Ihr Klient tatsächlich neue Pflanzen entwickelt, tut er dies nicht für sich, sondern in Erfüllung des Unternehmenszweckes. Diese Zweck-Geburten, sprich Pflanzensorten, können gar nichts anderes sein als Eigentum der Firma. So war es in der Vergangenheit, so ist es heute und so wird es in Zukunft sein. Eine andere Gewinn-Verteilung als die unter gleich berechtigten Eigentümern ist weder denkbar noch juristisch begründet."

Dr. Cooper hört dem Vortrag seines Kollegen aufmerksam zu und notiert fein säuberlich auf der Tafel:

Forderung Mehltau	*Teilen des Gewinnes Yellow Gold 1:1 unter den Eigentümern der Firma SackMehl*
Begründung	– *Raps im Eigentum der Firma* – *Züchten/Verkaufen ist Firmenzweck* – *alle bisherigen Gewinne aus Pflanzenzüchtungen auch 1:1 abgerechnet* – *Yellow Gold auf Firmengelände gezüchtet, von Firmenmitarbeitern betreut, mit Dünger der Firma versorgt*

Dr. Cooper liest anschließend vor, was er aufgeschrieben hat und fragt seinen Kollegen dann, ob dies so stimme.

„Ja, in etwa, ich habe noch betont, daß der Raps auch mit Firmengeräten wie Traktoren oder Saatmaschinen bearbeitet wurde. Aber sonst ist es in Ordnung."

Cooper fügt diese Ergänzung hinzu, bedankt sich für die Aufzählung, verläßt das White-Board und geht zu den Flipcharts hinüber.

„Nachdem Sie, sehr geehrter Kollege, für Ihren Mandanten Position bezogen haben, möchte ich das Wort an meinen Klienten geben. Zuerst möchte ich aber noch einmal die telefonisch vereinbarte Vorgehensweise in Erinnerung rufen."

Er greift sich dazu das Deckblatt eines Flipcharts, wirft es hinten über und zeigt auf die 5 Punkte, die fein säuberlich darunter aufgelistet sind:

Z usammenarbeit würdigen
I ndividuelle Interessen herausfinden
E ntdecken der gemeinsamen Interessen
L ösungsmöglichkeiten finden, die individuelle und gemeinsame Interessen decken
E rgebnisse festlegen

Dr. von Streidt und sein Mandant lesen die Punkte durch und nicken.

„Okay, Herr Ingenieur, darf ich Sie bitten, mit dem ersten Punkt zu beginnen. Ich werde mir erlauben, hier vorne am Flipchart Notizen zu machen."

Sacksberger bedankt sich und geht nach vorne. Cooper nimmt wiederum einen Marker in die Hand, um zu visualisieren, was Sacksberger vorträgt.

Lassen Sie uns hier die Verhandlung abermals unterbrechen und sehen, was geschehen ist:

Dr. Cooper hat am Telefon mit Dr. von Streidt den Ablauf der Verhandlung ausgehandelt. Dabei hat man sich auf den 5-Punkte-Plan des kooperativen Verhandelns geeinigt. Dr. Cooper hat ausdrücklich davon abgeraten, die Verhandlung mit dem Stellen der gegenseitigen Forderungen zu beginnen, und Dr. von Streidt hat sich nicht an diese Abmachung gehalten.

Es stellen sich hier zwei Fragen:

1. Warum hat sich Dr. von Streidt nicht an die Abmachung gehalten?
2. Warum hat Cooper seinen Kollegen gewähren lassen und ihn sogar noch dadurch unterstützt, daß er die Forderungen notiert hat?

Nach unserer Erfahrung ist es für einen Anwalt sehr, sehr schwer, in einer Verhandlung nicht genau mit der Tätigkeit zu beginnen, zu der er jahrelang ausgebildet wurde und mit der er bis heute tagein tagaus sein Geld verdient. Und diese Tätigkeit besteht darin, für seinen Mandanten Ansprüche zu finden, daraus abgeleitete Forderungen zu stellen und diese zu begründen.

Wer kann was von wem aus welchem Rechtsgrund verlangen?

Und genau nach dieser Maxime ist Dr. von Streidt vorgegangen. Er hat die Forderung seines Mandanten auf eine Teilung im Verhältnis 1:1 vorgetragen und diese ausführlich begründet.

Was wäre nun geschehen, wenn Dr. Cooper folgendes gesagt hätte: „Werter Herr Kollege, bitte halten Sie sich doch an die Abmachungen! Wir haben gesagt, daß wir nach den Regeln des kooperativen Verhandelns vorgehen wollen, und diese sehen keine Proklamation der Forderungen vor. Bitte halten Sie sich an unsere Abmachung und würdigen Sie zuerst die bisherige Zusammenarbeit!"

Was wäre wohl mit Dr. von Streidt geschehen, wenn Cooper so geantwortet hätte? Er wäre stockwütend geworden, und der mit dem „Friedenstrunk" aufgebaute Rapport wäre wieder verlorengegangen. Was tut Dr. Cooper statt dessen? Er bittet Dr. von Streidt, seine Forderungen und Begründungen vorzutragen, ja, er geht sogar noch weiter, er notiert sie sogar für alle sichtbar auf dem White-Board an der Seite des Besprechungszimmers.

Warum tut er das?

1. Dadurch, daß Dr. von Streidt ihn nicht abblockt, sondern gewähren läßt, gibt er ihm zu verstehen, daß er ihn ernst nimmt. Durch die Präsentation der Forderungen von Mehltau erhält er zudem wichtige Informationen über die Denkweise seines Gegenübers. Von Streidt präsentiert seine Landkarte, und Cooper kann sich in sie einfühlen.
2. Cooper visualisiert die Forderungen von Mehltau auf dem White Board. Dadurch fühlt sich von Streidt noch ernster genommen. Er sieht nun schwarz auf weiß, was er vorhin gesagt hat. Dies festigt den Rapport abermals.
3. Cooper faßt zusammen und fragt, ob er alles richtig verstanden habe. Damit synchronisiert er sich weiter mit Mehltau und dessen Anwalt, und beide haben nun das Gefühl, daß sie mit jemandem zusammen sind, der sie versteht und ernst nimmt. Damit ist auf der persönlichen Ebene eine sehr gute Ausgangsbasis geschaffen. Cooper und Sacksberger werden ebenfalls ernst genommen, und ihre neuartige Vorgehensweise wird viel besser akzeptiert werden.

Doch nun zurück zu den Herren Sacksberger und Dr. Cooper. Sacksberger wird gleich die bisherige Tätigkeit zu würdigen beginnen, und Cooper wird die wichtigsten Punkte notieren:

„Lieber Johann-Jakob, werter Herr Dr. von Streidt! Ich habe Dir, Johann-Jakob, vor gut einem Monat gesagt, daß ein Produkt aus unserer Sortenzucht, der Yellow Gold-Raps, vermutlich ein großer Erfolgsschlager werden wird. Es stimmt, wie Herr Dr. von Streidt vorhin erwähnt hat, daß er von der Deutschen Forschungsanstalt für Sortenzucht soeben ausgezeichnet worden ist und sich nun namhafte Großproduzenten brennend für unser Produkt interessieren. Im Osten ist es allerdings nicht ein internationales Konsortium, sondern das Landwirtschaftsministerium der Ukraine, das sich für unser Kind interessiert. So, wie es im Moment aussieht, war der SacStar-Weizen, bezogen auf die Gewinnaussichten, im Vergleich zum neuen Raps nicht mehr als ein Strohfeuer. Ich war gerade letzte Woche noch kurz in London und habe lange Faxe mit Kiew ausgetauscht. Alle drängen sie mich förmlich, Verträge mit ihnen abzuschließen. Soweit die eine Seite.

In unserem Gespräch vor einem Monat habe ich Dir, Johann-Jakob, auch gesagt, daß ich nicht mehr bereit bin, den Gewinn aus diesem Produkt mit Dir im gleichen Verhältnis zu teilen, wie wir es mit dem Weizen gemacht haben. Ich habe dann dazu ausgeführt, daß ich den Raps alleine und ohne Deine aktive Mitarbeit entwickelt hätte. Das war aber schon beim Weizen der Fall. Der Raps ist übrigens auch wie der Weizen auf mich persönlich eingetragen. Du weißt, daß ich immer im Auftragsverhältnis für unsere GmbH gearbeitet habe. Ich habe Dir dann weiter gesagt, daß ich den Raps mit meinen eigenen finanziellen Mitteln entwickelt habe, als Du nicht mehr damit einverstanden warst, daß wir meine Forschungsaufenthalte in den USA über die GmbH bezahlen. Ebenfalls habe ich argumentiert, daß ich den Raps somit in meinen Ferien und in der Freizeit entwickelt habe. Auch das könnte ich belegen und Du würdest mir wohl das Gegenteil zu beweisen versuchen. Ich könnte Dir glauben oder es lassen und wenn ich anderer Meinung wäre, würden wir uns dann vor Gericht wieder sehen. Das Gericht würde dann feststellen, wem der Raps gehört und wie der Gewinn zu verteilen ist. Aber wird es in etwa 3 oder 5 Jahren überhaupt noch einen Gewinn geben, wenn die Eigentumsfrage gelöst ist? Ich glaube nicht, denn Du wirst, wenn wir uns heute oder in naher Zukunft nicht einigen, mir wohl gerichtlich die Produktion des Saatgutes zu verbieten versuchen. Wenn Du Recht bekommst, wächst kein Yellow Gold-Raps in der Ukraine und es fließen keine Planto-Dollars in unsere Kassen. Es ist also für uns beide, das ist mir klar geworden, nicht sehr sinnvoll, vor Gericht zu streiten. Ich würde mir vorkommen wie einer der beiden Esel, die sich um den gleichen Heuhaufen streiten und dabei nicht bemerken, daß der Heuhaufen von einer Kuh in der Zwischenzeit genüßlich aufgefressen wird. Nach dem Streit ist nichts mehr da, beide sind Verlierer geworden. Sicherlich würde auch in unserem Fall ein Dritter von unserer Dummheit profitieren!"

„Das meine ich auch!" fährt Mehltau dazwischen, „Du hast mit dem ganzen Unsinn ja begonnen, als Du mir angedroht hast, Du würdest den Gewinn nicht mehr, wie wir es seit Jahren tun, halbe/halbe teilen, sondern du müßtest 90% haben. Es sei schließlich nicht unser, sondern Dein Raps! Schwachsinn, alles simpler Schwachsinn, ich sag's Dir! Du bist es, der uns in die Krise führt!"

„Sorry, Johann-Jakob, wenn ich Dich so aufgebracht habe. Das war nicht meine Absicht. Trotzdem sollten wir einmal eingehend über unsere Zusammenarbeit sprechen. Es ist auf gar keinen Fall mein Wunsch, mich von Dir zu trennen und alles auf eigene Rechnung zu machen. Dazu hat es in den letzten 15 Jahren viel zu gut geklappt. Irgendetwas ändern sollten wir aber schon."

„Da bin ich aber gespannt, was Du ändern willst!"

„Ich werde es Dir gleich sagen. Laß mich ein bißchen ausholen. Ich hatte vor etwa 3 Wochen die Chance und große Freude, meinen Fall mit Dr. Cooper besprechen zu dürfen, und dieser hat mir durch einige ganz einfache Fragen die Augen für das geöffnet, was ich gerne ändern möchte. Die einfachste und für mein Denken gleichzeitig produktivste Frage war die nach der Absicht hinter meiner Forderung, den Gewinn des Yellow Gold-Rapses im Verhältnis 9:1 zu teilen. Ich habe zuerst nicht verstanden, was er damit gemeint hat, aber je mehr er nachgefragt hat, desto klarer wurde mir, daß es mir in **Wirklichkeit gar nicht um das Geld geht, sondern daß das Geld nur ein Mittel ist, mit dessen Hilfe ich von Dir mehr Anerkennung und Respekt erhalten will"**

Sacksberger hält inne und schaut Mehltau in die Augen, der ihm sehr aufmerksam zugehört hat und der jetzt sehr erstaunt und irgendwie ungläubig fragt: „Was meinst Du damit, daß Du mehr Anerkennung und Respekt haben willst?"

„Ich meine damit, daß es am Anfang unserer Zusammenarbeit, als ich ein mittelloser Forscher war, ganz toll war, als Du mir angeboten hast, zusammen eine Firma zu gründen, die uns zu gleichen Teilen gehört. Du hast Dich dann auch sehr für meine Arbeit interessiert und hast uns großzügig Betriebskredite gewährt, mit deren Hilfe wir den SacStar entwickelt haben. Damals waren wir viel zusammen in Argentinien, Du hast meine Arbeit gelobt und mich vielen Deiner Freunde vorgestellt und mich als „Neuzuzügler" in die Bad Friedlinger Gesellschaft eingeführt. Das hat mir sehr geholfen. Als ich meine Arbeit an den Industriepflanzen begonnen habe, hat sich dann aber Dein Interesse für meine Arbeit und mich praktisch auf Null reduziert. Du hast gesagt, daß Dich Pflanzen, die man weder mahlen noch essen könne, nicht interessieren. Du bist von da an auch praktisch nie mehr in unserem Labor gewesen und warst dagegen, daß wir uns weiter mit nachwachsenden Rohstoffen beschäftigen. Ich habe dann die Getreidezucht und die Industriepflanzenzucht parallel betrieben. Nur, wie es heute ausschaut, liegt der große Gewinn der Zukunft eindeutig bei den Industriepflanzen. Und es war meine Entscheidung, in diese Richtung zu forschen. Für diese Entscheidung möchte ich von Dir mehr Anerkennung bekommen. Geld ist nur eine Form, es gibt auch noch andere!"

„Soll ich Dir ein Denkmal errichten lassen? August, ist es das, was Du willst?"

„Nein, aber ich würde mir wünschen, daß Du wieder mehr an meinen Forschungen teilnimmst, daß Du Dich für die Produkte unserer Firma interessierst. Das könntest Du beispielsweise dadurch zeigen, daß Du einmal mit mir in die Ukraine fliegst oder mich diesen Sommer in die USA begleitest, wo ich meine Freunde treffe, die mir bei der Entwicklung geholfen haben oder . . ."

„Heißt das, daß Du dann wieder im Verhältnis 1:1 mit mir teilen würdest?"

„Vielleicht nicht gerade 1:1 aber sicher auch nicht mehr 9:1!"

„Aber ich brauche die Kohle, verdammt noch mal!"

„Wozu denn?"

„Um meine Geschwister auszuzahlen, das weißt Du doch!"

„Aha, Du fürchtest also um Deine finanzielle Zukunft!"

„Sicher! Wenn ich das Geld nicht kriege, sieht es so aus, als hätte ich mich finanziell übernommen."

„Wenn Du dich finanziell übernimmst, dann wäre Dein sicheres Leben dahin, stimmt das?"

„Ja sicher, aber das würde ich lieber vermeiden!"

„Gut, geht es Dir also wohl vor allem um Sicherheit?"

„Ja, so kann man es auch sehen!"

„Eine Lösung unseres Problems könnte also so aussehen, daß wir eine neue Form der Zusammenarbeit finden, bei der Du mehr Sicherheit findest und ich mehr Anerkennung!"

„Das wär's, August!"

Dr. Cooper, der lange nur zugehört hat, schreibt nun auf ein Flipchart:

Interesse Sacksberger: Anerkennung

Interesse Mehltau: Sicherheit

Wir machen abermals eine Pause und betrachten, was geschehen ist:
Das Erstaunlichste an der Darstellung der Ereignisse, die Sacksberger hier gibt, ist für uns, daß er heute das, was geschehen ist, derart anders wertet, als noch vor wenigen Tagen, als er den gleichen Sachverhalt seinem Anwalt vorgetragen hat. Da war Mehltau noch nicht der „liebe Johann-Jakob" sondern der „geizige Rappenspalter", der nicht einsehen wollte, was er an ihm, dem „genialen Sortenzüchter", eigentlich für einen Prachtpartner

habe. Was ist geschehen, wie hat sich, möchte man fast sagen, der Saulus zum Paulus wandeln können?

Es war und ist natürlich die Art und Weise, wie Cooper das Vorbereitungsgespräch geführt hat. Hätte er, und das können wir nun dank jahrelanger Erfahrung mit beiden Methoden behaupten, seine Gedanken im Sinne der juristischen Methode gelenkt, dann hätten wir nicht nur einen aufgebrachten Klienten im Verhandlungsraum, sondern gleich deren zwei. Zwei Klienten, die sich gegenseitig Forderungen stellen und diese Forderungen wortreich und mit der Hilfe ihrer Anwälte auch juristisch stringent rechtfertigen würden (die juristische Fachsprache spricht bekanntlich von **begründen**). Wir könnten einen Kampf zwischen zwei durch ihre Trainer sorgfältig hochgezüchteten Kampfhähnen erleben, wie er täglich in tausenden von Kanzleien in Europa und anderswo geführt wird.

Dadurch, daß mindestens einer der Klienten mit der Methode des kooperativen Verhandelns „gecoached" wurde, kam es zu keiner dieser unschönen Szenen. Vielmehr verlief die Verhandlung von Anfang an konstruktiv, und man kam sehr schnell auf Interessen zu sprechen, also auf das, worum es den Parteien wirklich geht.

Vielleicht noch einige Ergänzungen:

In der eben geschilderten Szene hat vor allem der Klient gesprochen. Der Anwalt hat nur zugehört und am Schluß zwei Stichworte aufgeschrieben. Diese Vorgehensweise ist in der Kunst des kooperativen Verhandelns durchaus üblich. Der Anwalt „spurt" vor, und der Klient geht flinken Fußes und freihändig den Weg alleine. Dies kann man eben nur dann machen, wenn man den Fall mit dem Klienten lange und eingehend vorbesprochen hat. Etwa so, wie es Dr. Cooper mit Sacksberger getan hat.

Hat man diese Mühe nicht auf sich genommen, muß man eben selbst sprechen und läuft darüber hinaus Gefahr, etwas zu erzählen, was der Klient gar nicht will – und das kann böse Folgen haben (Vielleicht erinnern Sie sich noch an den Fall, den wir Ihnen in dem Teil „4.3. Streit oder Kooperation" geschildert haben?).

Was tut man, wenn der Klient seinerseits nicht verstanden hat, was es heißt, das Bisherige zu würdigen und über die Absichten zu sprechen, die hinter dem Verhalten stehen?

Dann hat man höchstwahrscheinlich die Verhandlung mit dem Klienten zusammen zu wenig vorbereitet und ihn vor allem nicht die wahren Interessen ermitteln lassen können, die hinter den Positionen stehen. Wir vermuten, daß der Klient in einem solchen Falle die ganze Vorbereitung aus einer dissoziierten 3. Position heraus mitgemacht hat und sich in niemanden richtig eingefühlt hat. Weder in sich selbst noch in sein Gegenüber. Weder kennt er seine wahren Interessen noch die der Gegenseite. Oder er will sie nicht kennen. In einem solchen Fall hilft auch eine begleitende Gesprächsführung durch den Anwalt wenig, weil der Klient vermutlich gar keine kooperative Lösung sucht, sondern schlicht streiten will. Es liegt dann an Ihnen, ihm dabei zu helfen oder ihn an einen anderen Anwalt weiter zu empfehlen.

Wie schon mehrfach erwähnt: Eine sorgfältige Vorbereitung der eigentlichen Verhandlung mit dem Klienten zusammen macht den größten Teil des Erfolges des kooperativen Verhandelns aus und verhindert vor allem auch fehlerhafte Kommunikation zwischen dem Anwalt und seinem Mandanten.

5. Vierter Schritt: Realisieren Sie die Ziele beider Seiten: Finden Sie Möglichkeiten, die Ihren Interessen und den Interessen der anderen Seite entsprechen!

5.1 Die Optionen beider Seiten einbringen

„Vielleicht kann ich noch einen Schritt weiter gehen, Johann-Jakob, und Dir aufzeigen, wie es aussehen sollte, daß ich mich mehr anerkannt fühle?"

„Ja bitte, August, da bin ich aber sehr gespannt!"

„Wenn Sie erlauben, werde ich diese Möglichkeiten hier auf dem Flipchart notieren", ergänzte Dr. Cooper. „Und noch etwas Wichtiges: Die Vorschläge, die Herr Sacksberger macht, sind **keine Forderungen**, die es anzunehmen oder abzulehnen gilt. Es sind einfach **Möglichkeiten,** die er sieht, um mehr Anerkennung und Respekt zu bekommen. Vielleicht sind die Vorschläge gut, vielleicht sind sie schlecht. Nehmen Sie sie einfach als Möglichkeiten zur Kenntnis. Wir werden Sie anschließend bitten, ebenfalls Ihre Möglichkeiten, die Sie sehen, darzustellen. Das ist schon alles."

„Wir werden uns Mühe geben und geduldig zuhören. Es ist ja interessant, in welche Richtung die Gespräche gehen, Herr Kollege!" erwidert Dr. von Streidt.

„Also, eine Form, mir mehr **Anerkennung** zu verschaffen, besteht darin“, beginnt Herr Sacksberger, „daß ich vom Erfolg des Yellow Gold-Rapses finanziell mehr als die Hälfte haben möchte. Ich habe von 90% gesprochen, das ist deutlich mehr als die Hälfte, und ich würde wohl heute immer noch auf dieser Zahl beharren, wenn ich mir nicht zusammen mit Dr. Cooper überlegt hätte, welche anderen Formen der Anerkennung es denn sonst noch gibt.“

„Interessante Frage!“ nickt Dr. von Streidt zustimmend.

„Eine Möglichkeit habe ich bereits erwähnt: Ich würde mich viel mehr von Dir anerkannt fühlen, wenn Du wieder mehr an meinen Aktivitäten teilnähmst und mich beispielsweise in die Ukraine, nach London oder die USA begleitest.“

„Die Zeit, August, die Zeit, wenn ich die Zeit nur hätte!“ stöhnt Herr Mehltau und Dr. Cooper schreibt auf das linke Flipchart unter das Wort „Anerkennung“:

mehr persönliches Interesse an Forschungsarbeiten/Reise in Ukraine, London und USA.

„In diesem Zusammenhang lade ich Dich auch gerne ein, Dich an meinem Buchprojekt über Sortenzucht zu beteiligen. Wie wäre es, wenn Du einige Kapitel aus der Sicht des Lebensmitteltechnologen oder aus der Sicht des Müllers schreiben würdest? Publiziere doch einfach Deine Beiträge, die Du damals geschrieben hast, als wir den SacStar-Weizen entwickelt haben!“

„Darüber habe ich noch nie nachgedacht. Das wäre wirklich eine interessante Arbeit“, pflichtet Mehltau bei.

„Weiter im Text: Größere Anerkennung könntest Du auch zeigen, wenn wir den Raps nicht Yellow Gold, sondern nach meiner Tochter Tanit benennen würden und es möglich wäre, den Vertrieb in die Hände meines Sohnes Wendelin zu legen. Nun noch ein heikler Punkt: Ich würde auch gerne unser gemeinsames Ferienhaus in Patagonien vollständig übernehmen. Ich möchte mir dort einen Alterssitz aufbauen.

Außerdem würde ich mich gerne an Deiner Mühle beteiligen und Aktien von Dir erwerben.“

Cooper hat fein säuberlich alle Punkte untereinander notiert:

Sacksberger	
Interesse: *Anerkennung*	
Möglichkeiten der Verwirklichung	– *mehr pers. Interesse an Forschungsarbeiten/Reise in Ukraine, London und USA* – *Co-Autor an Buch über Sortenzucht* – *Tanit-Raps anstatt Yellow Gold* – *Vertrieb: Wendelin* – *Haus in Patagonien ganz übernehmen* – *Mühlen-Aktien übernehmen*

„Gut, Herr Kollege, könnten wir eine kleine Pause machen, damit ich Ihre Vorschläge mit meinem Mandanten besprechen kann, um Ihnen dann darauf Antwort zu geben?"

„Aber gerne Herr Kollege. Darf ich Sie noch um folgendes bitten: Wenn Sie nun zusammen beraten, wäre es schön, wenn Sie klären könnten, ob es Ihrem Mandanten möglich wäre, die Anliegen meines Mandanten zu erfüllen, und andererseits, welche Möglichkeiten Herr Mehltau selbst sieht, seinem Bedürfnis nach Sicherheit nachzukommen. Im Klartext gesprochen: Wie will er seine große finanzielle Belastung meistern, die er durch die Übernahme der Mühle eingegangen ist? Das Ziel dieses Treffens soll ja sein, wie Herr Sacksberger bereits erwähnt hat, daß wir Lösungen finden, die sowohl dem Interesse von Herrn Mehltau nach Sicherheit als auch dem Interesse meines Klienten nach Anerkennung nachkommen."

„Ihre Vorgehensweise ist ungewöhnlich, Herr Kollege, aber nicht ohne Reiz. Wir werden versuchen, unser Bestes zu geben."

Während Cooper mit seinem Mandanten das Besprechungszimmer verläßt und mit ihm ein wenig im Garten spazierengeht, möchten wir hier noch einiges ergänzen und zusammenfassen:

Ein eminent wichtiger Punkt in der Vorgehensweise besteht darin, daß wir die Möglichkeiten, die unser Klient sieht, klar als Möglichkeiten deklarieren, die keine andere Bedeutung haben, als daß es eben **Möglichkeiten (Optionen)** sind. Möglichkeiten ohne jeden Anspruch auf Richtigkeit, Wahrheit, Verwirklichung oder was auch immer.

Was geschieht, wenn wir dies nicht tun?

Die Gegenseite wird sie als **Forderungen** auffassen, die sie entweder akzeptieren oder ablehnen muß. Dann haben wir das übliche Ping-Pong-Spiel, das uns in der Sache selbst meistens wenig weiter führt. Hier ist es nötig, daß Sie und Ihr Klient die Vorschläge aus der dissoziierten 3. Wahrnehmungsposition heraus auf sich wirken lassen. So sind Sie emotional unbeteiligt, neutral und hören einfach zu. Die Fähigkeit, die Wahrnehmungspositionen nach Belieben wechseln zu können, ist, wie nun schon einige Male erwähnt, eine der wichtigsten Fähigkeiten eines guten Verhandlers.

Weiter ist wichtig, daß Sie Vorschläge für alle sichtbar notieren. Am besten geht das mit einem Flipchart, den alle vor Augen haben. Wir glauben einfach Informationen mehr, die wir auch lesen können!

Ich habe das vor einigen Jahren erfahren, als ich eine Verhandlung in den USA führte. Ich hatte dort, wie ich es in Europa oft tue, verschiedene Argumente nur mündlich vorgetragen, andere hatte ich visualisiert. Ich merkte dann, daß man mich bezüglich der aufgezeichneten Informationen sehr wohl verstanden hatte, daß ich aber die nur gesprochenen Punkte immer und immer wieder wiederholen mußte, bis ich mich dann entschied, auch diese Informationen zu visualisieren, und siehe da, plötzlich war alles klar.

Meine Lehre daraus: Geschriebene Worte haften bei vielen Menschen besser im Gedächtnis. In vielen Unternehmen ist es deshalb heute üblich, daß man Besprechungszimmer mit **Flipcharts, White-Boards und Meta-Plan-Wänden** ausrüstet.

Warum fehlen diese elementaren Hilfsmittel in so vielen Anwaltskanzleien?

Doch zurück nach Bad Friedlingen, in den Verhandlungsraum von Dr. Cooper. Dort stehen Dr. von Streidt und sein Klient, Herr Mehltau, vor dem Flipchart und diskutieren.

Dr. Cooper kommt mit seinem Mandanten zurück in den Raum. Er erkundigt sich, wieviel Zeit sie noch brauchen. Die beiden teilen ihm mit, daß sie einige Möglichkeiten gefunden hätten und diese nun präsentieren möchten.

Dr. von Streidt steht nun seinerseits vor dem Flipchart und beginnt seinen Vortrag. Die anderen stehen locker um ihn herum und sind gespannt, was der bekannte Anwalt nun vortragen wird.

„Meine Herren, wir haben Ihre Vorschläge zur Kenntnis genommen und möchten sie wie folgt kommentieren:

Der Ausgangspunkt unserer Überlegungen war die Teilung des zu erwartenden Gewinnes aus der durch die Firma SackMehl gezüchteten Rapssorte. Wir sind immer davon ausgegangen und gehen noch heute davon aus, daß kein Grund besteht, den Gewinn anders als bisher, d. h. im Verhältnis 1:1 zu teilen. Diesen Teilungsanspruch können wir auch begründen. Trotzdem sind wir, wenn es Herrn Sacksberger leichter fällt, diesen Anspruch zu akzeptieren, bereit, folgenden, von der Gegenseite vorgeschlagenen Handlungsvarianten zuzustimmen. Alles, was wir jetzt sagen, geschieht selbstverständlich ohne Anerkennung einer Rechtspflicht:

1. Mein Klient hat nichts dagegen, daß Herr Mehltau den neuen Raps nach seiner Tochter Tanit benennt. Dann können wir von nun an vom Tanit-Raps sprechen.
2. Mein Klient ist ebenfalls damit einverstanden, daß der Sohn ihres Klienten Wendelin den Vertrieb des neuen Produktes zu marktüblichen Konditionen übernimmt.
3. Herr Mehltau wird versuchen, es möglich zu machen, Herrn Sacksberger nach Kiew und London zu begleiten. Über die Reise in die USA müßte man sich noch genauer unterhalten. Herr Mehltau meint, er könne das amerikanische Essen nicht vertragen.
4. Auch gegen eine Beteiligung am Buchprojekt von Herrn Sacksberger hat Herr Mehltau nichts einzuwenden. Es ist ihm sogar eine große Ehre, für Ihn schreiben zu dürfen.
5. Auf das Haus in Patagonien möchte er allerdings nicht verzichten.
6. Ein Verkauf von Aktien aus der Familien-AG ist aus statutarischen Gründen nicht möglich.

Soviel als Antwort auf Ihre Vorschläge. Das war der einfachere Teil unserer Arbeit.

Nun zum anderen Teil. Dazu zuerst einige einführende Worte:

Die Bad Friedlinger Mühlen sind schon seit ihrer Gründung im Jahre 1628 im Besitz der Familie Mehltau. Sie sind damit, wie wir alle wissen, das älteste Unternehmen am Orte. Das Unternehmen wurde in den letzten Jahren in der 4. Generation durch die drei Brüder Karl-Jakob, Hans-Jakob und Johann-Jakob Mehltau geführt, die auch zu gleichen Teilen Eigentümer des Unternehmens waren. Die vom Vater Martin-Jakob durchgeführte Übertragung des Unternehmens auf drei Stämme hat sich als nicht tragbar erwiesen. Vor zwei Jahren hat man deshalb begonnen, Gespräche darüber zu führen, welcher der drei Söhne das Unternehmen als Ganzes übernehmen sollte. Schließlich hat sich mein Klient Johann-Jakob Mehltau entschieden, die Verantwortung für die Weiterführung des Familienunternehmens auf sich zu nehmen und seinen Brüdern die Anteile abzukaufen. Dies war selbstverständlich ein gewaltiges finanzielles Risiko, wenn man, was bitte unter uns bleiben möge, davon ausgehen kann, daß das Unternehmen einen Wert von mehr als 30 Mio. DM darstellt. Nichtsdestotrotz hat sich mein Mandant entschieden, den Schritt zu tun. Er hat sich deshalb, wie Sie sicherlich ahnen, sehr stark verschulden müssen. Verschlimmernd hinzu kam die Entwicklung des Geldmarktes im letzten Jahr. Langer Rede kurzer Sinn: Meinen Klienten drückt im Moment eine gewaltige Zinslast, die ich niemandem hier im Raum zumuten möchte.

Die Sorge um die Sicherheit meines Mandanten hat also einen durchaus realen Hintergrund, und die einzige Möglichkeit, dem Bedürfnis nach Sicherheit gerecht zu werden, sieht mein Mandant einerseits darin, die Gewinne seiner Unternehmungen zu steigern und andererseits die vorhandenen Kredite durch günstigere abzulösen. Somit versteht es sich von selbst, daß Herr Mehltau ein großes Interesse an einer Gewinnverteilung im Verhältnis 1:1 hat. Das wär's, was wir zu sagen hätten."

Dr. Cooper greift sich abermals einen Marker und notiert auf dem andern Flipchart:

Mehltau

Interesse: *Sicherheit*

Möglichkeiten der Verwirklichung	*Gewinn der Unternehmen erhöhen* *Vorhandene Kredite durch günstigere ersetzen*

„So, nun hätten wir diese Phase abgeschlossen," resümiert Dr. Cooper. „In der nächsten Phase wird es darum gehen, Lösungen zu finden, die sowohl die Interessen von Herrn Mehltau als auch die Interessen von Herrn Sacksberger befriedigen. Vielleicht wäre es aber ganz gut, wenn wir hier eine kleine Verhandlungspause machen. Meine Sekretärin hat Tee und Kaffee zubereitet und bei der Bäckerei Ramseier ein wenig Gebäck geholt, das ich gerne servieren lasse. Sind Sie damit einverstanden?"

„Aber sicher, eine Pause tut jetzt allen gut", meint Dr. von Streidt und zieht sich eine Zigarette aus einer Box, die er in der Aktentasche aufbewahrt hat.

„Sie erlauben?"

Lassen wir die Herren Pause machen und schauen wir uns abermals an, was geschehen ist:

Dr. Cooper hat die Gegenpartei gebeten, vorderhand die Vorschläge von Herrn Sacksberger **nicht zu bewerten, sondern eigene Vorschläge daneben zu stellen.** Dr. von Streidt hat sich abermals nicht an die Vorgabe gehalten, und Dr. Cooper hat ihn nicht unterbrochen. Warum?

Wir müssen einfach wissen, daß es für einen in der juristischen Methode ausgebildeten Anwalt extrem schwierig zu verstehen ist, daß etwas, das die Gegenpartei vorträgt, keine Forderung ist, sondern einfach eine wertfreie Möglichkeit des Vorgehens. Mit geschultem Gehör wird der Anwalt deshalb kritisch und mit wachen Sinnen hinhören und wird jeden Vorschlag gleich unbewußt bewerten. Hat die Gegenpartei einen Anspruch oder nicht? Kann sie den Anspruch begründen oder nicht? Ein guter Kampfanwalt ist wie ein Hund, der instinktiv und ohne zu überlegen nach jedem Knochen schnappt, den man ihm hinhält.

Was ist also zu tun? Nichts! Man geht genau so vor, wie Dr. Cooper vorgegangen ist. Man läßt den Gegenanwalt plädieren und notiert auf dem Flipchart, was nötig ist. Und das, was nötig ist, sind nicht die Bewertungen von Möglichkeiten, sondern die Möglichkeiten, die als Lösungen vorgeschlagen wurden.

5.2. Brainstorming

Die kleine Erfrischungspause ist beendet, und die Parteien wenden sich wieder den Verhandlungen zu.

„Für die nächste Runde schlage ich vor, daß wir so etwas wie ein Brainstorming machen. Wissen alle Beteiligten, was das ist?" leitet Dr. Cooper die nächste Phase ein.

„Wenn ich mich richtig erinnere, Herr Kollege, geht's dabei darum, daß man Vorschläge macht, so viele wie möglich übrigens, ohne diese aber zu bewerten. Ist das richtig?"

„Richtig. Ich bitte Sie nun, daß Sie zwei, drei Schritte zurücktreten und sich diese beiden Blätter ansehen, die wir hier vollgeschrieben haben. Ich werde nun einen dritten Flipchart in die Mitte stellen. Auf dem werde ich dann Ihre Vorschläge notieren. Vorschläge wozu, möchten Sie sicher wissen: Vorschläge, wie es möglich sein könnte, daß sich Herr Sacksberger mehr respektiert und Herr Mehltau finanziell abgesichert fühlt. Wichtig dabei ist, wie Herr Dr. von Streidt bereits erwähnt hat, daß die Vorschläge nicht bewertet werden. Wir formulieren einfach, was uns in den Sinn kommt. Wir sind uns dabei weiter einig, daß keinem der Vorschläge irgend eine Rechtsverbindlichkeit beigemessen werden soll, außer der, daß es eben ein Vorschlag auf dem Weg zum Finden einer konstruktiven, kooperativen Lösung ist. Sind wir damit alle einverstanden?"

Die Parteien nicken, Dr. Cooper nimmt abermals den Marker zur Hand und stellt sich neben den Flipchart, den er vorhin zwischen die beiden anderen gestellt hat.

Die beiden Parteien schauen sich erwartungsvoll an. Herr Sacksberger beginnt:

„Du könntest beispielsweise, wenn wir zusammen in Amerika sind, Dich drüben nach besseren Krediten umschauen."

„Hab ich schon gemacht", wirft Mehltau ein, „ich arbeite schließlich mit einem international tätigen Bankhaus zusammen."

„Herr Mehltau", unterbricht nun Dr. Cooper, „bitte keine Kommentare! Es stört den Ideenfluß!"

„Pardon, Herr Doktor, das wollte ich nicht", entschuldigt sich Mehltau kleinlaut.

Herr Sacksberger macht den nächsten Vorschlag:
„Ich könnte bei den Verhandlungen in Kiew und London zu erreichen versuchen, daß wir ansehnliche Vorauszahlungen erhalten."

Dr. Cooper notiert diesen Vorschlag genau so, wie er auch schon den ersten Vorschlag notiert hatte. Nach zehn Minuten stehen folgende Vorschläge am Chart:

- Günstigere Kredite über amerik. Banken/bei USA-Besuch abklären
- Großzügige Vorauszahlungen aushandeln
- 50:50 im ersten Jahr teilen, dann 60:40, dann 70:30
- Herr Sacksberger gibt Darlehen zu Sonderkonditionen

- Herr Mehltau verkauft Aktien an Sacksberger, der diese in 10 Jahren rückübertragen muß
- Vertrieb Wendelin/Tanit als Name/Buchprojekt und 60:40/Darlehen
- Kein Darlehen, dafür mit 70:30 für Mehltau beginnen, dann verändern auf 80:20 für Sacksberger
- Mithilfe von Sacksberger bei Umfinanzierung/von 50:50 auf 75:25 steigend

„So, meine Herren, was für ein Gefühl haben Sie jetzt?" fragt Cooper in die Runde.

„Sehr gut, sehr gut", antwortet Mehltau, „ich habe das Gefühl, daß wir der Lösung ziemlich nahe gekommen sind."

Unterbrechen wir hier abermals kurz und schauen wir uns an, was hier gemacht wurde:

Dr. Cooper hat den Parteien ein „Brainstorming" vorschlagen. Ein Brainstorming ist eine einfache Kreativtechnik, die oft bei Ideenfindungsprozessen angewendet wird.

Alle Beteiligten schlagen Lösungsmöglichkeiten vor, die zunächst nicht bewertet, sondern nur gesammelt werden.

Dieser letzte Punkt ist besonders wichtig. In einem Brainstorming ist alles erlaubt, außer eben vorzeitigen Bewertungen. Man nennt diese Kommentare auch **Killerphrasen**. Killerphrasen führen unweigerlich zu einer Rechtfertigung des Vorschlages durch die Person, die ihn gemacht hat, und damit zu einer Unterbrechung des Prozesses. Deshalb hat Dr. Cooper hier auch zum ersten Mal eingegriffen und Herrn Mehltau an die Spielregeln erinnert.

Ein Brainstorming sollte emotionslos ablaufen. Auf jeden Fall ohne große gefühlsmäßige Beteiligung der Teilnehmer in dem Sinne, daß jeder Teilnehmer meint, sein Vorschlag sei der beste. Damit ist die Gefahr von Killerphrasen ziemlich klein gehalten.

Man schaut sich einfach dissoziiert in der dritten Position von außen die beiden Parteien an und überlegt sich dabei, wie diese wohl ihre Interessen verwirklichen könnten. So kann man ohne große Anstrengung in kurzer Zeit Ideen finden, die den Absichten der Parteien gerecht werden.

Der Moderator selbst nimmt an der Produktion von Ideen nicht teil. Er ist neutral und notiert alles, was gesagt wird, ohne selbst zu bewerten oder zu beurteilen.

Dr. Cooper ergreift nun wieder das Wort:
„So meine Herren, welche Richtung wollen wir nun weiter verfolgen?"

„Der Plan, gute Vorauszahlungen herauszuschlagen, gefällt mir gut. Wenn wir das verbinden könnten mit der Möglichkeit, daß ich anfangs mehr Prozente kriege und wir das dann in der Folgezeit so ändern, daß Du, August, mehr bekommst, wäre das in Ordnung. Dazu erfolgt der Vertrieb über Wendelin, das Produkt heißt Tanit-Raps, ich komme mit in die Ukraine und nach London und beteilige mich an Deinem Buchprojekt. Was meinst Du, August?"

„Damit könnte ich sehr gut leben. Laß uns dies ein bißchen weiter diskutieren."

Die beiden ehemaligen Streithähne unterhalten sich nun ganz angeregt über den Vorschlag. Herr Sacksberger holt Unterlagen hervor, die dies und jenes besser beleuchten, man diskutiert und fachsimpelt. Die beiden Anwälte scheinen fast überflüssig geworden zu sein.

Nach einer halben Stunde hat man sich auf folgendes geeinigt:

1. Sacksberger und Mehltau fliegen so rasch wie möglich nach Kiew und London, um die Vertragsverhandlungen voran zu treiben.
2. In diesen Verhandlungen soll versucht werden, die Käufer zu einer bedeutenden Vorauszahlung zu bewegen.
3. Diese Vorauszahlung geht zu einem großen Teil an Mehltau als Vorabausschüttung des Gewinnes bzw. Darlehen der Gesellschaft.
4. Der voraussichtliche Gewinn ist über 10 Jahre so zu verteilen, daß von dem Gewinn der gesamten 10 Jahre Sacksberger 70% und Mehltau 30% erhält.
5. Der Gewinn fließt in den ersten 4 dieser 10 Jahre überwiegend Mehltau, danach Sacksberger zu.
6. Wendelin wird den Vertrieb übernehmen.
7. Der Raps wird Tanit-Raps heißen.

Dr. Cooper ergreift abermals einen Marker und hält das, was bis jetzt ausgehandelt wurde, fest.

„Ich bin sehr zufrieden mit dem Resultat. Und Sie, Dr. von Streidt, wie sehen Sie die Sache?"

„Bin begeistert, Herr Kollege, sehr begeistert; das hätte ich nicht erwartet."

„Ich möchte noch einen Schritt weiter gehen", fährt Dr. Cooper fort. „Ich möchte Sie einmal bitten zu überlegen, ob es so etwas wie ein Ziel gibt, das Sie beide verfolgen. Irgend etwas, das wie eine gemeinsame Vision über Ihren Unternehmen schwebt. Was könnte das sein?"

Während die beiden Unternehmer sich Gedanken darüber machen, was ihre gemeinsame Vision sein könnte, schauen wir uns kurz an, was hier geschehen ist:

Wir erleben immer wieder, daß der Verhandlungsprozeß von dem Moment an wie von selbst läuft, in dem die Parteien das Gefängnis der vergangenheitsbezogenen Problembewältigung verlassen haben und sich auf den Feldern der zukunftsgerichteten Lösungsfindung zu tummeln beginnen. Sehr oft erhellen sich dann die Gesichter, und manchmal entsteht so etwas wie eine kleine Euphorie. Der Prozeß nimmt eine Eigendynamik an. Oft ist es so, daß die Anwälte fast nichts mehr zu tun haben. Die Klienten sind wieder selbst Herr ihrer Zukunft geworden und bestimmen ohne fremde Hilfe, was sie tun und lassen möchten.

In diesem Beispiel fällt auch auf, daß die endgültige Richtung der Vorgehensweise nicht völlig in die Richtung ging, die man vorbesprochen hatte. Herr Sacksberger hat damit gerechnet, daß er Herrn Mehltau ein Darlehen geben wird. Mehltau scheint dies aber nicht zu wollen. Statt dessen wurde gemeinsam eine Lösung gefunden, der auch Sacksberger zustimmen kann: Eine Verteilung des Gewinnes zuerst zugunsten von Mehltau, dann zugunsten von Sacksberger. Insgesamt erhält Sacksberger in den ersten 10 Jahren den überwiegenden Teil.

6. Fünfter Schritt: Entwickeln Sie eine gemeinsame Vision:

Verstärken Sie die gefundenen Lösungen auf einer höheren Ebene!

Die Frage lautet: Welche gemeinsame Vision verfolgen Herr Mehltau und Herr Sacksberger, und wie könnten sie in Zukunft ihre Zusammenarbeit so ergänzen, daß diese Vision noch besser verwirklicht wird, als das heute schon der Fall ist?

„Ich glaube nicht, daß ich eine eigene Vision für mein Unternehmen habe", antwortet Mehltau. „Ich will einfach gutes Mehl herstellen und damit soviel Geld verdienen, daß sich meine Familie den Lebensstandard weiter leisten kann, den sie jetzt hat."

„Irgendeinen Ehrgeiz, besonders gutes Mehl herzustellen, hast Du also nicht, Johann-Jakob?" entgegnet Sacksberger. „Ich dagegen bin stark daran interessiert, mit meinen Produkten einerseits bei der Bekämpfung des Welthungers mitzuhelfen und andererseits Industrierohstoffe herzustellen, die uns von der einseitigen Abhängigkeit vom Erdöl loslösen."

„Gut, so gesehen, habe ich natürlich auch ein großes Interesse daran, den Hunger auf der Welt zu bekämpfen. Wie du weißt, exportieren wir seit Jahren in arme Länder und haben da auch ganz spezielle Mahlverfahren entwickelt, die es ermöglichen, Getreide und andere Pflanzen so zu mahlen, daß das Brot, das aus unserem Mehl gebacken wird, auch andere Mägen vertragen als unsere mitteleuropäischen."

So diskutieren die beiden Männer sicher noch eine halbe Stunde hin und her. Manchmal beteiligt sich Dr. Cooper, manchmal Dr. von Streidt an dem Gespräch. Man findet schließlich heraus, daß es doch ein gemeinsames Ziel gibt, das die beiden mit ihren Unternehmungen verfolgen, nämlich die Produktion und Verarbeitung von hochwertigen Pflanzen, um die zunehmende Nahrungsverknappung und Nahrungsverschlechterung auf unserem Planeten zu bekämpfen; oder positiv ausgedrückt:

Beide setzen sich für bessere, gesündere und hochwertigere Pflanzen und Pflanzenverarbeitungsmethoden ein, die dazu beitragen sollen, daß ihre Kinder gesund leben können.

Dr. Cooper schreibt das gemeinsame Ziel an den Flipchart, liest es dann nochmals vor (Backtracking) und fragt, ob es das sei, was beide möchten. Einhelliges Nicken ist die Antwort.

Was genau hat Dr. Cooper hier gemacht?

Er hat die gemeinsam gefundenen Lösungen dadurch verstärkt, daß er die beiden ehemaligen Kontrahenten hat herausfinden lassen, daß sie auf einer höheren Ebene beide am gleichen Strick ziehen. Dies ist eine sehr machtvolle Methode, die wir gerne zum Abschluß von geglückten Verhandlungen anwenden, um die erreichten Ergebnisse noch zu verstärken. Damit gehen wir nach den logischen Ebenen von Bateson/Dilts über die Ebene der Absichten auf die Ebene der Zugehörigkeit hinauf. Diese Ebene der Zugehörigkeit bestimmt natürlich die Identitätsebene sowie die Ebene der Absichten und alle weiteren darunterliegenden Ebenen. Dies macht wohl auch die Durchschlagskraft dieser Methode aus. Es ist übrigens nichts dagegen einzuwenden, wenn Sie die Verhandlung mit dieser Methode beginnen. Versuchen Sie es doch einmal!

Ich selbst erinnere mich dazu an einen Fall, den ich vor Jahren zu lösen hatte und den ich fast nur mit dieser Methode lösen konnte:

Ich wurde gerufen, um zwei Abteilungsleiter eines Unternehmens zu befrieden, die seit Jahren in engster Feindschaft miteinander verbunden waren. Der eine war Leiter der Marketingabteilung, der andere Leiter der Controllingabteilung. Der Leiter der Marketingabteilung warf seinem Kollegen vor, er streiche viel zu viele Gelder, die er dringendst für neue Marketingmaßnahmen, so z. B. für die Verbesserung des Produktdesigns brauche. Der Controller seinerseits warf dem Marketingmann vor, er werfe das sauer verdiente Geld des Unternehmens mit beiden Händen zum Fenster hinaus.

Was konnte man tun? Ich fragte den Marketingmann, was denn eigentlich das Ziel seines Handelns sei. Unumwunden sagte er: „Dem Unternehmen zu einem guten Gewinn zu verhelfen!“ Ich stellte die gleiche Frage seinem Kollegen und dieser meinte: „Dem Unternehmen zu einem guten Gewinn zu verhelfen!“ Als sie diese beiden Sätze gesagt hatten, schauten sie sich ungläubig an. Konnte es sein, daß sie beide das gleiche Ziel verfolgten und dazu nur unterschiedliche Mittel anwendeten? Daß sie beide im gleichen Auto saßen und in die gleiche Richtung fuhren, dies aber nicht merkten, weil einer das Gaspedal bediente, während der andere das Bremsen übernommen hatte. Genau so war es! Die beiden konnten anschließend, nachdem sie jahrelang nur gestritten hatten, zum erstenmal wieder konstruktiv miteinander sprechen. Dies blieb, nach einigen zusätzlichen Interventionen, auch in Zukunft so. Sie hatten herausgefunden, daß sie auf einer höheren Ebene als der ihrer persönlichen Ziele das gleiche gemeinsame Ziel hatten. Es bestand darin, mit ihrer Tätigkeit dem Unternehmen Gewinn zu verschaffen.

Zurück zu den Verhandlern in Bad Friedlingen. Dr. Cooper stellt nämlich schon die nächste Frage:

„Meine Herren, darf ich Sie einmal bitten, sich zu überlegen, wie Sie die Vereinbarung, die Sie vorhin getroffen haben, erweitern können, so daß Sie auch noch Ihrem gemeinsamen Ziel näher kommen?"

Die Herren diskutieren abermals heftig und kommen schließlich zu der Erkenntnis, daß sie dem Landwirtschaftsminister in Kiew einerseits auch den SacStar-Weizen zur Verfügung stellen und andererseits das Know-how anbieten wollen, das die Mehltau'schen Mühlen in der Verarbeitung von Getreide über Jahrhunderte erworben haben. Beide glauben, daß ihr Wissen und Können sicherlich gebraucht werden könnte, um der Ukraine zu helfen, auf dem Weltmarkt besseres Getreide und Mehl anzubieten. Sollte es möglich werden, daß es auch auf diesem Gebiet zu einer Kooperation zwischen Bad Friedlingen und Kiew kommen sollte, wäre sichergestellt, daß Mehltau und Sacksberger nicht das letzte Mal zusammen unterwegs wären.

7. Sechster Schritt: Planen Sie die Schritte auf dem Weg zum gemeinsamen Ziel: Klären Sie, wer was wann tut!

„Meine Herren, obwohl schon Mittag vorbei ist, sollten wir trotzdem noch zwei entscheidende Schritte tun, bevor wir in die wohlverdiente Mittagspause gehen", fährt Dr. Cooper fort. „Erstens erachte ich es als sinnvoll, daß wir hier und heute noch festlegen, was Sie als nächstes tun werden, um Ihre neue Vereinbarung zu erfüllen. Und zweitens hätte ich gerne so etwas wie eine Absichtserklärung aufgesetzt, eine Art Letter of Intent, der festhält, was wir heute hier vereinbart haben. Sind Sie damit einverstanden?"

Alle nickten, und die beiden Unternehmer formulierten ihre nächsten Schritte. Cooper zeichnete diese wieder auf, man strich durch, ergänzte, und schließlich hatte man einen Neun-Punkte-Plan entwickelt, der wie folgt aussah:

1. Mehltau gibt bis 10. Juni die Tage bekannt, an denen Besuche in Kiew und London möglich sind
2. Sacksberger regelt bis 14. Juni die Besuchstermine in Kiew
3. Sacksberger regelt bis 14. Juni die Besuchstermine in London
4. Besuch in Kiew/London bis spätestens September

5. Mehltau klärt bis 16. Juni seinen genauen Geldbedarf für die nächsten 10 Jahre mit seinen Bankern
6. Sacksberger erstellt Vertriebskonzept mit Wendelin bis 15. August
7. Sacksberger regelt die Namensgebung des Rapses bis 16. Juli
8. Unterzeichnung der Lieferverträge mit Kiew und London, wenn möglich im September
9. Unterzeichnung einer endgültigen Vereinbarung über die weitere Zusammenarbeit zwischen Sacksberger und Mehltau nach Unterzeichnung der Lieferverträge.

Dr. Cooper ruft nun nach seiner Sekretärin und bittet sie, das Blatt auf dem Flipchart rasch abzuschreiben. Dann richtet er sich wieder an die Runde und meint: „Lassen Sie uns jetzt noch unsere gemeinsame Absichtserklärung entwerfen."

Hier noch einmal eine kleine Unterbrechung und einige Worte der Erklärung. Wenn man in einer Verhandlung **Ziele festlegt, ist es wichtig, sich konkrete Gedanken darüber zu machen, wann und wie diese zu verwirklichen sind.**

7 Fragen zur Verwirklichung gemeinsamer Ziele:

1. Welche Schritte müssen unternommen werden, um das Ziel zu erreichen?
2. Worin bestehen die Schritte genau?
3. Wer unternimmt diese Schritte?
4. Bis wann haben die Schritte zu erfolgen?
5. Woran erkennen wir, daß der Schritt erfolgt ist?
6. Was tun wir bei auftretenden Problemen?
7. Welche Möglichkeiten haben wir, um auftretende Probleme zu lösen?

Die berühmten W-Fragen also. Es ist nicht nötig, daß alle Fragen abschließend beantwortet werden. Aber es ist unabdingbar nötig, daß man sich konkrete Gedanken um die Verwirklichung macht. Je konkreter, desto besser. Denn nur so werden aus Träumen Taten.

8. Siebter Schritt: Schließen Sie eine bindende Vereinbarung: Sorgen Sie dafür, daß die Verhandlungsergebnisse konkretisiert werden!

Nach dem ersten Treffen liegt selten schon die vollständig ausgehandelte Vereinbarung vor. Das braucht auch bei der Methode des kooperativen Verhandelns Zeit. Wir sollten aber unsere Klienten nie auseinander gehen lassen, ohne daß sie eine Verpflichtung eingegangen sind. Denn nur beim Formulieren einer Vereinbarung können Sie feststellen, ob sich die Parteien wirklich geeinigt haben oder ob es Kommunikationsfehler, mentale Reservationen o.ä. gibt. Auch in unserem Fall haben es die Parteien nicht mit dem „Neun-Punkte-Plan" bewenden lassen, sondern folgende Vereinbarung getroffen:

Vorvertrag

zwischen

Herrn Johann-Jakob Mehltau, Am Mühlebach 1, 89898 Bad Friedlingen

und

Herrn August Sacksberger, Auf dem weiten Feld 9, 89898 Bad Friedlingen

1. *Herr Mehltau und Herr Sacksberger haben 1980 die SackMehl GmbH, Auf dem weiten Feld 1, 89898 Bad Friedlingen, gegründet. Der Zweck der Gesellschaft ist die Züchtung und der Vertrieb von hochwertigen Pflanzensorten. Die Anteile der SackMehl GmbH sind zu gleichen Teilen im Eigentum von Herrn Mehltau und Herrn Sacksberger. Die Gewinnverteilung zwischen den Anteilseignern erfolgt grundsätzlich im Verhältnis ihrer Anteile.*
2. *Herr Sacksberger hat in den letzten Jahren in weitgehender Eigenverantwortung die Sorte „Tanit-Raps" entwickelt. Die beiden Parteien sind übereingekommen, daß für diese Sorte Raps eine besondere Gewinnverteilung erfolgen soll.*
3. *Der Gewinn aus der Sorte „Tanit-Raps" wird so verteilt, daß in den ersten 10 Jahren, beginnend mit der Unterzeichnung eines entsprechenden Vertrages, Herr Sacksberger 70% und Herr Mehltau 30% des Net-*

Schließen Sie eine bindende Vereinbarung

to-Gewinnes erhalten. Die Gewinnermittlung ist noch gesondert festzulegen.

4. *In den ersten vier Jahren der in Ziffer 3 genannten 10-Jahres-Periode ist die Gewinnausschüttung hinsichtlich der Erträge aus dem Tanit-Raps so zu gestalten, daß Herr Mehltau die in der Anlage aufgeführten Darlehen soweit als möglich tilgen kann, soweit dadurch die Gewinnverteilung aus den Erlösen des Tanit-Rapses ein Verhältnis von 70:30 zugunsten von Herrn Mehltau nicht überschreitet. In den nachfolgenden Jahren des 10-Jahres-Zeitraums sind die Gewinne aus dem Tanit-Raps solange an Herrn Sacksberger auszuschütten, bis ein Verhältnis von 70:30 zugunsten von Herrn Sacksberger hinsichtlich der Gewinne aus den Erlösen des Tanit-Rapses für den genannten 10-Jahres-Zeitraum erreicht ist. Kann ein derartiges Verhältnis innerhalb der ersten 10 Jahre nicht erreicht werden, sind die Ausschüttungen zugunsten Herrn Sacksbergers solange fortzusetzen, bis dieses Verhältnis erreicht ist. Danach werden die Gewinne entsprechend der gesellschaftsrechtlichen Beteiligung ausgeschüttet.*

5. *Die bevorstehenden Gespräche über Lieferverträge mit dem Landwirtschaftsministerium der Ukraine in Kiew und der Erdölgesellschaft Excell in London werden von Herrn Sacksberger und Herrn Mehltau gemeinsam geführt.*

6. *In den Vertragsverhandlungen werden die Parteien versuchen, größere Vorauszahlungen für den zu liefernden Raps zu erhandeln.*

7. *Der Vertrieb des Rapses wird zu marktüblichen Konditionen über die Firma von Herrn Wendelin Sacksberger erfolgen.*

8. *Die Parteien vereinbaren, diesen Vertrag bis 30. 9. 1996 in einen endgültigen Vertrag umzuwandeln. In diesen Vertrag ist eine Schlichtungsklausel für den Fall einer Meinungsverschiedenheit aufzunehmen.*

Bad Friedlingen, am 30. Mai 1996

Johann-Jakob Mehltau *August Sacksberger*

Die Erklärung wird von Hand aufgesetzt und dann der Sekretärin gegeben, die sie rasch ins reine schreibt. Dann wird sie unterschrieben, und man legt fest, wann man sich wieder trifft. Als auch dieser Punkt geregelt ist, ergreift Herr Mehltau das Wort:

„Lieber Herr Dr. Cooper. Ich möchte Ihnen ganz herzlich danken, wie Sie es verstanden haben, diese Verhandlungen zu führen. Und ich glaube, ich spreche diesen Dank nicht nur in meinem Namen aus. Wenn ich mir überlege, in welcher Stimmung ich hier heute morgen aufgekreuzt bin und in welcher Stimmung ich jetzt Ihre Kanzlei verlasse, muß ich sagen, daß dazwischen Welten liegen. Vor wenigen Stunden war ich noch fest entschlossen, gegen August in den Krieg oder wenigstens vor Gericht zu ziehen, und jetzt fliegen wir stattdessen demnächst zusammen nach Kiew und sprechen mit dem Landwirtschaftsminister der Ukraine. Wenn wir Glück haben, wird in der Ukraine in kurzer Zeit nicht nur Raps aus unserer Sortenzucht wachsen, sondern dort vielleicht sogar Mühlen stehen, die nach unseren Verfahren Getreide verarbeiten. Wunderbare Aussichten. Erlauben Sie mir bitte deshalb die Frage, Dr. Cooper, ob es Ihnen möglich wäre, uns bei den Verhandlungen mit Kiew und London zu unterstützen. Ich habe Herrn Dr. von Streidt diesen Vorschlag schon unterbreitet – er ist damit einverstanden."

„Sehr gerne, das würde aber mindestens noch ein ausführliches Vorgespräch in der Art erfordern, wie ich es mit ihnen geführt habe, Herr Sacksberger."

„Ich stehe Ihnen gerne abermals zur Verfügung, Dr. Cooper. Mit mir können Sie noch tagelang durch den Stadtpark spazieren", antwortete Herr Sacksberger lachend.

„Wie wär's mit Montagmorgen, um 9.00 Uhr bei mir im Büro?"

„Einverstanden!" nickt Herr Sacksberger.

„In Ordnung!" stimmt Herr Mehltau zu.

„Ich freue mich für Sie, werter Kollege", ergänzt Dr. von Streidt und schüttelt Dr. Cooper anerkennend und freundschaftlich die Hand, „und ich gratuliere Ihnen herzlich zu Ihrer neuen Mandantin. Zudem möchte ich Sie herzlich zu einem Abendessen bei mir zu Hause einladen. Sie müssen mir mehr über Ihre Vorgehensweise erzählen. Dem kooperativen Verhandeln scheint ja tatsächlich die Zukunft zu gehören. Meine Frau wird Ihnen dafür einen Hecht aus dem Friedlinger See servieren. Wenn wir bis dahin noch einen fangen.

Sie sollen ja langsam aus unserer Gegend verschwinden, die Hechte."

Teil 6

Was tue ich, wenn . . .? Dr. Coopers Tips zu zehn schwierigen Verhandlungssituationen

In diesem Buch haben wir Ihnen schon viele Empfehlungen gegeben, wie Sie sich oder Ihre Klienten durch schwierige Verhandlungssituationen manövrieren. Doch einige wesentliche Fragen sind noch offen, Fragen, die uns vor allem von Teilnehmern unserer Verhandlungsseminare gestellt werden. Ursprünglich wollten wir Ihnen die zehn häufigsten Fragen selbst nach bestem Wissen beantworten. Doch dann kam uns die Idee, Dr. Austin Cooper, unseren Verhandlungshelden, zu bewegen, die Beantwortung dieser Fragen zu übernehmen und dazu die Schatztruhe seiner profunden Verhandlungserfahrung für Sie zu öffnen.

Zu unserer allergrößten Freude hat Dr. Cooper zugesagt! Wir zögern nicht, Ihnen nachfolgend seine Empfehlungen weiterzugeben:

1. Wie steige ich in eine Verhandlung ein?

Oft verhandeln wir Anwälte über reine Zahlungsansprüche, und es stellt sich dabei natürlich die Frage, wie ich zu Beginn der Verhandlung meine Ansprüche anmelde.

Soll man hier bewußt mit überzogenen Forderungen einsteigen, oder soll man mit realistischen Zahlen beginnen? Soll man als erster eine bestimmte Zahl nennen, oder soll man versuchen, die Gegenpartei dazu zu bringen, die erste Zahl zu nennen?

1.1 Wer nennt die erste Zahl?

Nach der von mir praktizierten Vorgehensweise ist es ratsam, nicht gleich mit den eigentlichen Forderungen zu beginnen, sondern zunächst den Ablauf der Verhandlung mit Ihrem Verhandlungspartner zu klären:

- Wie soll die Verhandlung strukturiert sein?

- Wer präsentiert wann seine Interessen?

In dieser Phase ist es von besonderer Bedeutung, eine gute Beziehung zu Ihrem Verhandlungspartner aufzubauen. Versetzen Sie sich in Ihr Gegenüber, gehen Sie in die zweite Position, spiegeln Sie seine Bewegungen und seinen Atem. So schmilzt langsam das Eis zwischen Ihnen und Ihrem Gegenüber, und es wird Ihnen viel leichter fallen, Ihre Forderung zu präsentieren.

Was tut man nun aber genau, wenn man seine „Forderung" präsentiert?

Bei richtiger Anwendung meines **„Friedlinger Modells"** wird man eine bestimmte Zahl, die man in eine Verhandlung einbringt, im Regelfall als eine **Möglichkeit** (**Option**) **zur Verwirklichung der beteiligten Interessen** sehen. Die Zahl ist so gesehen der Versuch, einen Punkt auf der Skala der beiderseitigen Interessen zu finden, bei dem beide Parteien ja sagen können:

Stellt die genannte Zahl keine gemeinsame Option zur Lösung des Interessenkonfliktes dar, so muß das widerstreitende Interesse beider Seiten im Hinblick auf die Höhe des Preises durch **objektive Kriterien,** wie Fisher/Ury/Patton **Prinzipien nennen, die unabhängig vom Willen der beteiligten Parteien bestehen,** geregelt werden.

Solche **objektiven Kriterien** können beispielsweise sein:

- Sachverständigengutachten,
- Kaufpreissammlung,
- Durchschnittspreise etc.

Wichtig ist auch, daß man sich bei der Verhandlung schnell darüber klar wird, welche Interessen sich hinter den nackten Zahlen verbergen. Hierzu ein Beispiel:

Sie sind Versicherungsspezialist und haben drei Klienten, für die Sie Ansprüche gegenüber Versicherungsgesellschaften durchsetzen sollen. Auf den ersten Blick geht es hier ums bloße Geld: Erstreite ich nun für meinen Mandanten 50 000 DM oder 100 000 DM? Wenn Sie aber weiterfragen, beispielsweise wofür Ihre Mandanten denn das zu erstreitende Geld verwenden möchten, könnten Ihnen diese vielleicht folgendes verraten:

Klient von Baeriswyl:
„Ich will mir davon einen dicken Schlitten kaufen. Einen Mercedes, einen Cadillac oder einen BMW. Einmal in meinem Leben will ich echt auftrumpfen. Die Gelegenheit ist nun da, und ich will sie nutzen. Also bleiben Sie hart und holen sie so viel Geld raus wie möglich!"

Klient Wasserfallen:
„Ich bin gerade noch mit dem Leben davon gekommen. Jetzt will ich eine Lebensversicherung abschließen. Ich habe dem Tod ins Auge gesehen und daraus habe ich meine Lehren gezogen. Geben Sie keinen Deut nach. Bleiben Sie hart!"

Klient Gösser:
„Ich will mir eine Weltreise leisten. „Einmal um die ganze Welt und die Taschen voller Geld!" wie wir in meiner Jugend gesungen haben. Lassen Sie mich nicht im Stich. Ich will einmal um den Globus, und dazu brauche ich Cash!"

Auf den ersten Blick geht es allen Dreien nur ums Geld. Auf der Ebene der Interessen sieht es aber anders aus. Der eine braucht Geld für ein Auto. Sein Wert, dem er huldigt, ist **Anerkennung.** Der andere braucht mehr **Sicherheit** und will sich eine Versicherung kaufen, und der Dritte will seine **Freiheit** auskosten und auf eine Weltreise gehen.

Mit diesem Wissen eröffnen sich Ihnen ganz neue, ungeahnte Möglichkeiten. Sie können beispielsweise nun dem Wunsch der Versicherung entgegenkommen und Ihre Geldforderungen reduzieren, wenn der erste Klient aus dem Bestand der gestohlenen und wieder gefundenen Fahrzeuge einen Cadillac Eldorado Touring Coupe für 20% des Neupreises erhält oder Ihr zweiter Mandant eine Lebensversicherung zu Sonderkonditionen. Und vielleicht betreibt eine der Versicherungsgesellschaften oder eine ihrer Töchter ein Reisebüro, wo Sie für Ihren Kunden eine Weltreise zum Ankaufspreis erhalten können.

Wenn es Ihnen gelingt, diese Verhandlung so über die Bühne zu bringen, haben wieder einmal beide Seiten gewonnen: Die Versicherungsgesellschaft muß weniger Schadensersatz zahlen, und Ihre Kunden bekommen genau das, was sie sich gewünscht haben.

Wie Sie sehen, schränkt der Glaube, Menschen gehe es nur ums Geld, enorm ein. Wollen Sie sich als gestandener Anwalt tatsächlich derart einschränken lassen?

1.2 Soll ich mit einer möglichst hohen Forderung oder einem möglichst niedrigen Angebot beginnen?

Eine andere Frage ist, ob man bei Verhandlungen, in denen der Preis eine Rolle spielt, mit überzogenen oder realistischen Forderungen beginnen soll. Dies ist natürlich nicht nur eine Frage der **Verhandlungstaktik**, sondern auch eine Frage der **Verhandlungskultur.**

Wenn Sie auf einem Markt in Marakesch, auf dem Sie eine Zinnvase erwerben wollen, den Preis nennen, den Sie für dieses Stück gerne bezahlen möchten, dann sind Sie verloren, denn der Händler wird sofort etwa das Zehnfache des von Ihnen genannten Preises verlangen. Wenn Sie dann aber auch noch auf Ihrem Preis beharren, sich nicht bewegen und dann wutentbrannt den Laden verlassen, haben Sie ihm auch noch den Spaß verdorben: denn seine Verhandlung ist eine gänzlich andere als die unsere, bei der man relativ schnell „zur Sache" kommt.

In Marakesch gehört es nämlich zur Verhandlungskultur, daß man ausgiebig feilscht und dramatisch mit dem anderen ringt. Der „negotiation dance" um den Preis macht beiden Seiten Spaß und gehört zum guten Ton. So wie bei uns das Grüßen mit der rechten Hand.

Ist aber Feilschen ein Teil unserer Verhandlungskultur?

Auch an unseren Verhandlungstischen werden Sie leider immer wieder Kollegen begegnen, die Ihr Besprechungszimmer mit dem Souk von Marakesch verwechseln. Dann ist es natürlich sinnvoll zu wissen, wie Sie damit umgehen. Wenn es Ihnen Spaß macht, in den „negotiation dance" einzusteigen, dann ist es für Sie wichtig, eine ebenso unrealistische Zahl wie der Verhandlungspartner zu nennen, nur eben in die andere Richtung. Haben Sie dagegen keine Lust am orientalischen Verhandlungsstil, dann wäre es eine sehr elegante Art, die Einladung zum Tanz auszuschlagen, wenn Sie die von der anderen Seite als **Position** genannte Zahl als **Möglichkeit** der Zielfindung **(Option)** darstellen und so den Verhandlungspartner wieder in die reale Wirklichkeit zurückführen.

Nehmen Sie einmal an, Sie hätten für einen Mandanten gegenüber einer Versicherung Schmerzensgeld geltend zu machen und gehen nach dem Studium der Schmerzensgeldtabelle davon aus, daß ein Betrag von DM 500,– angemessen wäre. Bietet Ihnen nun der Versicherungsvertreter DM 200,– an, so würde die orientalische Lösung bedeuten, daß Sie im Gegenzug DM 1.500,– verlangen, um sich dann nach einem längeren

Tanz, der sich zwischen den genannten Polen hin und her bewegt, irgendwo in der Mitte zu treffen.

Es wäre aber auch möglich, daß Sie dem Verhandlungspartner sagen:

„Ach, das ist ja ein sehr interessanter Vorschlag. Wie kommen Sie darauf?"

Das wird natürlich der anderen Seite zunächst einmal unangenehm sein, weil sie sich nun mit der Begründung ihres Vorschlages anhand ***objektiver Kriterien*** *beschäftigen muß.*

Um die andere Seite weiter in diese Richtung zu bringen, können Sie etwa so fortfahren:

„Ich habe mir vor unserer Besprechung einmal die Urteile zur Frage des Schmerzensgeldes bei einer derartigen Verletzung angesehen und habe dabei festgestellt, daß ein angemessenes Schmerzensgeld wohl etwa in dem Bereich von DM 700,– liegen dürfte" (hierbei haben Sie natürlich das Urteil zitiert, das das höchste Schmerzensgeld gewährt).

Auf diese Art und Weise bringen Sie dann vielleicht die andere Seite dazu, sich mit Ihnen gemeinsam an das Studium der Schmerzensgeldtabelle zu machen, Einzelurteile auf ihre Anwendung für die konkrete Situation zu prüfen etc.

Wenn Sie sich nicht auf den „negotiation dance" einlassen wollen, müssen Sie dies der anderen Seite möglichst schnell und deutlich zeigen: Lachen Sie einfach, klatschen Sie sich auf den Oberschenkel, stellen Sie das Angebot als gelungenen Witz dar oder tun Sie etwas anderes, aber vermeiden Sie alles, was die andere Seite als Zustimmung zur Verhandlung im Basar-Stil auffassen könnte.

Bei Basar-Verhandlungen kann das Nennen einer „Mondzahl" durchaus dazu führen, daß ein gutes Ergebnis für denjenigen, der diese nennt, herauskommt. Diese Schlußfolgerung trifft aber im Regelfall nur dann zu, wenn derjenige, der eine überzogene Position vertritt, auf einen **weichen Verhandler** stößt. Weiche Verhandler sind diejenigen Menschen, die glauben, sich die gute Beziehung zur anderen Seite dadurch erkaufen zu können, daß sie in der Sache unangemessen nachgeben. Aber wir alle wissen ja nun: Haie, die man füttert, werden dadurch nur gefräßiger. Wenn Sie also kein weicher Verhandler sind, dann können Sie auch überzogene Zahlen der anderen Seite nicht dazu bewegen, Zugeständnisse zu machen.

Ich sehe in der Taktik, mit überzogenen Zahlen zu beginnen, die große Gefahr, daß die Gegenseite die Verhandlung abbricht, um zu zeigen, daß sie nicht bereit ist, sich auf derartige Verfahrensweisen einzulassen. Und noch eins: Wenn man zunächst eine sehr hohe Zahl als Position vertritt und dann, weil die andere Partei hart bleibt, erheblich nachlassen muß, verliert man im Regelfall sein Gesicht. Und das ist nicht gut. Ein renommierter Politiker sagte einmal: „Ich habe schon oft den Kopf verloren, aber noch nie mein Gesicht!" Daran ist etwas Wahres!

Lassen Sie mich also zusammenfassen:

1. Beginnen Sie die Verhandlung nicht mit den „nackten" Forderungen, sondern verhandeln Sie zuerst die Vorgehensweise und bauen Sie dabei Schritt für Schritt mehr und noch mehr Rapport auf. Fahren Sie dann mit dem Austausch der wirklichen Interessen Ihrer Mandanten fort. Erst dann ist der richtige Zeitpunkt gekommen, Zahlen zu nennen.
2. Wenn Sie sich gerne auf einen „negotiation dance" (also eine Basar-Verhandlung) einlassen wollen, dann beginnen Sie mit einer unrealistischen Zahl zu Ihren Gunsten bzw. beantworten Sie eine solche Zahl, die die andere Seite nennt, ebenfalls mit einer unrealistischen Zahl. In diesem Fall wünschen wir Ihnen viel Spaß beim Tanzen. Hoffentlich pokern Sie nicht zu hoch, denn sonst verlieren Sie Ihr Gesicht!
3. Wenn Sie dagegen keine Basar-Verhandlung wollen, dann empfehlen wir Ihnen, sich an den Preis über **objektive Kriterien** heranzutasten, indem Sie gemeinsam mit der anderen Partei die Frage klären, welcher Preis nach unabhängigen Kriterien angemessen ist. Überprüfen Sie also mit Ihrem Verhandlungspartner Sachverständigengutachten, Preislisten, Handelsbräuche etc. Diese Markierungspflöcke werden Ihrem Verhandlungspartner keinen Raum lassen für einen negotiation dance.

2. Wie kann ich umfangreiche Sachverhalte verhandeln?

Es scheint eine Tatsache zu sein, daß wir Menschen nur ein gewisses Maß an Komplexität handhaben können. Wie der amerikanische Psychologe *Miller* herausgefunden hat, kann der „Arbeitsspeicher" des menschlichen Gehirns im Regelfall lediglich 7 Informationen (mindestens 5, maximal 9) verarbeiten. Der Titel seines berühmten Aufsatzes heißt dann auch: „The magical number seven plus or minus two".

Haben wir also gleichzeitig mehr als 7 Informationen zu verarbeiten, können wir diese nur bewältigen, wenn wir die Informationen **strukturieren**. Diese Strukturen entstehen durch eine Gliederung des Stoffes. Solche Gliederungen können einfache oder auch komplizierte Gebilde sein. Wer sich mehr für die Frage des Verhandelns als Informationsverarbeitung und das Strukturdenken als Weg rationaler Bewältigung von Komplexität in Verhandlungen interessiert, sollte sich in das nicht nur aus diesem Grund unbedingt lesenswerte Buch von Haft „Verhandeln" vertiefen.

Komplexe Sachverhalte können durch vier Schritte strukturiert, greifbar und dadurch verhandelbar gemacht werden:

1. Schritt Strukturieren

↓

2. Schritt Visualisieren

↓

3. Schritt Atomisieren

↓

4. Schritt Zusammenfügen (Molekularisieren)

Die Anwendung dieses 4-Schritte Models möchte ich an einem Beispiel erklären:

Gehen wir einmal davon aus, daß es zwischen zwei Gesellschaftern, die jeweils einen Anteil von 50% des Stammkapitals halten, zu derartig ernsthaften Auseinandersetzungen gekommen ist, daß die Gesellschafter nicht mehr zusammenarbeiten wollen. Im Rahmen einer Verhandlung müssen die verschiedensten Fragen geklärt werden, so beispielsweise:

- *Soll die Gesellschaft aufgelöst werden, oder kann man sich darüber einigen, daß ein Gesellschafter die Gesellschaft weiterführt?*
- *Wenn es zu einer Übernahme durch einen Gesellschafter kommt, wie soll dann die Gesellschaft bewertet werden?*
- *Wie kann die Übernahme finanziert werden?*
- *Ist (zumindest teilweise) eine Realteilung möglich, will beispielsweise der andere Gesellschafter Gegenstände der Gesellschaft übernehmen (in Anrechnung auf sein Auseinandersetzungsguthaben)?*

- *Was gibt es hinsichtlich des Wettbewerbes für den ausscheidenden Gesellschafter zu regeln, insbesondere:*
  - *In welchem Umfang kann der ausscheidende Gesellschafter Wettbewerb treiben?*
  - *Welchen Einfluß hat dies auf die Abfindungszahlung?*
  - *Kann der ausscheidende Gesellschafter gewisse Produkte von der Gesellschaft übernehmen und selbst weiter vertreiben?*
- *Welche Fragen sind bei der Auflösung des Geschäftsführeranstellungsvertrages des ausscheidenden Gesellschafters zu beachten?*
- *Wie können persönliche Bürgschaften des ausscheidenden Gesellschafters abgelöst werden?*

Dies sind nur einige Fragen, die bei einem derartigen Themenkomplex zu verhandeln und zu klären sind. Es dürfte einleuchten, daß man sehr schnell „in den Wald kommt", wenn man versucht, dieses komplexe Thema an irgendeiner Frage aufzuhängen, wenn man nicht vorher das Ganze strukturell durchdacht hat. Ich rate Ihnen deshalb, wie folgt vorzugehen:

2.1 Strukturieren

Es ist wichtig, daß sich die Parteien am Anfang der Verhandlung oder gegebenenfalls vor der Verhandlung darauf einigen, welche Einzelthemen in welcher Abfolge verhandelt werden sollen. Hier zeigt sich die besondere Wichtigkeit des Verhandelns über das Verhandeln. Die einzelnen Punkte der Verhandlung sollten in einer **hierarchischen Gliederung** stehen, die etwa der Form einer Pyramide entspricht. Am Anfang steht die Frage, die für alle nachfolgenden Ebenen von Bedeutung ist. Auf der nächsten hierarchischen Ebene werden dann diejenigen Fragen gestellt, die sich aus der Erledigung des hierarchisch übergeordneten Problems ergeben. Diese Fragen werden dann auf der nächsten Stufe geklärt und gleichzeitig die sich aus dieser Klärung ergebenden Fragen gestellt, die dann auf der nächsten Stufe beantwortet werden . . .

Lassen Sie mich das an unserem Beispiel erklären:

Wenn es noch unklar ist, ob die beiden Gesellschafter zukünftig noch weiter zusammenarbeiten wollen oder nicht, so ist dieser Punkt hierarchisch unbedingt an der Spitze einzuordnen, denn erst aus der Beantwortung dieser Frage ergibt sich die Struktur der weiteren Problempunkte.

An dieser Stelle werden Sie dann die bisherige Zusammenarbeit der Parteien würdigen und fragen, wie das Verhalten der Parteien geändert werden könnte, damit sie ihre jeweiligen Interessen auch zukünftig befriedigen können. Hier stellen sich dann Fragen wie beispielsweise:

- Welches ist das gemeinsame Interesse?

- Gibt es ein übergeordnetes Ziel?

Etwa so bin ich vorgegangen im Fall Sacksberger vs. Mehltau, den Sie ja alle inzwischen gut kennen.

Ist es dagegen klar, daß die Zusammenarbeit beendet werden soll, dann ergäbe sich auf der darunterliegenden Stufe die Lösung der Frage: Auflösung der Gesellschaft oder Ausscheiden eines Gesellschafters?

Hat man sich für das Ausscheiden eines Gesellschafters entschieden, dann ergeben sich auf der nächsten Stufe mehrere hierarchisch gleichgeordnete Probleme. So wären auf dieser Stufe beispielsweise folgende Fragen einzuordnen:

- Bewertung des Geschäftsanteils des ausscheidenden Gesellschafters;

- Probleme aus der Auflösung des Geschäftsführervertrages;

- Regelung des Wettbewerbsverhältnisses zwischen der Gesellschaft und dem ausscheidenden Gesellschafter.

Der letzte Punkt könnte allerdings seinerseits wiederum ein Unterpunkt zur Bewertung des Geschäftsanteils sein, denn wenn man einem ausscheidenden Gesellschafter Wettbewerb gestattet, kann dies natürlich den Wert der Gesellschaft erheblich beeinflussen, da sie durch die Auseinandersetzung einen weiteren Wettbewerber bekommt.

Als Unterpunkt zur Frage der Bewertung des Geschäftsanteils wäre dann beispielsweise die Frage zu klären, wie die Abfindung gezahlt werden soll und ob diese Abfindung etwa in Form von Realteilung, das heißt durch Übertragung einzelner Wirtschaftsgüter an den ausscheidenden Gesellschafter ganz oder teilweise, erfolgen kann.

Graphisch dargestellt sieht das etwa so aus:

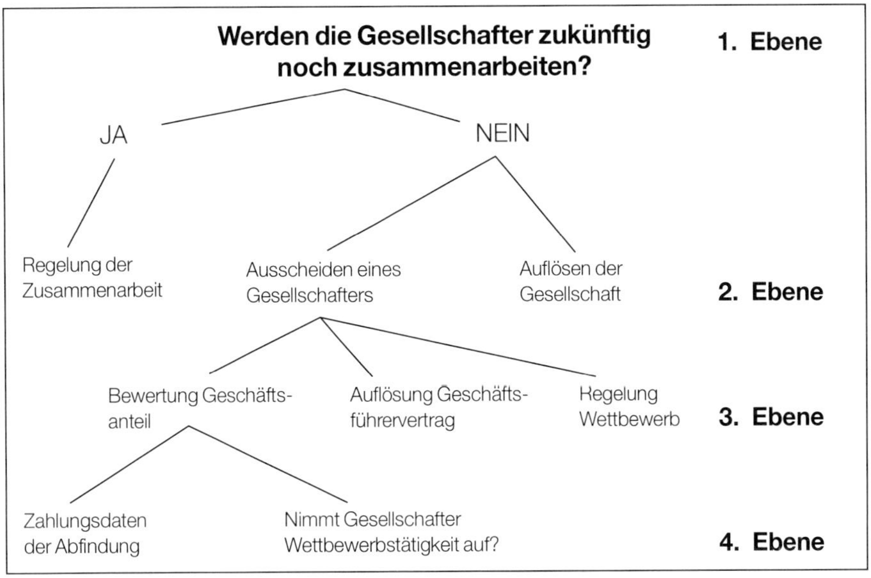

Wenn Sie mit einer solchen Struktur der Verhandlungsthemen in die Verhandlung gehen, dann ist es ziemlich sicher, daß Sie ohne unnötigen Zeitverlust die Themen abarbeiten können und sich nicht in die Irre begeben. Wenn Sie diese Struktur nicht gemeinsam mit Ihrem Verhandlungspartner festgelegt haben, dann ist es empfehlenswert, mit ihm zuerst die Struktur der Verhandlung zu klären und bindend für beide Seiten festzuhalten. Am besten geschieht dies durch eine Visualisierung. Ein Beispiel dafür ist die vorstehende Skizze.

2.2 Visualisieren

Um die Struktur zu erläutern und das Fortschreiten der Verhandlung im Rahmen der Struktur zu überprüfen und nachzuvollziehen, empfiehlt es sich, daß Sie diese Struktur visualisieren. Dazu gibt es verschiedene Wege. Das einfachste und auch empfehlenswerteste Mittel ist es, daß Sie den Verhandlungsablauf und die Themen gemeinsam mit Ihrem Verhandlungspartner auf dem Flipchart aufzeichnen. Durch diese Visualisierung ist es auch möglich, gemeinsam den Verhandlungsfortschritt festzustellen; im Regelfall bereitet es dem Verhandlungspartner große Freude, wenn er aufstehen, sich einen Filzstift nehmen und einen Punkt der Verhandlung als erledigt abhaken oder durchstreichen kann. Darüber hinaus ist eine Visualisierung auch eine sehr einfache Art, einen Verhandlungsvertrag darzustellen. Denn wenn Sie die

Struktur der Verhandlung auf dem Flipchart festgehalten haben, ist es relativ einfach, den Partner durch einen bedeutungsvollen Blick auf das Flipchart wieder auf den festgelegten Verhandlungsablauf einzuschwören.

Das Visualisieren ist auch deswegen so besonders wichtig, weil viele Menschen nur dann etwas richtig zur Kenntnis nehmen, wenn sie es auch sehen können. Dies dürften in unserem Kulturkreis etwa 60% aller Menschen sein. Daher ist es sicherlich eine Ihrer lohnendsten Investitionen, wenn Sie sich möglichst bald einen Flipchart oder ein White Board kaufen und in Ihr Besprechungszimmer stellen oder hängen. Durch das Aufzeichnen komplexer Strukturen werden Sie übrigens auch wie von selbst die Führung in der Verhandlung an sich ziehen, da Sie dadurch für manche Beteiligte die Probleme überhaupt erst klar machen können. Klar denkenden Menschen vertraut man eher als Chaoten.

2.3 Atomisieren

Wenn Sie also die Themen strukturiert und die Themenabfolge visualisiert haben, empfiehlt es sich, anschließend das gesamte Verhandlungsthema zu atomisieren. Unter **Atomisieren** verstehe ich das **Verhandeln einzelner Teile des gesamten Verhandlungsthemas anhand der vorgegebenen Struktur.** Das Problem einer solchen Verhandlung besteht im Regelfall darin, daß Sie erst dann, wenn das Gesamtpaket geschnürt ist, wissen, ob Sie ein für Sie akzeptables Ergebnis erreicht haben.

So kann es beispielsweise sein, daß Sie in dem Punkt der Beendigung des Geschäftsführervertrages und der hierfür zu zahlenden Abfindung Zugeständnisse machen, die Sie durch eine großzügige Regelung des Wettbewerbes für Ihren Mandanten wieder ausgleichen möchten. Stellt sich die andere Seite in diesem Punkte stur, dann waren Ihre Zugeständnisse bei der Geschäftsführerabfindung ungerechtfertigt. Es ist daher eines der wichtigsten Dinge bei solchen Verhandlungen, daß beide Parteien übereinstimmen, daß die Teilergebnisse solange unverbindlich sind, bis eine Einigung über den gesamten Komplex hergestellt ist. Wenn Sie dies vorher klar aussprechen, dann ist es auch kein Problem, wenn Sie eine vorläufige Einigung später widerrufen, falls das Gesamtergebnis für Sie unausgewogen ist.

2.4 Zusammenfügen (Molekularisieren)

Letztlich müssen Sie dann die gefundenen Teilergebnisse (also die einzelnen Verhandlungsatome) wieder zu einer größeren Einheit zusammenfü-

Was kann ich tun, wenn die andere Seite bessere Karten hat?

gen. Dieses **Zusammenfügen** bedeutet letztlich, alle **einzelnen Ergebnisse in einem Vertrag sinnvoll miteinander zu verbinden** und das Ergebnis unverzüglich schriftlich zu protokollieren.

3. Was kann ich tun, wenn die andere Seite bessere Karten (mehr Macht) hat?

Nehmen wir als Beispiel für derartige Verhandlungssituationen einmal folgenden Fall:

Der Inhaber eines architektonisch hervorragend gelungenen Hauses in bester Innenstadtlage bietet Büroräume in diesem Haus zur Vermietung an. Auf seine Anzeige melden sich 40 ernsthafte Mietinteressenten, die auch von der Bonität her als Mieter in Frage kommen. Auch Sie möchten gerne dort ein Büro mieten.

In einer solchen Situation spricht das Machtverhältnis auf den ersten Blick eindeutig für die andere Seite. Ursachen für solche ungleichen Machtverhältnisse können Unausgewogenheit von Angebot und Nachfrage, eine eindeutige Rechtslage oder andere Gründe sein. Wenn wir solche Situationen einmal näher analysieren, stoßen wir darauf, daß die Ursache der ungleichen Machtverteilung im Regelfall der Umstand ist, daß die andere Seite eine außerordentlich starke **Beste Alternative**[1]) hat und dadurch eben eigentlich gar nicht auf die Verhandlung mit uns angewiesen ist. In meinem Sprachgebrauch würde ich sagen, daß der Verhandlungspartner sehr **viele gute Möglichkeiten außerhalb des Verhandlungskontextes** hat, die er ohne unsere Mitwirkung wahrnehmen kann.

Keiner verhandelt gerne in einer solchen Situation, trotzdem wissen wir alle aus eigener Erfahrung, daß derartige Situationen gar nicht selten sind.

Ist die Macht ungleich verteilt, helfen uns drei Fragen weiter:

1) Der Begriff „Beste Alternative zur Verhandlungsübereinkunft" (Best Alternative to Negotiated Agreement, kurz BATNA) stammt von Roger Fisher (vgl. hierzu oben Teil 4.2). Sie ist das Ergebnis, das Sie außerhalb dieser Verhandlung erreichen können; sie ist also das, was passiert, wenn in der Verhandlung nichts passiert.

3.1 Liegt überhaupt eine Verhandlung vor?

Oft findet in derartigen Situationen gar keine Verhandlung statt, weil die eine Seite eine so starke Beste Alternative hat, daß sie im Wege des „Diktates" die Bedingungen der zukünftigen Zusammenarbeit bestimmen kann. Die Benutzung des Wortes „Vertrages" in solchen Situationen bedeutet nicht ohne weiteres, daß das Ergebnis Folge einer ausgewogenen Verhandlungssituation ist.

Erinnern wir uns an den sogenannten „Vertrag" von Versailles, mit dem der 1. Weltkrieg beendet wurde. Hier war es ganz eindeutig, daß die Siegermächte die besseren Karten hatten und diese Position auch entsprechend genutzt haben. Verhandlungen im eigentlichen Sinne haben hier nicht stattgefunden; es ging eigentlich nur darum, daß der Verlierer die Bedingungen des Siegers akzeptierte. Daß solche „Verhandlungen" und „Verträge" unter Umständen verheerende Folgen (auch für den Sieger!) haben können, liegt nahe (mehr dazu unter IV 3.1).

Oder nehmen Sie den vorstehend genannten Beispielsfall:
Bei 40 Mietinteressenten wird der Vermieter im Regelfall die Bedingungen diktieren können. Wenn also eindeutig keine Verhandlungssituation gegeben ist, dann können Sie eigentlich auch nur ja oder nein zu den Bedingungen der stärkeren Seite sagen. Oder Sie lassen sich etwas einfallen, um aus dem „Diktat des Stärkeren" doch noch eine Verhandlung zu machen

3.2 Wie gut sind die Karten der anderen Seite wirklich?

Bei dem geschilderten Vermietungsfall ist die Stärke der anderen Seite klar erkennbar. Sehr oft versuchen aber Verhandlungspartner, mit ihrer Besten Alternative zu bluffen, das heißt, Möglichkeiten vorzugaukeln, die ihnen gar nicht zur Wahl stehen.

Wer zum Beispiel bei einer Anstellungsverhandlung durchblicken läßt, er könne für eine ähnliche Position in einem Konkurrenzunternehmen statt der hier angebotenen DM 100.000,– DM 130.000,– im Jahr bekommen (nehmen wir einmal an, daß dies nicht stimmt), dann möchte er durch diesen Bluff gerne in eine starke Machtposition kommen, vorausgesetzt, daß das Unternehmen an ihm interessiert ist. Allerdings ist dieses Vorgehen sehr risikoreich – und deswegen rate ich auch im Regelfall von Bluffs ab –, denn der Personalchef kann sehr leicht sagen:

„Dann nehmen Sie doch diese Stelle!“

Ist die Stärke der anderen Seite nicht offensichtlich, ist es wichtig, zunächst einmal Informationen über deren wirkliche Stärke einzuholen, um zu wissen, wie die Machtverhältnisse tatsächlich liegen.

3.3 Wie können wir unsere Verhandlungsposition stärken?

Liegt eine Verhandlungssituation vor, in der die andere Seite wirklich die besseren Karten hat, dann gibt es im wesentlichen drei Möglichkeiten, um die eigene Situation zu verbessern:

3.3.1 Stärkung der Beziehung:

Bauen Sie Vertrauen auf und finden Sie heraus, was die Absicht der Parteien hinter ihrem Verhalten ist!

Es mag zunächst merkwürdig erscheinen, aber es ist tatsächlich so, daß eine Verbesserung der eigenen Situation sehr oft durch die Verbesserung der Beziehung zum Gegenüber erfolgen kann. Die Verbesserung der Beziehungsebene ist ein wichtiger Ansatz, um aus der Situation „Diktat des Stärkeren“ in die Situation „Verhandlung“ zu kommen.

Vielleicht erinnern Sie sich an Zeitungsberichte über Entführer und deren Opfer in gekaperten Flugzeugen, Bussen oder in Bankfilialen etc. Oft ist es in solchen Fällen mit ausgesprochen ungleichen Machtverhältnissen beherzten Opfern gelungen, durch positive Kontaktaufnahme mit den Entführern zu erreichen, daß sie gut behandelt werden. Immer dann, wenn Opfer sich nicht als „Opfer“ verhalten, sondern den Entführern als „Partner“ gegenüber treten, die gemeinsam mit ihnen eine Situation zu bewältigen haben, stellen sich erstaunliche Ergebnisse ein. Gelegentlich wird sogar davon berichtet, daß sich zwischen den Entführern und Geiseln freundschaftliche Beziehungen entwickelt haben und die Tötung des Geiselnehmers, etwa bei einer Stürmung durch eine Sondereinheit, auf die Opfer wie ein Schock wirkte.

Nehmen wir einmal an, Sie finden heraus, daß der Vermieter sehr auf **Sicherheit** bedacht ist. Wenn Sie dies wissen, können Sie nun herausstreichen, wie gut Ihre Bonität ist. Sie können auch darauf hinweisen, daß zwei Ihrer Partner aus den reichsten Familien der Stadt kommen. Wenn Sie feststellen, daß der Vermieter hauptsächlich auf **Anerkennung** Wert legt, dann weisen Sie darauf hin, welche Politiker und Filmschauspieler Sie beraten. Vielleicht möchte er einen oder den anderen davon einmal kennenlernen?

3.3.2 Optionen entwickeln:

Was können Sie der Gegenseite außer Geld sonst noch anbieten? Erweitern Sie ihre eigenen Handlungsmöglichkeiten innerhalb des Verhandlungskontextes!

Fragen Sie sich, was Sie der anderen Seite außer Geld noch bieten können. Je mehr Sie Ihre eigenen Handlungsmöglichkeiten innerhalb des Verhandlungskontextes erweitern, je mehr Sie interessengerechte Optionen anbieten können, um so mehr schwächen Sie die Beste Alternative Ihres Verhandlungspartners.

Nehmen Sie einmal an, Sie könnten sich in dem Vermietungsfall bereit erklären, die gesamte Verwaltung des Hauses zu übernehmen, eine größere Vorauszahlung auf die Miete zu leisten, dem Vermieter Sonderkonditionen für die Rechtsberatung einzuräumen, etc. etc. etc. Wenn das interessante Möglichkeiten für den Vermieter sind, schwächt dies gleichzeitig seine Beste Alternative (Auswahl eines der anderen 39 Interessenten).

Oder was würde zum Beispiel passieren, wenn der Vermieter des Innenstadtbüros gerade von einem dreiwöchigen Golfurlaub zurückgekehrt ist und von Ihnen erfährt, daß Sie ein begeisterter Anhänger des Golfsports sind. Vielleicht ergäbe sich für Sie die Möglichkeit, Ihm den Eintritt in einen renommierten Golfclub zu verschaffen, ihm einen Set günstiger Golfschläger von Ihrer nächsten Reise mitzubringen oder mit ihm gemeinsam über die Schönheiten des Golfkurses im Seventeen-Miles-Drive (südlich von Carmel/Kalifornien) zu schwärmen. Es wäre nicht völlig ausgeschlossen, daß dieser Sympathiezuwachs beim Vermieter dazu führt, daß Sie in den engsten Kreis der Bewerber aufrücken, denn jeder Mensch hat neben Geld mit Sicherheit noch andere Interessen.

3.3.3 Eigene Beste Alternative verstärken:

Bekommen Sie das, was Sie wollen, auch woanders? Erweitern Sie Ihre Wahlmöglichkeiten außerhalb des Verhandlungskontextes.

Oft ist die Schwäche der Besten Alternative der anderen Seite die Stärke Ihrer eigenen Besten Alternative. Deshalb ist es wichtig, sich in Fällen der ungleichgewichtigen Machtposition bei der Vorbereitung der Verhandlung darüber Gedanken zu machen, wie man die eigene Beste Alternative verstärken kann. Das heißt also, sich intensiv der Frage zu widmen:

- Was kann ich alles tun, wenn ich mein gewünschtes Ziel im Rahmen der Verhandlung nicht erreiche?
- Wie kann ich das, was ich haben will, möglicherweise anderweitig (also außerhalb des Verhandlungskontextes) bekommen?

Es wäre beispielsweise für Sie außerordentlich wichtig, wenn Sie sich vor dem Gespräch mit dem Vermieter darüber informieren, ob nicht andere Büros ähnlicher Qualität in Innenstadtlage noch zu haben sind. Vielleicht gibt es gleich nebenan ein Büro, das etwas teurer oder nicht ganz so gut gelegen ist, das aber durchaus eine akzeptable Alternative zu Ihrem Traumbüro wäre.

Allein die Tatsache, daß Sie den Vermieter spüren lassen, daß Sie das angebotene Objekt nicht auf jeden Fall haben müssen, festigt Ihre Position. Denn die Frage der Macht ist sehr oft eine Frage der Ausstrahlung, die von unserem Unterbewußtsein ausgeht und vom Unterbewußtsein des Empfängers aufgenommen wird. Mit der Ausstrahlung „Ich muß das Gewünschte haben, koste es was es wolle" werden Sie sich im Regelfall die Preise verderben. Gehen Sie dagegen relativ locker in die Verhandlungen und spürt die andere Seite Ihre Botschaft: „Ich hätte zwar das Objekt gerne, aber ich kann mir durchaus auch mit einer anderen Möglichkeit behelfen", dann werden Sie möglicherweise für den Vermieter interessant sein, zumindest wird er nicht versuchen, aus Ihnen das Letzte herauszuholen.

Sie sehen, wie wichtig es ist, immer über mehrere Lösungen für Ihr Problem – und zwar innerhalb und außerhalb des Verhandlungskontextes – zu verfügen.

Denn: **Eine Lösung ist ein Problem.**
Zwei Lösungen sind ein Dilemma.
Freiheit beginnt mit drei Lösungen!

4. Wie weiß ich, daß ich das beste Ergebnis erreicht habe?

Um zu verhindern, daß ich nach dem Abschluß von Verhandlungen permanent unsicher bin, ob ich mit dem Erreichten zufrieden sein kann, ist es wichtig, daß ich vor einer Verhandlung mein bestes Ergebnis definiere. Ich

2 Lösungen sind ein Dilemma!

nenne es das **Subjektiv Bestmögliche Ergebnis (SUBE)**. Erreiche ich es, kann ich zufrieden sein und sollte nicht weiter darüber nachdenken, ob ich noch irgend ein besseres Ergebnis hätte erzielen können. Denn für den Erfolg einer Verhandlung ist entscheidend, ob ich das, was mir als möglich und wichtig erscheint, erreiche, und nicht das **Objektiv Beste Ergebnis** (OBE), also nicht das, was irgend jemand möglicherweise hätte erreichen können.

Lassen Sie mich das an einem Beispiel erläutern:

Wenn Sie Hochsprung trainieren, dann werden Sie beim Training die Latte auf die Höhe legen, die Sie sich zutrauen. Nehmen wir einmal an, die Höhe, die Sie gerade bezwungen haben wäre 1.80 m. Dann werden Sie vermutlich die Latte als nächstes auf 1.82 m, vielleicht sogar noch auf 1.85 m legen, sicherlich aber nicht auf 2.10 m. So ähnlich sollten Sie es auch bei den Verhandlungen halten.

Im Gegensatz zum OBE können Sie beim SUBE durchaus persönliche Wertungen und langfristige Überlegungen einbeziehen.

Hierzu kann ich Ihnen ein Beispiel aus meiner Praxis als Verhandler schildern:

Kurz nach der Wiedervereinigung Deutschlands kaufte ich eine Wohnung am östlichen Stadtrand von Berlin. Da es sich um einen Neubau handelte, war der Andrang von Interessenten sehr groß, die modernsten Wohnkomfort suchten und auch bereit waren, dafür gut zu bezahlen. Wie ich hörte, wurden in Nachbarwohnungen Preise von bis zu DM 18,50 pro qm pro Monat erzielt. Ich ging bei der Definition meines Zieles einen anderen Weg: Ich überlegte, welcher Preis langfristig erzielt werden könnte und wie hoch ein Preis wäre, der von Berufstätigen mit besserem Einkommen auf längere Dauer bezahlt werden könnte. Bei diesen Überlegungen kam ich zu dem Ergebnis, daß ein Preis von DM 13,50 pro qm, verbunden mit der Vereinbarung einer jährlichen Steigerung, angemessen wäre. Ich fand dann auch ein sympathisches junges Ehepaar mit Kind, das diese Vorstellung akzeptierte und seitdem in dieser Wohnung wohnt. In der Folgezeit machte sich diese langfristige Definition des SUBE außerordentlich bezahlt. Bereits kurz nach Bezug der Wohnung stellte sich heraus, daß die gesamte Anlage erhebliche Baumängel hatte, deren Beseitigung sehr aufwendig war und besonders dadurch erschwert wurde, daß der Bauunternehmer in Konkurs gegangen war. Einmal funktionierte die Heizung nicht, ein anderes Mal senkte sich die Zufahrt zu der Tiefgarage ab, so daß sie nicht mehr passierbar war, dann gab es Nässe-Einbrüche etc. Wie ich erfuhr, nahmen das die Mieter, die für DM 18,50 pro qm angemietet hatten, im Regelfall sofort zum Anlaß, die Miete zu mindern. Außerdem zogen die meisten dieser Mieter bereits nach 2 Jahren wieder aus, weil inzwischen die Mietpreise allgemein gefallen waren. Der „Erfolg" war, daß nun die Vermieter, die besonders teuer vermietet hatten, nur einen Teil der vereinbarten Miete erhielten und darüber hinaus die Wohnungen dann monatelang leerstanden, weil kein Mieter bereit war, zu den verlangten Konditionen zu mieten. Sowohl auf der Beziehungsebene mit den Mietern als auch beim materiellen Ergebnis hatte ich also eindeutig besser abgeschnitten mit meinem SUBE, als die Vermieter, die mit großer Energie versucht hatten, das OBE zu erreichen.

4.1 Wie bestimme ich mein SUBE?

4.1.1 Um zu wissen, welches Ergebnis das für mich bestmögliche ist, bedarf es einer intensiven Vorbereitung. Dabei werde ich mir, wenn es um den Erwerb einer Sache geht, vor allem über den Preis Gedanken machen. Im Rahmen dieser Vorbereitung werde ich alle objektiven Kriterien, die Maßstab für das Ergebnis sind, prüfen (z. B. Marktpreise, Gutachten, Rechtsprechung, gleichgelagerte Fälle, etc.). Will ich aber über den Erwerb eines Liebhaberstückes verhandeln, dann wird es mir vor allem darauf ankommen, das Stück zu bekommen, ohne auf den Preis besondere Rücksicht zu nehmen.

4.1.2 Entscheidend wird es aber vor allem sein, daß ich die Verhandlungssituation bestimme, in der ich mich befinde.

- Handelt es sich um eine **Basar-Situation**, die dadurch gekennzeichnet ist, daß ich mit dem Verhandlungspartner in keiner sozialen Beziehung lebe und ihn nach dem Deal wohl nie mehr in meinem Leben begegnen werde, dann werde ich versuchen, das Maximum zu erreichen. Dadurch wird die Verhandlung sehr zielfixiert. Sehr oft werde ich in einer Basar-Situation mein gewünschtes Ergebnis alleine im Hinblick auf einen bestimmten Preis bestimmen. Folge davon ist dann natürlich auch ein bestimmter Verhandlungsstil, nämlich das positionelle Verhandeln oder, wie es auch genannt wird, der „negotiation dance".

- Befinde ich mich dagegen in einer **Riff-Situation,** so wird es mir nicht darauf ankommen, das Maximale zu erreichen, sondern das Optimum. Eine Riff-Situation ist dadurch gekennzeichnet, daß ich meinem Verhandlungspartner auch zukünftig immer wieder begegne. Hier werde ich mich im Regelfall nicht auf ein bestimmtes Ziel fixieren, sondern eine untere Grenze bestimmen.

Diese wird definiert durch die Frage: Was könnte ich außerhalb dieser Verhandlung erreichen bzw. was kann ich erreichen, wenn ich in dieser Verhandlung nicht zum Ziel komme? Letztlich ist dies die Frage nach der Besten Alternative, also danach, was ich außerhalb des Verhandlungskontextes erreichen kann.

Um nun mein Verhandlungsergebnis mit der Besten Alternative zu vergleichen, muß ich verschiedene Kriterien festlegen. So muß ich beispielsweise eruieren, wie sich ein bestimmtes Verhandlungsergebnis langfristig entwikkeln wird. Ich werde auch vor der schwierigen Aufgabe stehen, Beziehungsfragen zu bewerten etc. Die Festlegung des SUBE in einer Riff-Situation ist zugegebenermaßen eine schwierige Aufgabe, weil verschiedenste schwer wägbare Komponenten einbezogen werden müssen, so z. B. Zukunftsperspektiven oder Vertrauen. Aber an dieser Aufgabe komme ich nicht vorbei, denn nur ich kann entscheiden, was für mich subjektiv die beste Entscheidung ist, was letztlich für mich zählt.

4.2 Wie überprüfe ich, ob ich mein SUBE erreicht habe?

Wenn ich nun mein SUBE festgelegt habe, muß ich am Ende einer Verhandlung prüfen, wie weit ich diesem SUBE nahegekommen bin.

4.2.1 Handelt es sich um eine Basar-Situation, habe ich also versucht, das Maximum zu erreichen, dann ist die Überprüfung relativ einfach: Alles was das gesetzte Ziel nicht erreicht, ist ein Mißerfolg.

4.2.2 Schwieriger ist es in einer Riff-Situation, da ich hier überprüfen muß, ob ich das Optimum erreicht habe. **Optimal ist alles, was besser ist als das Ergebnis, das ich ohne Verhandlung erreicht hätte.** Ein Ergebnis, das diese Kriterien erfüllt, kann von mir akzeptiert werden. Aber gerade bei der Bestimmung des Wertes des Verhandlungsergebnisses im Vergleich zu meiner Besten Alternative stehe ich vor dem bereits genannten Dilemma: Ich muß auch den Wert von Dingen bestimmen, die auf lange Sicht angelegt, immateriell und daher schwer in Form von Zahlen bewertbar sind.

Nehmen Sie einmal folgenden Fall: Sie haben in der einen Firma ein Angebot mit einem Gehalt von DM 100.000,– bekommen. Sonstige Vergünstigungen werden nicht gewährt. In einem anderen Unternehmen erhalten Sie ein Angebot über DM 88.000,–, dazu aber hervorragende Fortbildungsmöglichkeiten, die Möglichkeit zu einem dreijährigen Berufsaufenthalt in den USA und gute Beförderungschancen.

Dieses Ergebnis läßt sich natürlich nicht ohne weiteres in Zahlen fassen. Sie müssen sich also bei der Bewertung darauf konzentrieren, was Ihnen persönlich am wichtigsten ist.

Was sind Ihre Interessen?

Ist für Sie ein Aufenthalt in den USA besonders interessant und möchten Sie sich auch noch entsprechend weiterbilden, so führt wohl nichts daran vorbei, das zweite Angebot anzunehmen. In diesem Fall ist Geld nicht Ihr einziges Interesse. Sie lieben fremde Kulturen, sind neugierig und interessieren sich für Weiterbildung. Ihnen sind all die „Zugaben", die Sie hier erhalten, viel wichtiger als ein langweiliger Bürojob, bei dem Sie DM 12.000,– mehr verdienen.

Sind Sie dagegen im Moment in einer Situation, wo es Ihnen vor allem darauf ankommt, möglichst viel Geld zu verdienen, so wird das erste Angebot Ihrem SUBE nahe kommen.

5. Wie kann ich mit einem sturen Verhandlungspartner umgehen?

Sie verhandeln mit einem Partner und versuchen ihm darzustellen, daß bestimmte Verhandlungsergebnisse für beide Teile vorteilhaft sind. Sie legen dar, daß Sie gewisse Ziele erreichen müssen, um einen Vertrag schließen zu können. Die andere Seite lehnt sich zurück, trommelt gelangweilt mit den Fingern auf die Tischplatte und sagt Ihnen: „Für DM 10.000,– bin ich bereit zu kaufen, sonst lasse ich es bleiben."

Sie beginnen daraufhin, Papier aus Ihrem Aktenkoffer zu ziehen, rechnen Kosten vor, legen im einzelnen dar, daß ein Abschluß zu diesem Preis für Sie objektiv ruinös ist. Sie legen alle Vorteile dar, die die andere Seite bei einem Abschluß zu einem angemessenen Preis hätte. Was macht der Verhandlungspartner? Er legt sich zurück und sagt mit fester Stimme: „DM 10.000,– und keine Mark mehr".

Sie kennen sicher solche und ähnliche Verhandlungssituationen. Man hat das Gefühl als säße auf der anderen Seite des Tisches ein störrischer Esel.

Im allgemeinen verfügen die Menschen über zwei Möglichkeiten, mit einem störrischen Esel umzugehen. Doch die dritte Möglichkeit ist es oft erst, die einen Esel dazu bringt, sich zu bewegen.

Sehr anschaulich habe ich das gelernt, als ich im Rahmen meines Militärdienstes bei den Gebirgsjägern auf einer Übung in den Bergen mit Kameraden von der Tragtierkompanie (im Fachjargon „Mulitreiber“ genannt) unterwegs war. Die Maultiere hatten den Auftrag, die Versorgung zu unserem in den Felsen gelegenen Stützpunkt aufrechtzuerhalten. Dabei mußten die Tiere erhebliche Lasten tragen und unwegsame Stellen passieren. Es war ganz erstaunlich, mit welcher Kraft und welcher Ausdauer diese Tiere ihre Lasten trugen – wenn sie wollten.

Einmal erlebte ich, daß ein Maultier an einer Wegbiegung plötzlich die Notbremse zog, indem es alle vier Beine von sich streckte. Es bewegte sich weder vorwärts noch rückwärts. Der Maultierführer ging zunächst auf das Maultier zu, streichelte es mit großer Zärtlichkeit über den Kopf und murmelte mehrfach in sein Ohr: „Kumm, Weibi, kumm! (auf hochdeutsch: „Komm, Weibchen, komm!“).“

Als er dies einige Minuten versucht hatte, die Maultierdame aber keinerlei Anstalten machte, als Reaktion auf die Zärtlichkeiten des Maultierführers ihren Weg fortzusetzen, wurde er plötzlich fuchsteufelswild, lief um das Maultier herum, prügelte mit hochrotem Kopf auf das Hinterteil des Tieres ein und schrie dabei: „Geh weida, Hur’, drekade!“ (Auf hochdeutsch: „Beweg dich endlich, dreckige Hure“).

Diese kleine Episode zeigt, welche zwei Verhaltensweisen im Regelfall benutzt werden, um sture Kommunikationspartner (sei es Mensch oder Maultier) zu veranlassen, sich zu bewegen: Entweder versucht man es mit gutem Zureden oder mit Schlagen; **Zug oder Druck** heißen die Alternativen.

Was passiert aber, wenn das Maultier (oder der Verhandlungspartner) die andere Person nicht mag? Wenn er – im übertragenen Sinne – nur deswegen die Notbremse zieht, weil er den anderen nicht riechen kann? In diesen Fällen genügt es sicherlich nicht, nur die Handlungsvarianten Zug oder Druck zur Verfügung zu haben.

Wie gehe ich mit einem sturen Verhandlungspartner um?

So war es auch in der Geschichte mit dem Maultier: Denn trotz allen Schreiens und Prügelns bewegte sich das Maultier keinen Schritt!

Plötzlich kam ein Kamerad des verzweifelten Soldaten, der die Szene beobachtet hatte und nahm ihm mit den Worten: „Laß mi amoi" („Laß mich einmal") die Zügel aus der Hand, schaute dem Tier einige Sekunden tief in die Augen und zog dann sanft an dem Zügel. Das Wunder geschah: Das Tier bewegte sich!

Daraus kann man recht einfach folgendes lernen: Wenn der Verhandlungspartner weder auf mein gutes Zureden noch auf Drohungen reagiert, dann ist es oft wichtig, daß ich einem anderen Verhandler Platz mache.

Eins ist jedenfalls sicher: Ziemlich erfolglos ist man bei einem störrischen Verhandlungspartner mit der häufig gesehenen Methode: „Mehr von dem gleichen":

Ich habe der anderen Seite nun schon sechsmal die Vorteile geschildert, die sie hat, wenn sie mein Produkt kauft. Sie zeigt aber keinerlei Anzeichen zu kaufen, geschweige denn, auch nur zu begreifen, was ihre Vorteile sind. Auf all meine Argumente entgegnet sie mit ***„Ja, aber . . ."*** *Völlig verzweifelt beginne ich, meine ganze Litanei noch einmal von vorn herunter zu beten . . .*

Haben Sie je erlebt, daß die Vorgehensweise, das gleiche noch einmal zu erklären, zu einer Bewegung auf der anderen Seite geführt hat?

Also: Streichen Sie die Verhandlungstaktik „Mehr von dem gleichen" aus Ihrem Repertoire, wenn die andere Seite störrisch ist! Denn dies führt mit Sicherheit dazu, daß die andere Seite noch störrischer wird.

Grundsätzlich gilt: Das Resultat, das Sie in einer Verhandlung erreichen, ist die Folge all dessen, was Sie bisher getan haben.

Wenn Sie also ein anderes Resultat wünschen, dürfen Sie alles tun, nur nicht das, was Sie bis zu diesem Zeitpunkt getan haben! Tun Sie irgend etwas ANDERES!

Wenn ich es mit einem sturen Verhandlungspartner zu tun habe, ist es sinnvoll, als erstes herausfinden, warum er so störrisch ist. Die entscheidende Frage lautet:

Liegt der Grund für das Verhalten der anderen Seite innerhalb oder außerhalb des Verhandlungskontextes?

5.1 Was tue ich, wenn der Grund für die Sturheit des Verhandlungspartners innerhalb des Verhandlungskontextes liegt?

Innerhalb des Verhandlungskontextes bedeutet, daß das störrische Verhalten entweder an mir als Verhandlungspartner liegt oder aber mit dem bisherigen Ablauf der Verhandlung zu tun hat. In diesen Fällen ist das Verhalten der Gegenseite eine Reaktion auf das, was bisher vorgefallen ist. Um die Verhandlung wieder in Gang zu bringen, ist es sinnvoll, an meinem Verhalten oder dem Gang der Verhandlung etwas ändern.

5.1.1 Vielleicht bewegt sich Ihr Partner nicht, weil er keine oder zu wenig Optionen entdecken kann, die seine Bedürfnisse angemessen erfüllen?

Stellen Sie sich einmal vor, Sie offerieren einem wichtigen Mitarbeiter eine Gehaltserhöhung, die ihn davon abhalten soll, das Lockangebot eines Konkurrenzunternehmens anzunehmen. Der Mitarbeiter zeigt keinerlei Zustimmung oder Freude. Dies liegt ziemlich sicher daran, daß Sie mit Ihrem Angebot erheblich unter dem Konkurrenzangebot geblieben sind.

In diesen Fällen können Sie sich fragen: Habe ich noch andere Optionen, die den Verhandlungspartner möglicherweise veranlassen, sich zu bewegen? Wohl gemerkt: Hierbei geht es im Regelfall nicht nur ums Geld. Könnten Sie Ihrem Mitarbeiter vielleicht anbieten, für zwei Jahre in die Auslandsfiliale nach New York zu gehen (Sie wissen, daß er Manhattan liebt)? Hätten Sie für Ihren Mitarbeiter (er ist überzeugter Fan von Bayern München) vielleicht eine VIP-Karte, mit der er bei jedem Heimspiel auf der Ehrentribüne sitzen und bei dem anschließenden Buffet die Tuchfühlung mit der Sportprominenz genießen kann? Können Sie Ihrem Mitarbeiter vielleicht die Möglichkeit geben, einen Tag weniger zu arbeiten, damit er seine Dissertation endlich fertigschreiben kann? Haben Sie überhaupt schon einmal darüber nachgedacht, daß es sehr oft auch noch andere Optionen als Geld gibt?

Oft beruht die Unflexibilität der anderen Seite auf unserer eigenen Unflexibilität oder anders formuliert:

Widerstand der Gegenpartei ist oft ein Zeichen für meine eigene Unflexibilität!

5.1.2 Vielleicht hat die störrische Verhaltensweise der anderen Seite mit mir (oder uns) persönlich zu tun? Das ist der typische Fall der Beziehungsstörung.

Bei der Klärung von Beziehungsstörungen kommt es entscheidend darauf an, welchen Grad die Störung der Beziehung hat. Beginnend mit dem leichtesten Grad, der „Verschnupfung", bis zur Beziehungskrise, ergeben sich etwa folgende Möglichkeiten der „Heilung":

- **Rapport (Vertrauen/Beziehung) neu aufbauen:**

  Wenn Sie merken, daß die Verhandlung nicht mehr fließt, ist es meist ein Zeichen für verlorengegangenen Rapport. Beginnen Sie also von neuem, Rapport aufzubauen.

  - **Synchronisieren** Sie sich wieder mit ihrem Partner! Bewegen Sie sich genau so wie Ihr Gegenüber, verwenden Sie die gleichen Wörter wie er etc.
  - Fassen Sie zusammen, was die Gegenpartei gesagt hat. Machen Sie **Backtracking!**
  - Überprüfen Sie, ob Sie wirklich ausreichend versucht haben, **die Landkarte Ihrer Gegenpartei zu erforschen**. Könnte es sein, daß Sie bis jetzt nichts anderes getan haben, als Ihre eigene Landkarte der Gegenpartei um die Ohren zu hauen? Unter Juristen nennt man das feinsinnig „jemanden mit schlagenden Argumenten vom eigenen Standpunkt überzeugen"!
  - Überprüfen Sie auch, aus welcher Position Sie bis jetzt verhandelt haben. Haben Sie wirklich zwischen **allen Positionen,** das heißt zwischen erster, zweiter, dritter und vierter Position ständig gewechselt? Oder haben Sie alles ausschließlich aus der ersten Position gesehen? Unter Juristen heißt das Verhandeln aus der ersten Position auch „Beweis führen"!

  Wenn Sie das alles getan haben und Ihr Gegenüber noch genauso störrisch ist wie am Anfang, dann empfehle ich Ihnen eine der nachfolgenden Möglichkeiten:

- **Unterbrechen/Vertagen**

Oft tut es einer Verhandlung gut, wenn man eine Pause macht, damit sich die Emotion legen kann und wir unsere Gedanken wieder ordnen können.

– Betrachtung der Verhandlung aus der vierten Position

Ein sehr wirkungsvolles Mittel bei Fällen der festgefahrenen Verhandlung ist es, wenn man auf einem Flipchart die Unterschiede zwischen (kompetitivem) Streiten und (kooperativem) Verhandeln aufschreibt. In solchen Fällen bitte ich die Streithähne, für einige Sekunden innezuhalten und stelle auf einem Flipchart dar, nach welchen Wahrnehmungskategorien Streiten und Verhandeln funktionieren.

Dazu mache ich folgende Aufstellung:

Streiten:	**Verhandeln:**
Denken in Ansprüchen	Denken in Optionen
rechthaberisch	einsichtig
fremdbestimmt (der Richter entscheidet)	selbstbestimmt (wir entscheiden selbst)
Gewinner/Verlierer-Spiel	Gewinner/Gewinner-Spiel
vergangenheitsorientiert	zukunftsorientiert
kleinkrämerisch	großzügig
fehlerorientiert	lösungsorientiert

Wenn Sie sich nicht ‚trauen', dieses Mittel bei Verhandlungen mit Mandanten einzusetzen, was ich durchaus nachempfinden kann, dann machen Sie doch einmal einen Probelauf in einer Sozietätsbesprechung, bei einem familiären Konflikt oder bei einem Gespräch mit einem Mitarbeiter.

Wenn Sie diese Unterschiede am Flipchart praktisch vor Augen geführt haben, fragen Sie die Parteien, zu welcher Seite hin sich die Verhandlung gegenwärtig bewegt. Zeigen dann die Parteien auf die linke Spalte, dann fragen Sie weiter, wohin sich die Verhandlung bewegen soll und welche Schritte notwendig seien, um dorthin zu kommen. **Was genau könnte jeder der Beteiligter tun, um dahin zu kommen? Welches bisherige Verhalten könnte er durch welches zukünftige Verhalten ersetzen?**

Durch den Einsatz einer derartigen „Notbremse" werden die Parteien im Regelfall veranlaßt, über ihr Verhalten nachzudenken. Sie dissoziieren und gehen in die vierte Position (also die Position des Betrachters, der das ganze System von außen anguckt). Normalerweise bewegt sich die Verhandlung nach dieser Intervention recht rasch wieder in kooperativen und gesitteten Bahnen!

– Einsatz eines Dritten als Vermittler

Hier beginnt das Problem meist schon bei der Frage: Wen können wir als Vermittler einsetzen? Entscheidend ist hier nämlich nicht nur das fachliche Wissen, sondern (vor allem!) das Wissen um den Verhandlungsverlauf einer Schlichtung und der Umgang mit den Beziehungsfragen, die zwangsläufig dabei auftauchen.

Die außergerichtliche Konfliktregelung durch Dritte ist in Deutschland, insbesondere auch unter Anwälten, mit Ausnahme des Familienrechts, noch in den Kinderschuhen. Um dem abzuhelfen, hat der Vorstand des Deutschen Anwalt Vereins den Ausschuß für Außergerichtliche Konfliktbeilegung eingesetzt, der sich mit den Fragen der außergerichtlichen Lösung von Konflikten befaßt und auf Wunsch gerne bereit ist, einen für den jeweiligen Fall geeigneten Schlichter aus Anwaltskreisen vorzuschlagen.

Führt auch der Einsatz eines Dritten (Moderator, Schlichter, Vermittler) nicht zu einem für beide Seiten akzeptablen Ergebnis, dann bleibt außer dem Weg zum Gericht wohl nur noch eins:

– Austausch der Verhandler

Wenn wir merken, daß die Verhandlungen deswegen stocken, weil die Verhandler einfach nicht „miteinander können", dann sollten wir uns fragen, ob sich nicht durch den Austausch der Verhandlungspartner (oder eines Verhandlungspartners) einfache Abhilfe schaffen ließe.

In einem meiner Verhandlungsseminare („Kooperatives Verhandeln mit Dr. Austin Cooper") berichtete ein Teilnehmer, daß er seit Monaten mit einem seiner Hauptkunden über die zukünftigen Leistungskonditionen verhandle und er bisher keinen Schritt vorangekommen sei. Der Kunde verhalte sich absolut positionell und sei nicht bereit, ihm in irgendeiner Art und Weise entgegenzukommen. Daraufhin organisierten wir ein Rollenspiel, in dem der Teilnehmer seinen Kunden mit großem Gefallen spielen durfte. Er spielte ihn so stocksteif und rauhbeinig, wie es nur ging, und hatte dabei viel Spaß. Es ergab sich zwangsläufig, daß dieses Rollenspiel zum gleichen negativen Ergebnis führte wie seine Verhandlungen „in natura": die Verhandlung blieb stecken.

Nachdem wir das Rollenspiel beendet hatten, gab ich dem Teilnehmer beiläufig folgenden Rat mit auf den Weg: „Denken Sie doch einmal dar-

über nach, ob Sie der richtige Verhandlungspartner für diesen Kunden sind!" Einige Wochen später erreichte mich sein Brief, in dem er mir mitteilte, daß die Verhandlungen innerhalb weniger Stunden erfolgreich abgeschlossen worden seien, nachdem er zu dieser Verhandlung seinen Stellvertreter geschickt hatte.

Wenn wir merken, daß die Chemie zwischen unserem Verhandlungspartner und uns nicht stimmt, ist dies kein Werturteil über uns selbst. Denn das heißt nicht, daß wir schlechte Verhandler sind, sondern einfach, daß es Menschen gibt, die besser miteinander können als andere.

5.2 Was tue ich, wenn der Grund für die Sturheit des Verhandlungspartners außerhalb des Verhandlungskontextes liegt?

Manchmal liegt der Grund für das unbewegliche Verhalten der anderen Seite außerhalb des Verhandlungskontextes. Dann handelt es sich um eine Aktion des Verhandlungspartners, das heißt, daß er aktiv von seiner Seite für den gegenwärtigen unbefriedigenden Stand der Verhandlung verantwortlich ist. Solche Gründe können durchaus im Wesen des anderen Verhandlers liegen.

Vielleicht ist er der Meinung, man müsse nur recht hart sein, dann komme man im Leben weiter. Vielleicht hat er mit dieser Einstellung in seinem bisherigen Leben (nach seiner Meinung) auch Erfolg gehabt – wenn auch der verbitterte Ausdruck in seinem Gesicht dies nicht unbedingt bestätigen mag . . .

Vielleicht blufft er auch nur, um herauszufinden, wie weit Sie wirklich gehen wollen . . .?

Was kann ich in diesen Fällen tun?

Erinneren wir uns doch an unser Ausgangsbeispiel mit dem Maultier! Wenn Streicheln nichts nützt, dann denken Sie an das, was der Maultierführer getan hat: Er hat das Tier verwünscht und es dabei fest auf das Hinterteil geschlagen. Übersetzt in den Verhandlungsbereich heißt das: Wenn die andere Seite stur ist und stur bleibt, müssen Sie der Gegenseite auch Druck machen können. Wenn andere Verhandlungspartner davon ausgehen, sie könnten nur erfolgreich sein, wenn sie selbst Sieger und die andere Seite Verlierer ist, dann ist es wirklich Zeit, die Pistole auf den Tisch zu legen.

Zeigen Sie unmißverständlich, daß Sie so nicht weitermachen wollen:

- Bringen Sie also in diesem Fall Ihre Beste Alternative ins Spiel. Sagen Sie einfach der anderen Seite, was Sie machen werden, wenn es hier nicht weiter geht.
- Sind Sie auf der Gläubigerseite, hilft es vielleicht, wenn Sie ernsthaft Klage oder die Information wichtiger Geschäftspartner des Schuldners androhen oder etwas anderes, was der anderen Seite weh tut.
- Sind Sie dagegen Schuldner, könnten Sie vielleicht erklären, daß es sicherlich gar nicht so leicht sein werde, Ihnen eventuelle Gerichtsurteile zuzustellen, da Sie sich in der Lage sähen, ständig Ihren Wohnsitz zu wechseln, und auch kein Problem damit hätten, ihn nach Moskau zu verlegen. Die Vorstellung, einen im Inland erstrittenen Titel in Moskau zuzustellen oder gar die Forderung in Rußland einklagen zu müssen, kann manchen sturen Gläubiger durchaus geschmeidig machen.
- Bleibt die Gegenseite weiter unbeweglich (nachdem Sie ausgeschlossen haben, daß die Unbeweglichkeit an der bisherigen Verhandlung, an Ihnen oder anderen beteiligten Personen liegt) und hat auch Ihre Beste Alternative die Gegenseite nicht dazu veranlaßt, sich zu bewegen, dann drohen Sie den Abbruch der Verhandlung an, und wenn auch das nichts nützt: Brechen Sie die Verhandlung ab. So sparen Sie sich Zeit und Frustrationen. Mit manchen Menschen und in manchen Situationen kann man eben einfach nicht verhandeln!

6. Wie kann ich die Interessen der anderen Seite herausfinden?

Verhandlungen führt man im Regelfall, **wenn man die andere Seite braucht, um ein Ziel zu erreichen.** Dieses Ziel erreiche ich am ehesten, wenn es mir gelingt, meine eigenen Interessen (oder sinngleich: Absichten, Bedürfnisse) durch eine konkrete Lösung zu verwirklichen. Hinter allen Positionen, die wir in Verhandlungen vertreten, stehen Interessen. Wenn wir uns nicht auf die Interessen konzentrieren, sondern auf die Positionen, führt das zur Eskalation, wenn es uns dagegen gelingt, unsere gegenseitigen Interessen darzulegen und wahrzunehmen, dann ist das die Suche nach Lösungen, in denen sich die Interessen aller Verhandlungspartner wiederfinden können.

Wenn beispielsweise ein großer internationaler Ölkonzern sagt: „Wir werden die Bohrinsel Brent Spar versenken!", dann ist das eine **Position.** Das dahinterliegende Interesse dürfte sein: Wir brauchen eine kostengünstige Beseitigungsmöglichkeit für unsere Bohrinsel, die ausgedient hat.

Diejenigen, die das Versenken der Bohrinsel als Verstoß gegen die Gebote des Naturschutzes empfinden, sagen: „Die Bohrinsel wird nicht versenkt!" Auch das ist eine **Position.** Das **Interesse,** das dahinterliegt, könnte etwa so formuliert werden: „Wir möchten gerne die Natur möglichst unversehrt erhalten!"

Wir wissen aus den Geschehnissen des Jahres 1995, was passiert, wenn die Position: „Wir werden die Bohrinsel versenken!" und die Position: „Ihr werdet die Bohrinsel nicht versenken!" zusammenprallen.

Wie würde aber eine solche Konfrontation verlaufen, wenn beide Seiten folgende Frage stellten: Welche Möglichkeiten gibt es, ausgediente Bohrinseln möglichst kostengünstig und unter größtmöglicher Schonung der Natur zu beseitigen? Bei dieser Fragestellung sind wir zwangsläufig bei den Interessen angelangt. Finden Sie nicht auch, daß das einen erheblichen Unterschied macht?

Es ist aber gute Verhandlungstradition „harter" Verhandler, möglichst nicht über die eigenen Interessen zu sprechen, sondern „Mr. Pokerface" zu spielen. Pokerfaces sagen nicht, was sie wollen, und betreiben doch mit aller Macht die Verwirklichung ihrer eigenen Bedürfnisse. Wenn ich aber mein Ziel nicht nenne, dennoch aber mit aller Macht versuche, dorthin zu kommen, dann bleibt mir im Regelfall nichts anderes übrig, als die andere Seite in Richtung meines Ziels zu drängen. Wenn man aber Menschen veranlaßt, gegen ihren Willen oder ohne ihr Wissen etwas zu tun, dann ist das nichts anderes als äußerer Druck oder Manipulation (vgl. hierzu im einzelnen die 10. Frage, S. 261). Solches Verhalten führt aber dazu, daß die andere Seite recht schnell ein schlechtes Gefühl bekommt und mit Gegenmaßnahmen antwortet. Schon sind wieder einmal etliche Lösungsmöglichkeiten vertan.

Daher ist es im Regelfall besser, wenn wir offen über unsere Interessen sprechen. Natürlich weiß ich auch, daß es bestimmte Verhandlungssituationen gibt, in denen es nicht angebracht ist, eigene Interessen in vollem Umfang offen darzulegen. Aber diese Fälle sind viel seltener als man glaubt.

Um offen über die eigenen Interessen zu sprechen, braucht es Mut; wir müssen nämlich die Angst überwinden, daß die andere Seite unsere Offenheit ausnutzen könnte. Möglicherweise haben wir auch Angst davor, daß der andere sich so verhalten könnte, wie wir es in dieser Situation täten. Verschlossene Menschen sind im Regelfall ängstliche Menschen und bringen sich um die Chancen der Offenheit; denn die positiven Ergebnisse, die sich aus der Offenheit entwickeln, wiegen auf der Waage der Statistik viel schwerer als die Ausbeutungsversuche und kurzfristigen Erfolge trickreicher verschlossener Verhandler.

Aber meist werden unsere Verhandlungen nicht von den Regeln des offenen Verhandelns, sondern von den Regeln des **"Schildkrötenverhandelns"** bestimmt. Mir kommen Verhandler oft wie Schildkröten vor, die bei Gefahr alle Körperteile in ihren Panzer zurückziehen und nur gelegentlich den Kopf herausstecken, um „die Lage zu peilen". Im wesentlichen konzentrieren sie sich aber darauf, in ihrem Panzer Schutz zu suchen. Bei einem solchen Verhandlungsstil können meistens weder konstruktive noch synergetische Lösungen entstehen.

Meine eigenen Interessen oder die Interessen des Klienten sollten mir nach einer sorgfältig durchgeführten Vorbereitungsphase klar sein. Aber mit der Kenntnis über die Interessen der Gegenseite hapert es im Regelfall, und wir können uns allenfalls Hypothesen machen über das, was die Gegenseite wirklich will.

Wie kann ich nun die Interessen der Gegenseite herausfinden?

6.1 Beginnen Sie mit Ihren eigenen Interessen

Der einfachste Versuch, einen Gegner aus seinem Panzer herauszulocken, ist es, den eigenen Panzer zu öffnen. Beginnen Sie etwa so:

„Mein wichtigstes Ziel ist es, daß ich zukünftig . . ."

Wichtige Interessen sind im Regelfall abstrakt. Meistens liegen sie in der Verwirklichung eines der folgenden Grundbedürfnisse:

Sicherheit
Harmonie
Freiheit
Integrität
Anerkennung
Neugier
Macht
Zugehörigkeit
Intensität

Prüfen Sie deshalb, ob Sie schon Ihr wirkliches Interesse entdeckt und benannt haben oder ob Sie irgendwo auf dem Wege von der Position zum Interesse stecken geblieben sind, weil das von Ihnen benannte Interesse noch zu wenig abstrakt ist.

6.2. Finden Sie die Interessen der Gegenpartei selbst heraus

Nachdem Sie sich Ihrer eigenen Interessen bewußt geworden sind, stellen Sie sich einmal vor, Sie wären Ihr Verhandlungspartner. Gehen Sie in die 2. Position. Steigen Sie in die Schuhe des Verhandlungspartners, und sehen Sie die Welt mit seinen Augen. Fragen Sie sich dann, was „Ihre" Interessen sind.

Suche ich (als Verhandlungspartner) **Anerkennung?** Will ich mehr **Freiheit** oder **Sicherheit?**

Oft gehen einem schlagartig die Augen auf, wenn es gelingt, sich voll und ganz in sein Gegenüber zu versetzen! „ Ja, daß ich das nicht schon früher bemerkt habe! Ihm geht es um Freiheit! Er will im Rahmen des Vertrages frei handeln und entscheiden können. Wenn ich ihn da beschneide, rastet er aus."

> Die Fähigkeit, sich in **sein Gegenüber zu versetzen,** ist eine Fähigkeit, die ***alle*** **guten Verhandler haben.** ***Alle*** **schlechten Verhandler haben sie nicht!**

6.3 Fragen Sie nach den Interessen der anderen Seite

Wenn Sie Ihren Panzer durch die Bekanntgabe Ihrer Interessen geöffnet haben, wird sich der gutwillige Verhandlungspartner im Regelfall veranlaßt sehen, auch seinen Panzer zu öffnen, um über seine Interessen zu sprechen.

Fragen, die zu den Interessen der anderen Seite führen, sind etwa:

- „Zu welchem Zwecke brauchen Sie . . .?"
- „Was bedeutet es für Sie, wenn . . .?"
- „Was wollen Sie damit erreichen?
- „Was sind Ihre Ziele?"
- „Welche Interessen verfolgen Sie damit genau?"

Fragen schaffen Klarheit

Aus: The Pleasantnes of the Incredible Mulla Nasrudin
von Idries Shah, E. P. Dutton, 1971, S. 87

Zugegebenermaßen werden manche Verhandlungspartner sich gleich erschreckt wieder in ihren Schildkrötenpanzer zurückziehen, wenn sie Antworten auf solche Fragen geben sollen, weil sie diese Einladung zur Offenheit nur schwer ertragen. Helfen Sie daher Ihrem Partner ein wenig auf die Sprünge, und erläutern Sie ihm, warum es für Sie wichtig ist, seine Interessen zu kennen.

Sagen Sie beispielsweise:

„Für mich ist es wichtig, zu wissen, welche Ziele Sie haben, weil ich dann mit Ihnen nach Lösungen suchen kann, wie wir Ihre und unsere Ziele verwirklichen können. Sonst kann ich nur Lösungen suchen, die für unsere Seite passen, und damit sind Sie sicherlich nicht einverstanden."

Folgender Fall mag erläutern, wie sehr uns die Frage nach den Interessen der anderen Seite weiterhelfen kann, Lösungen zu finden:

Nehmen Sie einmal an, Ihr Mitarbeiter Max Mayer betritt Ihr Büro und verlangt eine Gehaltserhöhung. Da Sie wissen, daß eine solche Gehaltserhöhung im Regelfall auch Gehaltserhöhungen bei anderen Mitarbeitern provoziert, sind Sie dieser Forderung gegenüber zunächst sehr reserviert. Außerdem ist die wirtschaftliche Lage Ihrer Kanzlei so, daß Sie gegenwärtig eigentlich keine Gehaltserhöhungen zubilligen können. Das Einfachste wäre es daher, wenn Sie auf die vorgetragenen Forderung Ihres Mitarbeiters: „Ich will mehr Geld" antworteten: „Nein, es gibt nicht mehr Geld." Punkt.

Dann hätten Sie Position gegen Position gesetzt, und die Eskalation wäre absehbar. Entweder kuscht Ihr Mitarbeiter, weil er keine Aussicht auf einen anderen Arbeitsplatz hat, bewahrt sich aber seine Wut im Bauch für die nächste Gelegenheit auf (spätestens dann, wenn Sie von ihm Überstunden wünschen, wird er sicher keine Zeit haben), oder er wird kündigen, wenn er ein anderes Angebot ihm vorliegt oder einen anderen Arbeitsplatz findet.

Wenn Sie aber Ihren Mitarbeiter fragen: „Warum brauchen Sie mehr Geld?", dann könnte er Ihnen möglicherweise antworten: „Wie Sie wissen, arbeite ich seit längerer Zeit an meiner Dissertation. Ich möchte diese nun endlich abschließen. Dazu habe ich mich nun entschlossen, doch einen Computer zu kaufen, mit dem ich Zugang zum Internet habe. Außerdem müßte ich noch mit zwei Professoren sprechen, die an der Beantwortung derselben rechtshistorischen Frage arbeiten. Die forschen aber nicht in Tübingen oder Marburg, sondern in Kapstadt und in

Buenos Aires. Für diese Reisen brauche ich natürlich Geld. Mehr Geld, als ich im Moment verdiene.“

Welch andere Ausgangssituation! Jetzt sind Sie zur Kreativität aufgerufen. Wenn Sie keine Gehaltserhöhung geben können, könnten Sie nach anderen Lösungen suchen, da Sie jetzt ja die wirklichen Interessen Ihres Mitarbeiters kennen:

- Sie können beispielsweise ohne Gehaltserhöhung Überstunden anbieten, um den Kauf des Computers und die Flüge zu bezahlen.
- Vielleicht haben Sie einen Kunden in Kapstadt oder Buenos Aires, der sich schon seit einiger Zeit den Besuch eines Mitarbeiters Ihrer Kanzlei wünscht, um mit ihm die Gründung eines Trust in Liechtenstein zu diskutieren?
- Haben Sie nicht noch einen 486er-Computer in Ihrer Kanzlei, den Sie sowieso durch ein neues Modell ersetzen wollten, der aber zum Abfassen einer Dissertation noch genügend Kapazität und Rechengeschwindigkeit hat?
- Sind Sie nicht Mitglied bei den Rotariern und könnten Ihrem Mitarbeiter aus einem speziellen Fonds ein Stipendium organisieren?

Sie sehen, wie anders Verhandlungen verlaufen, wenn ich die Interessen der anderen Seite kenne und zudem selbst flexibel in Hören und Handeln bin!

6.4 Wenn die direkte Frage nach den Interessen der anderen Seite nicht erfolgreich oder angebracht ist: Hinterfragen Sie die Interessen der anderen Seite!

Antwortet die andere Seite auf die Frage nach dem „Warum“ nur ausweichend und gibt sie ihre Interessen nicht bekannt oder halten Sie von vornherein die Frage nicht für sinnvoll, dann gibt es auch noch die Möglichkeit, eine **indirekte Methode** einzusetzen, die ich **ZKA** nenne: **„Zerbrich Dir den Kopf des anderen.“** Ich habe die Methode in einem Seminar mit Michael Grinder kennengelernt.

Spekulieren Sie einfach laut über die möglichen Interessen der anderen Seite und zählen Sie die Ihnen möglich scheinenden Interessen auf! Wichtig ist dabei, daß Sie die Reaktion der anderen Seite genau beobachten. Denn immer dann, wenn Sie ins Schwarze treffen, werden Sie beobachten können, daß sich die Miene Ihres Verhandlungspartners positiv verändert:

Er wird die Augen weiten oder ein wenig lächeln oder eine ähnliche reflexartige Miene der Zustimmung zeigen.

Wichtig ist im Regelfall, daß man das wahrscheinlichste Interesse der anderen Seite nicht an erster Stelle nennt, sondern am besten an zweiter Stelle, dann hat der Partner Zeit, sich auf Ihre indirekte Frage-Technik einzustellen. Selbst wenn Sie bei Ihren Befragungen keine Mienenveränderung der anderen Seite feststellen können, bringt diese Art des Fragens ein Gespräch über die Interessen in Gang.

Wenn sich also Ihr Mitarbeiter nicht zu seinem eigenen Interesse geäußert hätte, hätten Sie etwa so vorgehen können:

„So, Herr Mayer, Sie wollen also eine Gehaltserhöhung. Sie wissen ja, daß Gehaltserhöhungen im Moment bei uns ein Problem sind. Ich möchte Ihnen aber auf jeden Fall helfen. Vielleicht fällt uns etwas dazu ein, wie wir Ihr Problem lösen können. Sie können natürlich verschiedene Gründe für die Gehaltserhöhung haben. Beispielsweise könnten Sie mehr Geld brauchen,

- weil Sie ein neues Auto kaufen wollen (die Miene von Max Mayer bleibt versteinert)
- oder weil Sie sich nun entschieden haben, sich doch einen Macintosh Power PC zu kaufen (die Miene von Herrn Mayer heitert sich kurz auf),
- oder Sie planen eine größere Urlaubsreise, die sehr viel Geld kostet (Mitarbeiter Mayer hat zu seiner finsteren Miene zurückgefunden),
- oder es steckt etwas ganz anderes dahinter (Herr Mayer bleibt unbewegt).

Nun Herr Mayer, ich habe fast den Eindruck, daß Sie das Geld brauchen, um sich einen Mac zu kaufen. Stimmt das?"

Wenn jetzt Herr Mayer beginnt, Ihnen darzulegen, warum der Kauf des Computers für ihn so wichtig ist und daß er zudem nach Argentinien und Südafrika fliegen muß, dann sind Sie einer möglichen Lösung sehr nahe gekommen!

7. Was mache ich, wenn der Verhandlungspartner unfaire Verhandlungsmethoden anwendet?

Haft unterscheidet zwischen unfairen Verhandlungsmethoden und unlauteren Methoden. Unter **unfairen** Methoden beim Verhandeln versteht er

Was mache ich, wenn der Verhandlungspartner unfaire Verhandlungsmethoden anwendet?

„jenes Verhalten, das geschriebene oder ungeschriebene Regeln verletzt, die von fairen Verhandlern beachtet werden". Diese Regeln beziehen sich auf das „ordentliche" Verhalten in Verhandlungen und entsprechen der Überzeugung „aller billig und gerecht Denkenden". Durch **unlautere** Methoden sollen Menschen auf verschiedenste Weise dazu gebracht werden, Dinge zu tun oder zu lassen, die sie eigentlich nicht tun oder lassen möchten, und zwar durch äußeren Druck, durch Täuschung und durch Manipulation.

Ich fasse sowohl die von Haft als unfair wie die auch als unlauter bezeichneten Methoden zu dem Begriff der **unfairen Verhandlungsmethoden** zusammen. Unfaire Methoden sind somit **Verhaltensweisen in Verhandlungen, durch die Regeln ordentlichen Umgangs zwischen Menschen verletzt oder Menschen veranlaßt werden, etwas gegen ihren Willen zu tun**. Unfaire Verhandlungsmethoden können offen (z. B. äußerer Druck, verbale Abwertung, ungünstige äußere Verhandlungsbedingungen) oder verdeckt (z. B. Täuschung und Manipulation) sein.

Ich habe nachfolgend ein Schema entwickelt, das geeignete Reaktionen auf unfaire Verhandlungsmethoden bietet. Zuerst aber noch einige Bemerkungen zur Biochemie des Verhandlungsstresses:

Der Umgang mit unfairen Verhandlungsmethoden hängt sehr stark mit unserer eigenen geistigen Stärke und Flexibilität zusammen. Wenn wir nämlich merken, daß wir an der Nase herumgeführt oder bedroht werden, stehen uns grundsätzlich zwei Reaktionsweisen zur Verfügung:

Kampf oder Flucht, angreifen oder flüchten.

Es sind dies dieselben Reaktionen, die bereits unseren Urahnen im Neandertal zur Verfügung gestanden haben, wenn ihnen auf einem ihrer Streifzüge im Wald plötzlich ein wildes Tier entgegen kam. In Sekundenschnelle mußten sie entscheiden, ob sie das Tier bekämpfen oder die Flucht ergreifen wollten. Diese Entscheidung wird eingeleitet durch das Ausschütten von Adrenalin durch die Nebennieren. Dieser Stoff sorgt damals wie heute dafür, daß unser Körper hundertprozentig für die Reaktionen Flucht oder Kampf gerüstet wird:

Wir atmen schneller und flacher, damit unserem Körper mehr Sauerstoff zur Verfügung steht. Das Herz schlägt schneller und pumpt mehr Blut in die kampfgestählten Muskeln oder rennerprobten Beine. Schweiß wird abgesondert. So werden die Muskeln gekühlt. Das Denken wird eingeschränkt, damit sämtliche Energie in den Muskeln zur Verfügung steht.

Was für unsere Vorfahren die optimale Überlebensstrategie war, ist nicht mehr unbedingt angemessen für einen Verhandler im Informationszeitalter. Wir stehen nicht mehr fauchenden Löwen oder knurrenden Höhlenbären gegenüber, sondern Verhandlern, die uns nicht ans Leben, sondern ans Geld wollen. Die Natur hat diesen Unterschied aber noch nicht umprogrammiert, und so laufen in unserem Körper biochemisch noch genau die gleichen Prozesse ab, wie vor Tausenden von Jahren:

Wir atmen kürzer, der Redefluß stockt, und der denkende Teil des Gehirns verabschiedet sich, dafür beginnen die Muskeln zu vibrieren. Es werden die „alten Teile" des Gehirns aktiviert, der Hirnstamm, der uns zu den genannten Reaktionen veranlaßt und ca. 1,5 Millionen Jahre alt ist. Daher wird dieses Teil des Gehirns treffend von Vroon und Birkenbihl auch als „Reptiliengehirn" bezeichnet.

Da die Menschen heutzutage bei Verhandlungen im Regelfall selten in körperlicher Gefahr sind, ist die reflexartige Reaktion „Kampf oder Flucht" für Verhandlungssituationen falsch und unzutreffend. Das heißt: Verhält sich ein Verhandlungspartner unfair und gerate ich dadurch in Streß, ist es meine wichtigste Verhaltensregel zu verhindern, daß mein „Reptiliengehirn" mich zu reflexartigen Handlungen veranlaßt, mich also zur Reaktion „Angreifen oder Fliehen" zwingt.

Dies ist aber nicht unbedingt einfach. Es bedarf dazu einiger Übung. Lassen Sie mich die Vorgehensweise kurz erklären. Der erste Schritt lautet:

1. Schritt: Stoppen Sie Ihren Streß! Dissoziieren Sie! Gewinnen Sie wieder den Überblick.

Die einfachste und wirkungsvollste Methode, nicht der eigenen Panik zum Opfer zu fallen, ist tiefes Atmen, und zwar vor allem: **Ausatmen!** In Streßsituationen atmen Sie nämlich, wie bereits erläutert, flach. Das ist auch verständlich, denn wenn man kämpfen oder davonlaufen muß, dann müssen alle körperlichen Kräfte aktiviert werden. Und dazu braucht man kurzes, flaches Atmen. Atme ich dagegen tief, dann entspannt sich der Körper, und ich werde wieder ruhig.

Also, wenn Sie ein Verhandlungspartner angreift:

- **Atmen Sie tief ein und vor allem tief aus,** so, als wenn Sie seufzen wollten. Seufzen ist eine der besten körpereigenen Entspannungsarten.
- **Schweigen** Sie dann einige Augenblicke. Sammeln Sie sich wieder.

Eine Stop-Technik

- **Dissoziieren** Sie nun bewußt. Gehen Sie in die dritte oder vierte Position. Versuchen Sie, die Gegenpartei und sich von einer Position außerhalb zu betrachten. „Gehen Sie auf den Balkon!", wie Ury den Vorgang des Dissoziierens beschreibt. Sehen Sie sich von dort die Situation an, in der Sie sich befinden.
- Ist der Angriff der Gegenseite so stark, daß es Ihnen nicht gelingt, in kurzer Zeit Ihre Gedanken zu ordnen und dadurch vom Fühl- in den Denkmodus zurück zu kommen, dann nehmen Sie sich einfach ein **Time-out.** Sagen Sie Ihrem Verhandlungspartner, daß Sie jetzt erst einmal ein paar Minuten Pause wollen. Verlassen Sie das Zimmer, egal was der andere sagt. Wenn Sie draußen sind, atmen Sie tief durch und dissoziieren Sie. Stellen Sie sich vor, Sie wären auf dem Balkon und würden sich und die Gegenseite unten am Tisch sitzen sehen.
- Menschen, die Erfahrung mit Meditationstechniken haben, verwenden in solchen Situationen auch manchmal ein **Mantra.** Ein Mantra ist ein bestimmtes Wort, das ständig wiederholt wird, um den Geist zur Ruhe zu bringen. Mantras führen durch ihre einfache Wiederholung dazu, daß der Geist sich beruhigt und wir den Überblick wieder gewinnen.

All diese Techniken nennen wir **Stop-Techniken**, weil sie dazu dienen, unsere Streßreaktion zu stoppen. Um solche Stop-Techniken in der Verhandlung selbst anwenden zu können, müssen Sie diese **vorher trainieren**. Dies können Sie beispielsweise dadurch tun, daß Sie sich geistig bestimmte unangenehme Verhandlungssituationen vorstellen und dann versuchen, in Ihrem Geist adäquat zu reagieren. Sie können auch Verhandlungen, in denen Sie unfaire Verhaltensmethoden der anderen Seite erwarten, durchspielen, und Sie werden sehen, daß es Ihnen damit immer besser gelingt, sich richtig zu verhalten.

Ziel aller dieser Techniken ist es, daß Sie wieder Herr der Situation werden und kreativ diejenige Verhaltensweise einsetzen, die im vorliegenden Falle wirklich paßt. Kurz: Daß Sie sich nicht wie ein Neandertaler verhalten, sondern wie ein smarter Typ unseres Informationszeitalters.

2. Schritt: Entwaffnen Sie den Angreifer! Benennen Sie den Angriff!

Wenn ich eine Stop-Technik angewandt habe, dann habe ich Zeit, mich zunächst einmal zu fragen: Was ist hier eigentlich passiert? Und: Wie kann ich weitere Angriffe der anderen Seite unterbinden? Es ist wichtig, den Angriff nicht nur zu erkennen, sondern ihn auch dem anderen gegenüber zu benennen, das heißt zu zeigen, daß man solche Verhaltensweisen nicht akzeptieren kann.

Es ist sinnvoll, dies von der 3. Position aus zu machen. Damit verhindern Sie, daß Sie wieder in die erste, momentan mit Streß verseuchte Position zurück rutschen. Sagen Sie etwa:

„Wenn ich das, was sich soeben abgespielt hat, von außen betrachte, dann muß ich sagen, daß das soeben ein knallharter, persönlicher Angriff war, der ein Überdenken der gesamten Situation erfordert. Lassen Sie uns deshalb bitte die Gespräche unterbrechen und über die Fortführung der Verhandlung an sich sprechen!"

Wenn Sie in der 1. Position blieben, bestünde die Gefahr, daß Sie mit gleicher Münze zurückzahlen und damit der Wortwechsel eskaliert und schließlich im gegenseitigen Anbrüllen endet. Innere Distanz, die auch durch die gewählte Sprache ausgedrückt wird, hilft da viel weiter.

Ziel dieser Botschaft ist es, die andere Seite dazu zu bewegen, das Feuer sofort einzustellen. Die Kampfhandlungen sollten unterbrochen und eine Feuerpause eingelegt werden.

3. Schritt: Verstehen Sie die Situation! Fühlen Sie sich in die Gegenpartei ein!

Eine Feuerpause ist noch kein dauerhafter Waffenstillstand. Einen Waffenstillstand kann ich nur erreichen, wenn ich die Ursachen für den Konflikt oder für die Aggression meines Verhandlungspartners ausräumen kann. Hat die andere Seite wirklich vorsätzlich böse agiert, oder war das unfaire Verhalten vielleicht gar nur eine Reaktion auf ein Foul meinerseits?

Versuchen Sie deshalb, sich in die andere Person einzufühlen. Steigen Sie in deren Schuhe. Schauen Sie sich die Welt mit deren Augen an. Gehen Sie in die 2. Position. Vielleicht entdecken Sie dabei, daß der Angriff der anderen Seite nur eine Antwort auf Ihr Verhalten war. Vielleicht hat sich auch die andere Person angegriffen gefühlt und ist deswegen zum Gegenangriff übergegangen.

Denn selbst Menschen, die sich ständig darüber beklagen, daß sie ein schlechtes Gedächtnis haben, können sich gut und lange an Verletzungen erinnern, die ihnen ein anderer beigebracht hat. So kann es geschehen, daß jemand bei einer Verhandlung eine Bosheit austeilt, der Verhandlungspartner sich dafür aber erst nach einiger Zeit und damit zeitlich unpassend rächt. Der nunmehr Angegriffene sieht natürlich keinen Zusammenhang mehr mit seinem eigenen Verhalten, das er inzwischen wahrscheinlich längst selbst vergessen hat. Er wertet diese Reaktion als unbegründete Aggression der anderen Seite. Und wenn man nicht aufpaßt, ist dann sehr schnell eine Eskalation im Gange.

Die Technik, die ich in dieser Stufe empfehle, heißt daher: **Zeigen Sie Empathie! Zeigen Sie Verständnis**!

Sagen Sie beispielsweise: „Möglicherweise habe ich irgend etwas getan, was Sie geärgert hat."

Unser **Ziel** ist es, herauszufinden, was der Grund für das unfaire Verhalten der anderen Seite ist.

4. Schritt: Verhandeln Sie über die Einstellung des Angriffs!

Bevor Sie wieder in die Verhandlung einsteigen, sollten Sie auf jeden Fall ansprechen, was aus Ihrer Sicht soeben vorgefallen ist. Sie könnten etwa folgendes sagen:

„Bevor wir fortfahren, möchte ich noch auf etwas zu sprechen kommen, was soeben vorgefallen ist und das mich, wie Sie sicher gemerkt haben, ziemlich irritiert hat. Ich habe Ihnen, wie Sie sich sicherlich erinnern, vorgeschlagen, wir könnten den anfallenden Gewinn unseres Joint-Ventures über eine Gesellschaft abführen, die wir auf den niederländischen Antillen domizilieren. Sie haben darauf geantwortet, daß Sie es nicht gewohnt seien, mit solchen Steuerhinterziehungsmethoden zu arbeiten . . . Ich muß Ihnen sagen, daß mich diese Aussage ziemlich getroffen hat . . ."

In der nachfolgenden Diskussion über diesen Vorfall werden Sie bald feststellen, ob es sich bei dem Angriff der Gegenseite um eine Reaktion auf Ihr eigenes unfaires Verhalten gehandelt hat oder ob es sich um eine Aktion handelt, mit der die andere Seite aus eigenem Antrieb die Regeln verletzt hat:

1. Handelt es sich um eine Reaktion auf Ihr eigenes unfaires Verhalten, dann gibt es eine ganz einfache, aber zunehmend in Vergessenheit geratene Methode: **Entschuldigen Sie sich!**

   „Harte" Verhandler glauben, daß man sich bei Verhandlungen keinesfalls entschuldigen dürfe, weil man dann Schwäche zeige, getreu nach dem französischen (aber unseres Erachtens dennoch falschen) Satz: „qui s'excuse s'accuse". Die Erfahrung zeigt jedoch, daß eine echt gemeinte Entschuldigung im Regelfall Wunder wirkt. Fehler zuzugeben zeugt von Stärke, nicht von Schwäche. Nur schwache Menschen versuchen, ihre Fehler zu verbergen, um bei den anderen den Eindruck zu erwecken, sie seien perfekt. Haben Sie sich bei der Gegenseite entschuldigt, dann können Sie im Regelfall problemlos weiterverhandeln.

2. Hat die andere Seite dagegen aus **eigenem Antrieb** die Regeln verletzt und somit agiert, dann ist eine **Entschuldigung fehl am Platz.** Manchmal versuchen Verhandlungspartner, durch regelwidriges Verhalten bei der anderen Seite bestimmte Verhaltensweisen zu provozieren. Ist also bei einem unfairen Verhalten allein die andere Seite der aktive Teil, dann müssen wir deutlich zeigen, daß wir nicht bereit sind, uns dieses Verhalten gefallen zu lassen. Dann ist der Zeitpunkt gekommen, die **Pistole auf den Tisch zu legen.**

Geht der Verhandlungspartner auf Ihren Wunsch zur „Normalisierung" der Verhandlung ein, so sind Sie im Stadium des „Verhandelns über das Verhandeln". Hier können Sie dann Verhandlungsverträge schließen, auf die Sie sich zu einem späteren Zeitpunkt berufen können, ohne daß Sie dabei irgendwelche Anschuldigungen vorbringen müssen.

Mit vorstehenden Techniken kommen Sie dem **Ziel** dieses Abschnittes näher: Wir wollen nämlich erreichen, durch einen **Verhandlungsvertrag zukünftige „Verhandlungsfouls" auszuschließen.**

5. Schritt: Fahren Sie mit der Verhandlung fort oder hören Sie auf!

Die letzte Phase bedeutet letztlich nur die Umsetzung des vorhergehenden Schrittes. Haben wir einen Verhandlungsvertrag über zukünftige Verhandlungen geschlossen, dann setzen wir die Verhandlung fort. Verletzt die andere Seite diesen Verhandlungsvertrag, so werden wir auf die Einhaltung des geschlossenen Vertrages hinweisen statt die andere Seite zu beschuldigen („Sie sind ein . . .").

Ist mit der anderen Seite kein Verhandlungsvertrag möglich, dann ist auch der Fortgang der Verhandlung nicht gesichert. Vor allem weist dies darauf hin, daß die andere Seite offensichtlich nicht bereit ist, kooperativ zu verhandeln. In solchen Fällen muß ich mir ernsthaft überlegen, ob ich die Verhandlung überhaupt weiterführen soll. Vielleicht ist es besser, die Verhandlung zu diesem Zeitpunkt abzubrechen oder zumindest zu unterbrechen, damit beide Seiten die Ereignisse noch einmal überlegen oder aber einen anderen Verhandler zur Fortsetzung der Verhandlung entsenden können.

Ziel dieser Phase ist es, über den Fortgang der Verhandlung zu entscheiden.

8. Wie wehre ich mich gegen unangenehme Verhandlungsbedingungen?

Häufig stellt man mir in Verhandlungsseminaren die Frage, was man denn tun solle, wenn Verhandlungen unter unangenehmen Bedingungen hinsichtlich des Ortes, des Verhandlungsraumes oder der Zeit stattfinden.

Als Beispiele werden genannt:

- Enggedrängtes Sitzen bei Verhandlungen
- Es gibt bei länger dauernden Verhandlungen nichts zu essen oder zu trinken
- Es wird bis in die späte Nacht ohne Unterbrechung verhandelt (teilweise unter Ausnutzung der angeschlagenen physischen Situation des Verhandlungspartners, der beispielsweise unter einem Jet-lag leidet)
- Man läßt Verhandlungspartner in die Sonne schauen
- Plötzlicher Zeitdruck („Ich muß in einer Stunde weg")

Wenn wir die Schritte, die ich in Frage 7 erörtert habe, auf diese Situation anwenden, so lassen sich solche Situationen mit 2 Schritten relativ einfach abstellen:

1. Schritt: Gewinnen Sie den Überblick!

Um die vorstehend genannten unangenehmen Verhandlungsbedingungen in den Griff zu bekommen, ist es wichtig, **dissoziieren** zu können und sich damit nicht mehr einschüchtern zu lassen. **Gehen Sie auf den Balkon** und gewinnen Sie Überblick. Von „hier oben" aus können Sie überlegen, was gerade vorgeht. Wenn Sie wieder klar im Kopf sind, sprechen Sie die Sache an.

2. Schritt: Verhandeln Sie über die Situation!

Wenn Sie gesagt haben, wie unangenehm diese Verhandlungssituation auf Sie wirkt, dann ist es sinnvoll, im Anschluß daran dafür sorgen, daß sich die Verhandlungssituation verbessert.

Lassen Sie mich dies einfach an ein paar Beispielen zeigen:

- *Sie verhandeln bereits seit längerer Zeit und haben nichts zu essen bekommen. Ihr Magen knurrt.*

Sagen Sie:
„Ich habe das Problem, daß ich nicht denken kann, wenn ich einen leeren Magen habe. Könnten Sie uns vielleicht etwas zu essen anbieten, oder wäre es Ihnen lieber, wenn wir die Verhandlung unterbrechen?"

- *Sie steigen aus dem Flugzeug und werden sofort in eine Verhandlung geführt. Nachdem Sie längere Zeit verhandelt haben, fallen Ihnen die Augen fast zu.*

  Sagen Sie:
  „Ich habe jetzt 24 Stunden nicht mehr geschlafen und bin nicht mehr in der Lage, der Verhandlung konzentriert zu folgen. Wann wäre es möglich, die Verhandlung fortzusetzen?"

- *Sie haben einen Sitzplatz bekommen, bei dem Sie ständig in die Sonne schauen müssen.*

  Sagen Sie:
  „Ich kann mich sehr schlecht konzentrieren, wenn mich die Sonne ständig blendet. Falls Sie die Sonne nicht stört, möchte ich gerne mit Ihnen den Platz tauschen, ansonsten sollten wir überlegen, ob wir vielleicht das Fenster verdunkeln können. . ."

- *Die andere Seite teilt Ihnen mit, daß für den restlichen Verhandlungsteil nur noch sehr wenig Zeit zur Verfügung stehe, nachdem bisher sehr ausführlich und intensiv verhandelt worden war.*

  Sagen Sie:
  „Leider habe ich vergessen, Sie am Anfang zu fragen, wie viel Zeit Sie für die Besprechung reserviert haben. Das tut mir leid. Ich möchte aber nicht gerne, daß so wichtige Fragen unter extremem Zeitdruck verhandelt werden. Ich schlage daher vor, daß wir die Verhandlung vertagen, damit wir auch die restlichen Punkte noch angemessen verhandeln können. Damit wir das nächste Mal nicht unter ähnlichen Zeitdruck kommen, sollten wir gleich jetzt den Zeitbedarf festlegen. Hätten Sie am 15. 01. um 10.00 Uhr Zeit für ca. 4 Stunden oder wäre Ihnen ein anderer Termin angenehm?"

9. Wie reagiere ich auf offene Angriffe?

Die offensichtlichste Art unfairen Verhandelns ist es, wenn die Gegenseite mit offener Aggression gegen mich vorgeht, also wenn sie mich be-

Wie reagiere ich auf offene Angriffe?

schimpft, beleidigt, anbrüllt oder mich sonst als Person abwertet. Auch hier geht es darum, aus den in Frage 7 beschriebenen Schritte diejenigen auszuwählen, die mich in dieser Situation weiterführen.

1. Schritt: Gewinnen Sie den Überblick!

Wenn mich jemand in einer Verhandlung offen angreift, dann ist das Wichtigste, daß ich nicht als Neandertaler reagiere, sondern die in Frage 7 beschriebenen Stop-Techniken anwende. Das Motto lautet: Keine Chance dem Streß-Hormon, dem Kampf- oder Fluchtverhalten! Das Wichtigste bei solchen Angriffen ist, daß ich selbst wieder das Gesetz des Handelns gewinne und mich durch die Aggression nicht aus dem Konzept bringen lasse. Habe ich den Drang meines Reptiliengehirns, reflexartig zu handeln, gebändigt, so kann ich zur Stufe 2 übergehen.

2. Schritt: Entwaffnen Sie den Angreifer!

Mit dieser Technik möchte ich erreichen, daß die andere Seite so schnell wie möglich ihr Feuer einstellt. Dies setzt voraus, daß ich das Verhalten anspreche.

2.1 Sie werden bedroht, angebrüllt etc.

Hier gibt es im wesentlichen drei Möglichkeiten:

- **Ernst/sachlich**
  „Wenn mich jemand anbrüllt, dann brülle ich im Regelfall zurück, aber das würde uns hier nicht weiterhelfen. Es wäre mir daher lieber, wenn wir uns weiterhin normal unterhalten könnten. Gibt es irgend etwas, was Sie an meinem bisherigen Verhalten gereizt hat? Manchmal sage ich vielleicht unabsichtlich etwas, was einen Verhandlungspartner reizt. . ."

  Damit gehen Sie auch schon zur Stufe des **Verstehens** über.

- **Humorvoll**
  „Irgendwie bin ich Ihnen wohl kräftig auf den Zeh gestiegen, ohne daß ich das wollte. . .."

- **Ironisch/zynisch**
  „Nehmen Sie das hier, das schont Ihre Stimme" (Sie reichen ein Hustenbonbon).

Von ironischen oder zynischen Verhaltensweisen möchten wir jedoch im Regelfall abraten, da dies meist zur Eskalation und nicht zu einer Behebung der Situation führt.

2.2 Abwertung

Nehmen Sie einmal an, ein älterer Kollege reagiert Ihnen gegenüber als Berufsanfängerin so:

„Also, sehr geehrte Frau Kollegin, ich darf Ihrer Jugend zugute halten, daß Ihnen die Details dieser Rechtsfrage noch nicht so genau bekannt sind . . ."

Auch hierauf haben Sie wieder verschiedene Möglichkeiten, zu reagieren, beispielsweise:

- **ernst/sachlich**
  „Ich denke, daß es keine Frage des Alters ist, ob man bestimmte Probleme kennt oder nicht. Es wäre mir daher lieber, wenn wir nicht über das Alter, sondern über das Problem selbst diskutieren könnten. Ich bin aber gerne bereit, wenn Sie mir einen Kommentar aus Ihrer Bibliothek zur Verfügung stellen, meine Auffassung zu überprüfen . . ."
- **Schneller Gegenangriff/sarkastisch**
  „Wenn wir unser Alter mit unserem Wissen verknüpfen wollten, dann könnte man den Spieß auch umdrehen und denken, Sie hätten aufgrund Ihres Alters schon wieder alles vergessen, sehr geehrter Herr Kollege . . . Aber es liegt mir natürlich fern, dieses zu behaupten. Sollten wir nicht einfach versuchen, nicht unser Alter für die Richtigkeit der Argumente verantwortlich zu machen?"

3. Schritt: Verstehen Sie die Situation!

Bei offenen Angriffen und Abwertungen fällt es verständlicherweise besonders schwer, die Phase des Verstehens nicht zu überspringen. Und dennoch ist sie sehr wichtig: Denn oft steckt hinter der offenen Aggression oder der Abwertung der anderen Seite lediglich die Reaktion auf ein vorhergegangenes eigenes unfaires Verhalten.

Uns fällt es manchmal schwer, offene Worte für das eigene Empfinden gegenüber einem Verhandlungspartner zu gebrauchen. Es ist möglicherweise schwierig, aber sehr wirkungsvoll, die andere Partei zu fragen:

„Mich verletzt das, wenn Sie mich als „Rechtsmanipulateur" bezeichnen. Ich bitte Sie, solche Ausdrücke zukünftig nicht mehr zu gebrauchen. Unabhängig davon: Gibt es nach Ihrer Meinung irgend einen bestimmten Anlaß, daß Sie mich so nennen?"

Unter Umständen wird dann der andere wie folgt antworten:

„Mich hat vorhin ziemlich gestört, daß Sie . . ."

Dann wäre die richtige Art zu antworten etwa so:

„Ach ja, so habe ich das noch gar nicht gesehen. Es tut mir leid, daß Sie diesen Eindruck hatten. Ich werde in Zukunft darauf achten, daß ich das nicht mehr tue."

Hier liegt schon der Übergang zu **Schritt 4**: Sie sind also schon auf dem Wege, einen **Verhandlungsvertrag** zu schließen.

Wenn Sie feststellen, daß das unfaire Verhalten der anderen Seite durch Sie ausgelöst wurde, sollten Sie sich entschuldigen, aber das habe ich ja schon deutlich gesagt.

Jetzt ist der Punkt gekommen, an dem Sie die Verhandlung wieder weiterführen oder, wenn die andere Seite Sie weiter angreift, die Verhandlung abbrechen, also den **5. Schritt** tun sollten.

10. Was mache ich, wenn mein Verhandlungspartner manipuliert?

Manipulation ist ein weites Feld. Wer sich mit der Frage der Manipulation in Verhandlungen näher befassen will, dem lege ich die Ausführungen von Haft in dem Kapitel „Die Abwehr von Manipulationsgefahren" ans Herz. Wie schon gesagt, besteht das Wesen der Manipulation darin, daß man die andere Seite durch eine verdeckte Botschaft zu einem gewünschten Verhalten veranlaßt. Im Gegensatz zu den Fällen, in denen mich ein Verhandlungspartner offen angreift, ist die Manipulation dadurch gekennzeichnet, daß sie sich auf einer verdeckten Ebene abspielt.

Nehmen Sie einmal folgenden Fall:

Sie betreten den Ausstellungsraum eines Kraftfahrzeughändlers, um verschiedene Fahrzeuge zu besichtigen, die Sie eventuell kaufen möchten.

Der Verkäufer zeigt Ihnen verschiedene Autos, geht dann schnell mit Ihnen an einem schnittigen Fahrzeug vorbei und sagt Ihnen im Vorbeigehen:

„Diesen wunderschönen Superschlitten zeige ich Ihnen gar nicht erst, der ist Ihnen sicher zu teuer."

Merken Sie, was hier passiert?

Hier gibt es zunächst den „offiziellen" Teil der Botschaft, der lautet: „Das Fahrzeug ist zu teuer". Daneben gibt es auch noch einen „verdeckten" Teil, der lautet etwa: „Du bist viel zu knickrig, um Dir etwas zu leisten, was alle Deine Freunde beeindrucken würde."

Das Wesentliche bei der Manipulation ist immer die **verdeckte Botschaft.** Sie ist der Appell, auf den es ankommt. Im vorliegenden Fall möchte nämlich der Verkäufer gerne Ihr „rebellisches Kind" aktivieren und Sie dazu veranlassen, zu sagen: „Dem zeige ich es schon! Natürlich kaufe ich das Auto!" Die erwünschte Reaktion des Verkäufers ist es also, daß Sie aus Trotz dieses Fahrzeug besichtigen und womöglich auch noch kaufen. Wenn Sie dies tun, hat die Manipulation Erfolg gehabt.

Man kann diese Art der manipulativen Kommunikation auch als „Billard-Kommunikation" bezeichnen: Man stößt eine rote Kugel an, um die grüne ins Loch zu bringen. Ziel des Manipulateurs ist es, die bewußte Entscheidung des anderen Partners auszuschließen und gleichzeitig an das Unterbewußte oder Unbewußte der anderen Seite zu appellieren.

Immer wieder höre ich die Frage: „Welche Tricks gibt es, um Verhandlungspartner dorthin zu bringen, wo wir sie gerne hätten?"

Darauf kann und will ich Ihnen aber keine Antwort geben. Denn der Schaden, der durch Manipulationen verursacht wird, ist im Regelfall größer als der Nutzen, der dadurch erzielt werden soll. In Riff-Situationen ist die Manipulation auf jeden Fall verhängnisvoll. Zudem erkennt die andere Seite meistens irgendwann, daß sie manipuliert worden ist, und wird auf Rache sinnen. Denn dem, der einen einmal über den Tisch gezogen hat, dem möchte man es gerne heimzahlen . . .

Wer viel manipuliert, wird zudem ziemlich bald am „Dr. Richard Kimble-Syndrom" erkranken, d. h. er wird immer „auf der Flucht" sein.

Manipulateure sind im Regelfall sehr mißtrauisch, denn Sie müssen stets befürchten, das heimgezahlt zu bekommen, was sie mit anderen angestellt haben. Und derjenige, der manipuliert worden ist, ist möglicherweise bereit, aus seiner Verlust-Sieg-Position eine Verlust-Verlust-Position zu machen, das heißt, dem Manipulateur auf jeden Fall zu schaden, auch wenn er hierdurch selbst Nachteile erleidet.

Welche Schritte sind nun angebracht, wenn ich bei Verhandlungen auf einen Manipulateur treffe (oder glaube, einen Manipulateur vor mir zu haben)?

1. Gewinnen Sie den Überblick!

Da es sich bei der Manipulation nicht um eine aggressive Attacke handelt, ist die Gefahr der Regression (also des Verhaltens „Kampf oder Flucht") wesentlich geringer als bei einem frontalen Angriff. Manipulation erkennt man daher in der Regel weniger daran, daß man unter Streß gerät, sondern an einem merkwürdigen Gefühl im Bauch. In solchen Fällen ist es besonders wichtig, auf den Balkon zu gehen und zu fragen: „Was geht hier eigentlich vor?"

Denn die Manipulation spielt sich, wie ich schon gesagt habe, auf einer verdeckten Ebene ab, und ich muß daher versuchen, dahinterzukommen, was auf dieser verdeckten Ebene eigentlich passiert. Ich muß mich also fragen: Versucht mich die andere Seite mit einem Trick über den Tisch zu ziehen? Wie lautet die Botschaft auf der verdeckten Ebene? Dazu ist es sinnvoll, zwischen Position zwei und drei hin und her zu pendeln.

Um diese Fragen zu klären, brauchen Sie natürlich vorerst ein paar Sekunden Ruhe. Also: Tief durchatmen!

2. Entwaffnen Sie den Manipulateur!

Bei jeder unfairen Verhaltensmethode ist es sinnvoll, diese anzusprechen, insofern gilt auch für die Manipulation keine Ausnahme. Es wird aber in der Regel nichts bringen, wenn Sie dem Verhandlungspartner auf den Kopf zusagen, daß er Sie so und so zu manipulieren versuche. Die andere Seite wird stets abstreiten, manipuliert zu haben, sie wird sich verteidigen und Ihnen vorwerfen, Gespenster zu sehen.

Um dem Manipulateur zu zeigen, daß man ihn entdeckt hat, ist es im Regelfall wesentlich wirkungsvoller, ihm dies ebenfalls auf der verdeckten Ebene mitzuteilen. Gerade der Umstand, daß man auf der Ebene antwortet, auf der er seine Botschaft gesandt hat, wird ihn verwirren und im Regelfall dazu bringen, seine Versuche einzustellen.

Das ist jedenfalls die elegante Methode. Wenn es aber Ihrem Naturell entspricht, Manipulationen offen anzusprechen und mit klaren Worten reinen Tisch zu machen, dann wollen wir Sie daran nicht hindern. Denn alle Techniken, die man anwendet, müssen auch zu der Person, die sie anwendet, passen.

Entscheidend ist jedenfalls, daß ich dem Partner deutlich sage:

„I got you!" („Erwischt!")

Stellen Sie sich beispielsweise einmal vor, ein Kollege, mit dem Sie verhandeln, beruft sich auf die Rechtsprechung des Bundesgerichtshofs. Sie halten sich für einen leidlichen Kenner der Materie, aber diese Rechtsprechung ist Ihnen nicht bekannt. Ein Verdacht steigt Ihnen auf: Will Sie die andere Seite manipulieren? Will sie mit diesem Verweis auf die „höhere Macht" erreichen, daß ich nachgebe?

Sagen Sie in einem solchen Fall einfach:

„Es tut mir sehr leid, offensichtlich ist mir eine Entwicklung in der neuesten Rechtsprechung entgangen. Vielleicht können Sie mir einfach das maßgebliche Urteil zeigen, dann können wir diesen Punkt abhaken . . ."

Wenn der Kollege dann dieses Urteil nicht findet oder etwa behauptet, er habe den Band gerade einem Referendar mit nach Hause gegeben etc., dann haben Sie wahrscheinlich ins Schwarze getroffen. Dies wissen Sie spätestens dann, wenn der Verhandlungspartner auf diesen Punkt nicht mehr zu sprechen kommt.

Ein anderes Beispiel:

Sie sind in einer Verhandlung mit zwei Verhandlungspartnern auf der anderen Seite. Einer der beiden Verhandlungspartner ist freundlich, zuvorkommend, strebt die Einigung an. Das Problem ist allerdings der andere: der ist hart, kompromißlos und weist den anderen Partner immer wieder zurecht, wenn er versucht, Ihnen entgegenzukommen.

Sie denken sich: Läuft hier ein Spiel oder haben die beiden sich einfach nicht abgesprochen?

Um das herauszufinden, sagen Sie beispielsweise:

„Wenn ich nicht wüßte, daß wir hier in einer geschäftlichen Besprechung sitzen, dann käme ich mir vor wie in dem Fernsehfilm, den ich gestern abend gesehen habe. Da gab es einen bösen Polizisten, der hart und

rücksichtslos mit dem Verdächtigen umging. Der andere Polizist war liebenswürdig und korrekt und zeigte dem Täter, daß er die Verhaltensweisen seines Kollegen nicht mochte. Das Beste war: Der Täter hat dann bei dem „netten" Polizisten alles gestanden . . ."

Sinn dieses Spieles (genannt bad cop / good cop) ist es, daß der vermeintliche Täter sich mit dem „lieben" Polizisten gegen den aggressiven Polizisten verbündet und sich ihm dann anvertraut. Der eigentliche „Feind" ist also der „gute" Polizist!

Sollte sich nach dieser Intervention, die Sie schmunzelnd vortragen können, das Verhandlungsverhalten der anderen Seite normalisieren, können Sie ziemlich sicher sein, einen Manipulationsversuch der anderen Seite abgestellt zu haben.

Wenn die andere Seite manipuliert, dann können Sie natürlich mit der Technik „Verstehen" (3. Schritt) wenig anfangen. Denn selbst wenn die andere Seite unbewußt manipuliert, was häufig vorkommt, kommen Sie mit Emphatie nicht weiter.

Auch der 4. Schritt (Verhandeln über den Angriff) ist in solchen Fällen nicht angebracht.

Wenn Sie mit Ihrer Botschaft an den anderen, daß Sie seine Manipulationsversuche erkannt haben, ins Schwarze getroffen haben, dann haben Sie im Regelfall die Manipulation abgestellt.

Stichwortverzeichnis

Absicht 125, 172, 182
– hinter dem Verhalten 143, 224
– Verwirklichung 150 ff.
Absichtserklärung 204
Abwehr kompetitiven Verhandelns 112
Abwertung 260
Aggression 257
– Reaktion 259
Aktionismus 131
Angleichung 123
Angriff 257
– Reaktion 259
Anspruch 26, 72
– juristischer 26, 35
Anspruchsmethode 24
Anwalt
– kompetitiver 23
– als Legionär des Mandanten 44 f., 115
– Stellung 44
– Weltbild 17
Assoziierte Positionen 138
Atomisieren des Verhandlungsthemas 220

Backtracking 133, 171, 236
Basarverhandeln 87, 106, 213 ff., 229
BATNA 155, 222
Belief s. Grundüberzeugungen
Besprechungsort 177 ff.
– Ausstattung 194, 220
Best Alternative to a Negotiated Agreement s. BATNA
Beste Alternative 222, 225, 240
Betrachter-Positionen 138
Beziehung 110
– zum Mandanten 119
– Stärkung 224
– zum Verhandlungspartner 174
Beziehungsstörung 236
Bluff 223; vgl. auch Täuschung
Brainstorming 197
– Killerphrasen 199

Demütigung 92
Dissoziieren 250 ff.
Dissoziierte Positionen 138
Dritter als Vermittler 238
Druck 232, 249

Ebene der Zugehörigkeit 28, 144, 160, 203
Entschuldigung 254 f.
Erfolg
– Bewertung 102
– kurzfristiger 104
– langfristiger 104
Erfolgsmaßstab 102
Eröffnungsphase 179
Eskalation 26, 48, 64, 87, 240

Fähigkeiten 28 ff., 144
Fehlerorientiertes Denken 55 ff.
Feindidentifikation 88
Forderungen 167, 171
- Höhe 211
- Präsentieren 211
- Visualisierung 186
Freiheit 147

Gewinn/Gewinn-Strategie 96 ff.
Gewinnen um jeden Preis 100, 106, 108
Grundbedürfnisse 242; vgl. auch Werte
Grundüberzeugungen 19 ff.,144
- der juristischen Methode 27 ff.
- des kooperativen Verhandelns 66 ff.

Harmonie 147
Horizonterweiterung 152

Ideenmangel 87
Identität 28, 144, 147
Indirekte Frage-Technik 247
Intensität 147
Interdependenz 97
Interessen 171, 191, 241
- Herausfinden 240, 243
- Hinterfragen 246
- langfristige 106
- Verwirklichung 61, 158
Interessenausgleich 99
Interessenvertreter 45

Juristische Methode 2, 19, 23 ff., 27 ff.

Kamikaze-Verhandeln 92 ff., 108
Kommunikation
- manipulative 262
- nonverbale 177
Kompetitives Verhandeln 86, 107
- Abwehr 112
Komplexität 215
- Reduktion 3
Konfliktentscheidung 39, 88
Konfliktlösung 61
Kontext 28, 145
Kontextverschiebung 155
Konzentration auf Details 53
Kooperation 160, 170
- Festigung 65

„Landkarte“ 34, 132, 171, 236
Legionär des Mandanten 44, 115
Logische Ebenen (nach Gregory Bateson und Robert Dilts) 28 ff.
- Fähigkeiten 28 ff., 144
- Grundüberzeugungen 28, 144
- Identität 28, 144
- Kontext 28, 145
- Umwelt 28
- Verhalten 28, 63, 145
- Zugehörigkeit 28, 144, 160, 203
Lösung
- Verstärken 202
Lösungsmöglichkeiten
- außerhalb des Verhandlungskontextes 153, 222, 230
- Beschränkung 3
- Gewinn/Gewinn-Lösung 74
- innerhalb des Verhandlungskontextes 150, 225
- juristische 3

– Komplexität 64
– kooperative 66
– Sammeln 199
– Sieg/Verlust-Lösung 86
Lösungsorientiertes Denken 61, 77

Macht
– der Juristerei 37
– ungleiche Verteilung 222, 224
Mangelsituation 87, 91
Manipulation 249, 261
– Reaktion 263
Meta-Ebene 172
Methode
– Anspruchsmethode 24
– juristische 19
– kompetitive 19
– kooperative 19
Möglichkeiten 191, 193, 197
Molekularisieren der Teilergebnisse 220

Negotiation dance s. Basarverhandeln
Neugier 147
Nullsummenspiel 88, 109

Objektiv Bestes Ergebnis (OBE) 228
Objektive Wirklichkeit 31 ff., 69
Offenheit 245
Optionen 193

Pacing 123 f.; vgl. auch Rapport; Synchronisieren
Phasen
– Eröffnungsphase 179
– Verhandlungsphase 164
– Vorbereitungsphase 117
Position 241; vgl. auch Wahrnehmungspositionen
– Gewinnen um jeden Preis 100, 106, 108
– Kamikaze-Verhandeln 108
– keine Verhandlung 101
– Sieg/Verlust-Verhandeln 89, 106, 108
– Verlierer/Verlierer-Strategie 108
– Verlust/Sieg 89
Proaktives Denken 132
Proaktives Ziel 130
Problemorientiertes Denken 61, 77

Rache 91, 93
Rapport 72, 123 f., 180, 236
Reaktives Denken 132
Reduktion von Komplexität 3, 26, 33
Respekt 102, 112, 146
Ressourcenerschließung 97
Richter
– Stellung 39, 41
Riff-Situation 97, 109, 230

Sachverhalt 35, 52, 129
– Komplexität 215
– Reduktion 26, 33
– Strukturierung 217 f.
– Visualisieren 219
Selbstverantwortung 78 f.

Selektive Wahrnehmung 35
Sicherheit 147
Sieg/Verlust-Verhandeln 48, 86, 106, 108
Sorting Styles s. Wahrnehmungskategorien
Stop-Techniken 250 ff.
Strukturierung
- Sachverhalte 217 f.
- Verhandlungen 169
Sturheit des Verhandlungspartners 231
- Gründe außerhalb des Verhandlungskontextes 239
- Gründe innerhalb des Verhandlungskontextes 235
Subjektiv Bestmögliches Ergebnis (SUBE) 228 ff.
Subjektive Wahrnehmung 67, 69
Synchronisieren 122 ff., 236
Synchronisierung
- mechanische 180
- visuelle 181

Täuschung 249; vgl. auch Bluff

Umwelt 28, 30
Unfaire Verhandlungsmethoden 247 ff., 257, 261; vgl. auch Druck
- Reaktion 249
Unflexibilität 235

Vergangenheitsbezogenes Denken 52
Verhalten 28, 30, 63, 172, 182
- proaktiv 51
- reaktiv 51
Verhaltensebene 28, 63, 145
Verhältnis zwischen Anwalt und Mandant 44 f., 114
Verhandeln
- kompetitives 86, 107
- konstruktives 190
- kooperatives 61, 96
- offenes 242
- Schildkrötenverhandeln 242
- Techniken 85
Verhandler
- Austausch 238
- kooperativer 173
- weicher 214
Verhandlung
- Abbruch 240
- Ablauf 166, 210; s. auch Phasen
- Einstieg 210
- Gegenstand 166
- Probleme 210 ff.
- schwierige 210 ff.
- Strukturierung 169
- Vorbereitung 161, 191
Verhandlungsbedingungen
- unangenehme 256
Verhandlungserfolg 102 ff.
Verhandlungsergebnisse
- Konkretisierung 206
Verhandlungsführung 168, 172 ff., 184
Verhandlungskultur 213
Verhandlungsphase 164
Verhandlungsposition
- Stärkung 224
Verhandlungssituation
- schwierige 210 ff.
- Verbesserung 256
Verhandlungsstil 81

– Bewertung 102
– Gewinn/Gewinn-Strategie 96 ff.
– Gewinnen um jeden Preis 100, 106, 108
– Kamikaze-Verhandeln 92 ff., 108
– Kategorien 85 ff.
– Sieger/Verlierer-Strategie 86, 106 ff.
– Verlierer/Sieger-Strategie 91
– Verlierer/Verlierer-Strategie 93, 108
Verhandlungsstrategie s. auch Verhandlungsstil
– Gewinnen um jeden Preis 106, 108
– Kamikaze-Verhandeln 92 ff., 108
– keine Verhandlung 110
– Sieger/Verlierer-Strategie 106 ff.
– Verlierer/Sieger-Strategie 91
– Verlierer/Verlierer-Strategie 93, 108
Verhandlungstaktik 210, 213
Verhandlungstechniken 85
Verhandlungsvertrag 255
Verlierer/Sieger-Strategie 91
Verlierer/Verlierer-Strategie 93, 108
Vermittler 238
Vertrauen
– Aufbau 72, 119, 174 ff., 224
– Festigung 172
– durch Synchronisieren 122 ff.
Verwirklichung
– Interessen 61, 158
– Visionen 202
– Ziele 191, 205
Vision
– gemeinsame 159
– Verwirklichung 202
Visualisieren 186, 194, 198, 219
Vorbereitungsgespräch 190
Vorbereitungsphase 117
Vorgehensweise 167 f., 171 ff., 179 ff., 193, 204
– „Mehr von dem Gleichen" 234
– proaktive 131
– reaktive 131
Vorschläge
– Sammeln 198
– Visualisieren 198

Wahlmöglichkeiten 152
Wahrnehmungskategorien 49, 237
– fehler-/lösungsorientiert 61
– gleich/ungleich 51
– große Einheiten/kleine Einheiten 51, 53
– vergangenheits-/zukunftsbezogen 61
Wahrnehmungspositionen 148
– assoziierte Positionen 138
– Betrachter-Positionen 138
– dissoziierte Positionen 138
– Erweiterung 141
– Wechsel 136 ff., 141 f., 194
Weiches Verhandeln 89, 214
Werte 147, 242
Wirklichkeit
– objektive 31 ff., 69

Zahlungsansprüche
– Höhe 211
– Nennen von Zahlen 210

Ziele 63, 72, 174, 182
– von Anwalt und Mandant 115
– Darstellung 172
– Herausfinden 125
– proaktive 130
– übergeordnete 159
– Verwirklichung 191, 205

Zielklarheit 164
Zugehörigkeit 28, 144, 147, 160, 203
Zuhören 119
Zukunftsorientierung 75
Zusammenfassen 119
Zusammenfügen der Teilergebnisse 220